Berlin und seine Bauherren

jovis

Berlin und seine Bauherren

Als die Hauptstadt Weltstadt wurde

Wolfgang Schäche
Daniel Ralf Schmitz
David Pessier

jovis

INHALT

„Die Kultur alles Geplanten und Gebauten gibt […] nicht zuletzt auch die Kultiviertheit seiner Bauherren wieder, ihren Anspruch, ihre Großzügigkeit, ihre Wahl der Architekten.“

(Manfred Sack: *Von der Utopie, dem guten Geschmack und der Kultur des Bauherrn oder: Wie entsteht gute Architektur?*, 1994)

THEMATISCHE EINLEITUNG

Architektur und Städtebau aus der Perspektive von Bauherren zu betrachten, ist ein bis dato in der Bau- und Kunstgeschichte signifikant vernachlässigtes Thema. Gilt es den Fragen des Planens, Bauens und Gestaltens von Gebäuden oder der architekturräumlichen Entwicklung von Städten nachzugehen, richtet sich der Fokus reflektierender Darstellung in der Regel nahezu ausschließlich auf die Arbeit der Architekten und Baumeister. An ihren Werken wurden und werden noch immer architektonische Qualitäten festgemacht sowie die wechselnden Paradigmen stadträumlicher Gestaltung diskutiert. Der daraus entstandenen, kaum mehr überschaubaren Masse an Publikationen, stehen demzufolge nur ganz wenige gegenüber, die einen Perspektivwechsel vorgenommen haben und Architektur und Städtebau aus dem Blickwinkel von Bauherren nachvollziehbar zu machen suchten und die Motivationen hinterfragten, die sie zum Bauen veranlassten. Dass die Bedeutung der Bauherren und ihre Einflussnahme auf die Gestaltung des öffentlichen Raumes bis heute kaum hinlänglich gewürdigt wurde, mag viele Gründe haben. Nicht zuletzt aber ist es vor allem dem im Laufe des 20. Jahrhunderts entstandenen Vorurteil geschuldet, Bauherren respektive Bauunternehmer als potentielle Widersacher von Architekten wahrzunehmen, ja sie als deren erklärte Gegner zu begreifen, da ihr Handeln – so die Unterstellung – allein von der Maximierung der Rendite bestimmt sei und damit künstlerische oder soziale Aspekte des Bauens für sie keine nennenswerten Kriterien darstellten. Dass dies – bezogen auf die Entwicklung von Architektur und Städtebau – als eine allzu verengte bzw. undifferenzierte Sicht erscheinen muss, liegt auf der Hand, denn es gibt kein Bauen ohne Bauherren. Vielmehr waren es der entschlossene Unternehmergeist sowie die oftmals durchaus schöpferische Tatkraft von Bauherren, durch die herausragende architektonische Entwurfsideen überhaupt erst zur baulichen Realisierung gelangten. Ihr unternehmerisches Wirken und Handeln schuf letztlich die notwendigen ideellen wie materiellen Voraussetzungen, welche dem Architekten das reale Bauen erst ermöglichten. Vor allem aber war und ist das Kreieren qualitativ guter sowie nachhaltiger Architektur immer auch von der Existenz großer, kultivierter Bauherrenpersönlichkeiten abhängig, die die künstlerische Kompetenz des planenden Architekten zu stimulieren in der Lage sind und sie herausfordern und lenken, „Großartiges" zu gestalten. Schon vor mehr als 90 Jahren wies der damals einflussreiche Architekt und Architekturtheoretiker Paul Zucker in einem kritischen Beitrag zum Verhältnis von Architekt und Bauherr darauf hin, dass die Qualität von Architektur in hohem Maße auch von der Bauherrenschaft mitgeprägt wird, indem er seiner Zunft zu bedenken gab, „dass ein Bauwerk […] nicht nur

durch die realen Voraussetzungen und den formalen Willen des Architekten bestimmt ist, sondern auch durch die Persönlichkeit des Bauherrn."

Vor diesem Hintergrund widmet sich das vorliegende Buch dem facettenreichen Wirken von sechs exemplarisch ausgewählten Bauherren bzw. Bauunternehmern, die in den Jahrzehnten zwischen der „Gründerzeit" und dem Ende der Weimarer Republik tätig waren, als Berlin mit Vehemenz zur Weltstadt gedieh. Die kompakten Abhandlungen zu deren Leben und Werk suchen hierbei nicht zuletzt deren stupenden, aber heute weithin unbekannten Einfluss auf die Entwicklung der Stadtgestalt und Architektur Berlins anschaulich zu machen.

Im Einzelnen gliedert sich der chronologisch aufgebaute Band in sechs biografisch gefasste Beiträge, die jeweils ein eigenständiges Kapitel darstellen. Den Auftakt bildet die Betrachtung des in der Mitte des 19. Jahrhunderts in Berlin tätigen Bauhandwerkers und Bauunternehmers Carl August Heinrich Sommer (1801–1873), der neben seinen umfänglichen Bauausführungen im Umfeld des Pariser Platzes eine beträchtliche Anzahl von Grundstücken erwarb, auf denen er Gebäude errichtete, deren Nutzer zum Zeitpunkt des Bauens noch nicht feststanden. Seine Geschäftsidee, Häuser im Vorgriff auf einen konkreten Bedarf zu bauen, machte ihn so zu einem der ersten Bauspekulanten Berlins. Dem Beitrag zu Sommer folgt der zu Johann Anton Wilhelm von Carstenn (1822–1896), der durch die Gründung und Entwicklung der „Villenkolonie Lichterfelde" sowie seiner weitsichtigen städtebaulichen Idee, Berlin und Potsdam durch ein Band neuer Vororte nach englischem Vorbild zu einer Stadt zusammenzubinden, in der zweiten Hälfte des 19. Jahrhunderts zu den bekanntesten Personen des Berliner Baugeschehens zählte. Die daran anschließende Darstellung ist dem Kaufmann und Bankier Wilhelm Conrad (1822–1899) gewidmet. Er ist als der Gründer der exklusiven „Villenkolonie Alsen" in die Geschichte eingegangen, die mit ihrer signifikanten Grundrissfigur und ihrem gartenlandschaftlichen Charakter bis heute den Kernbereich von Wannsee prägt. Der Abhandlung zu Conrad fügt sich das Porträt von Julius Wilhelm Walther (1857–1933) an. Er war als Architekt, Bauherr und Spekulant in einer Person eine der schillerndsten Gestalten im Berlin der Jahrhundertwende. Sein umtriebiges Wirken ist von spektakulären Bauten gekennzeichnet, die er in der „Villenkolonie Grunewald" sowie in den Stadtquartieren um den Potsdamer Platz errichten ließ. Walthers rasanter Aufstieg in die „erste Reihe" der Bauschaffenden nahm jedoch vor Ende des Ersten Weltkriegs ein tragisches Ende. Seiner wechselhaften Geschichte folgt schließlich eine ausführliche Betrachtung von Leben und Werk Georg Haberlands (1861–1933), der bis in die frühen 1930er Jahre als der „König der Berliner Bauspekulanten" galt. Seinem jahrzehntelangen Wirken verdankt Berlin ganze Stadtbereiche, wie unter anderem das Bayerische Viertel, das Rheinische Viertel um den Rüdesheimer Platz und das Historiker-Viertel in Friedenau sowie diverse architektonisch herausragende Einzelkomplexe. Der abschließende Beitrag behandelt die unternehmerische Arbeit Heinrich Mendelssohns (1881–1959), der sich in den 1920er Jahren mit diversen Bauprojekten als der „Erbauer des Neuen Berlins" betrachtete und der trotz Flucht und Vertreibung in den 1930er Jahren nach dem Zweiten Weltkrieg nach Berlin zurückkehrte, um am Wiederaufbau der Stadt mitzuwirken.

Ein kompakter Anhang weist die Quellen und die Literatur auf, die zu den biografischen Beiträgen herangezogen wurden. Ein Namensregister komplettiert den wissenschaftlichen Apparat.

Möge das vorliegende Buch dazu beitragen, den kritischen Blick auf die Architektur im Allgemeinen und die Rolle des Bauherren im Besonderen zu schärfen; ein essenzielles Anliegen der Arbeit wäre damit erfüllt.

„Sie sind das Werk einer Privatspekulation, die sich dieser so günstigen Stelle bemächtigt hat, um Häuser mit wahrhaft fürstlicher Pracht aufzuführen. Der Maurermeister Sommer hat Berlin mit diesen Bauten verschönert."

(Ludwig Rellstab: *Berlin und seine nächsten Umgebungen in malerischen Originalansichten*, 1854)

VOM BAUHANDWERKER ZUM IMMOBILIEN-SPEKULANTEN CARL AUGUST HEINRICH SOMMER (1801–1873)

Es wird kolportiert, dass, wer einst fragte, wo in der Stadt denn der berühmte Maler Max Liebermann wohne, kurz und knapp zur Antwort bekam: „Wenn man nach Berlin reinkommt, gleich links!"[1] Gemeint war damit das Haus am Pariser Platz 7, unmittelbar nördlich neben dem Brandenburger Tor, wo der Künstler von 1893 bis zu seinem Tod 1935 in prominentester Lage lebte und arbeitete. Nicht von ungefähr trägt daher auch der an selber Stelle in den 1990er Jahren errichtete Neubau seinen Namen und ist seither weithin als „Haus Liebermann" bekannt. Ungleich wenigeren Menschen dürfte hingegen geläufig sein, weshalb der Zwillingsbau, südlich neben dem Brandenburger Tor, „Haus Sommer" heißt. Dabei hätte man ebenso gut drei weitere Gebäude am wiedererstandenen Pariser Platz so nennen können, das Haus Liebermann eingeschlossen. Denn sie alle – respektive ihre Vorgängerbauten – sind ehedem durch den Bauunternehmer Carl August Heinrich Sommer errichtet worden!

Dieser teilt jedoch das Schicksal der allermeisten seiner Berufsgenossen, dass nämlich zumeist prominente Bewohner, Besitzer oder Architekten in Erinnerung bleiben, während seinesgleichen sehr viel häufiger dem Vergessen anheimfallen – gleichwohl Sommer sich zu Lebzeiten durchaus einige Reputation in der Berliner Gesellschaft erworben hatte. Durch Engagement, Weitsicht und Geschick war er vom Zimmermeister zum erfolgreichen Immobilienunternehmer und geachteten Stadtrat aufgestiegen, zweimal ausgezeichnet mit dem Rothen Adlerorden sowie der Krönungsmedaille am Band. Vor allem aber wurde bereits 1859 auf Anregung des Magistrats von Berlin die frühere Kasernenstraße vor dem Brandenburger Tor (heute Ebertstraße) in Sommerstraße umbenannt, um seine Verdienste für die Verschönerung des Pariser Platzes und dessen Umfeld zu würdigen. Und tatsächlich hat Sommer mit seinem Wirken die Gestalt des vornehmsten Stadtplatzes, den Max Osborn liebevoll als „Empfangssalon Berlins"[2] bezeichnete, wie sie von der Mitte des 19. Jahrhunderts bis zu den Zerstörungen des Zweiten Weltkriegs existierte, maßgebend geprägt. Er war es, der durch Friedrich August Stüler das barocke Palais Pariser Platz 6 klassizistisch umbauen und erweitern sowie das Brandenburger Tor mit den flankierenden Häusern Nr. 1 und Nr. 7 in gleicher Manier neu fassen ließ. Auf ihn ist somit jenes in

1 Püschel, Walter: *Een Anarchist is der Kerl doch! Anekdoten von Max Liebermann.* Berlin 1998, S. 82
2 Danke, Rudolf: „In diesem Hause wohnte Max Liebermann. Die Häuser Pariser Platz 1 und 7". In: *Der Bär von Berlin,* 15. Jg., Berlin 1966, S. 99

1 Das durch Sommer errichtete Ensemble der Häuser Pariser Platz 6, 6a und 7 (Haus Liebermann) in einer Aufnahme von F. Albert Schwartz, 1875

architektonischer Haltung und baulichem Maßstab gewandelte Erscheinungsbild des Platzes zurückzuführen, das eindrücklich auf dem bekannten Gemälde von Eduard Gaertner aus dem Jahr 1846 ansichtig wird.

Zu einer interessanten und wichtigen Figur der Stadtgeschichte wird Carl August Heinrich Sommer schließlich aber auch aufgrund der Art und Weise seines Wirkens. Er war einer der ersten Bauspekulanten in Berlin, ein früher Vertreter jener neuen Gattung von Unternehmern, die abgekoppelt von der Selbstnutzung oder bereits feststehenden Bauherren spekulativ Grundstücke zur Parzellierung erwarben und Häuser errichteten, die wiederum weiterverkauft oder vermietet wurden. Dieses Geschäftsmodell, mit dem auch vergleichsweise viele Bauhandwerker erfolgreich reüssieren konnten, sollte alsbald zur Triebfeder sowie zum essenziellen Charakteristikum der baulichen Genese Berlins zur Großstadt werden und in deren Verlauf noch ungeahnte Dimensionen erreichen. Demgegenüber mag der Umfang des von Sommer am Pariser Platz und in der Kasernenstraße Gebauten fast bescheiden erscheinen. Führt man sich jedoch vor Augen, wie früh er die Zeichen der Zeit sowie die Potenziale des Ortes erkannte, wie geschickt und weitsichtig er daraufhin agierte und nicht zuletzt, welch höchst qualitätvolle sowie nachhaltig wirkende Architektur aus alldem resultierte, wird die Bedeutung Sommers im Kontext der Berliner Baugeschichte offenbar. Sie ist größer, als es das ohnehin nur leidlich bekannte Haus Sommer vermuten lässt.

Dem eingangs erwähnten Phänomen entsprechend ist über die Person Sommer insgesamt nur recht wenig bekannt, wobei speziell die ersten Lebensjahrzehnte weitgehend im Dunkel liegen und nur einzelne Etappen vermittelt sind.[3] Geboren wurde Carl August Heinrich Sommer am 4. August 1801 in Berlin. Welcher Art sein Elternhaus war, ob er möglicherweise einer Handwerkerfamilie entstammte, lässt sich hierbei allenfalls mutmaßen. Doch muss sich der Junge schon früh durch Talent und Begabung ausgezeichnet haben, denn er besuchte das gleichermaßen traditionsreiche wie renommierte Joachimsthalsche Gymnasium in der Heiliggeiststraße, das vor allem als Ausbildungsstätte für den Nachwuchs im preußischen Staats- und Kirchendienst angelegt war und explizit auf ein Studium vorbereitete. Wiewohl der weitere Werdegang somit vorgezeichnet erschien, orientierte sich der Heranwachsende jedoch in eine andere Richtung und erlernte das Handwerk des Zimmermanns. Dieser Umstand legt zumindest die Vermutung nahe, dass von familiärer Seite bereits eine Beziehung zum ausführenden Baugewerbe bestanden hat, an die der junge Sommer nun anknüpfte. Als Zimmermeister ließ er sich dann mit einem eigenen Geschäft nieder, nachdem er, wie es in der Kurzbiografie von Clauswitz heißt, „1827 das Bürgerrecht gewonnen"[4] hatte. Zunächst befand sich dieses in der Großen Frankfurter Straße 90, ab 1831 ist in den Berliner Adressbüchern das unweit entfernt gelegene Grundstück Kaiserstraße 41, östlich des Alexanderplatzes, als Wohn- und Arbeitsort des Zimmermeisters Sommer ausgewiesen. Ebenfalls in dieser Zeit liegen die Anfänge seines Engagements für kommunale Belange und in der städtischen Politik, welches er zeitlebens ausüben sollte und das eine zweite, untrennbar mit seiner Person verbundene Tätigkeitsebene darstellt. So war Sommer zuerst Bürgerdeputierter in einer Armenkommission und von 1831 bis 1837 Vorsteher des Kaiserstraßen-Bezirks, in dem er lebte und sein Geschäft hatte. Von welchem Umfang die Bautätigkeiten der Zimmerei waren oder an welchen Gebäuden diese mitwirkte, kann anhand der verfügbaren Quellen nicht ermessen respektive bestimmt werden. Entweder wirtschaftete der Betrieb seit seiner Gründung jedoch recht erfolgreich und profitabel oder Sommer konnte auch entsprechende Kreditgeber akquirieren – in jedem Fall verfügte er im Jahr 1842 über die notwendigen finanziellen Mittel, um jenes Grundstück am Pariser Platz zu erwerben, das zum Ort seiner bedeutenden Tätigkeit als Immobilienspekulant wurde.

In diesem Zusammenhang soll, zur Darstellung des Kontextes, in dem Sommer agierte, kurz auf die Vorgeschichte der Areale nördlich des Pariser Platzes eingegangen werden. Nach der Anlegung des bis 1814 schlicht „Viereck" oder „Quarrée" genannten Schmuckplatzes im Zuge der zweiten barocken Stadterweiterung durch Philipp Gerlach in den Jahren 1732–34 war dieser mit gleichermaßen repräsentativen wie großzügigen Wohnpalais umbaut worden. Hierfür hatte Friedrich Wilhelm I. (1688–1740) – obgleich als „Soldatenkönig" bekannt, auch auf die Zierde der Residenzstadt bedacht – höchstselbst die Parzellen an führende Staatsbeamte, Offiziere und vermögende Mitglieder des Hofstaats vergeben sowie die Order erteilt, die Gebäude „prompt" zu errichten. Eine Besonderheit der drei auf der nördlichen Seite gelegenen Grundstücke, Pariser Platz 6 (mit Nr. 7), Pariser Platz 5 und Unter den Linden 78 stellte dabei ihre rückwärtige Ausdehnung dar. Wie der Plan von Selter aus dem Jahr 1804 zeigt, reichten sie von der Platzkante bis hinauf zum Spreeufer, blieben aber in der Tiefe weitestgehend unbebaut. Allein an der Uferkante der größten Parzelle, Pariser Platz 6, bestanden die Gebäude der von Johann Georg Sieburg aufgebauten Spinnerei und

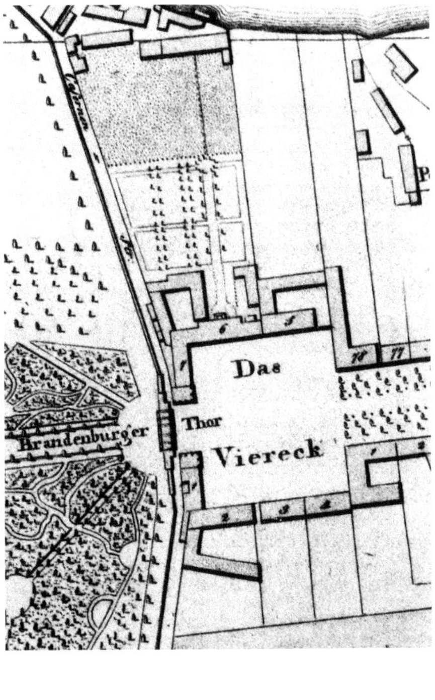

2 Das „Viereck" oder „Quarrée" (ab 1815 Pariser Platz) mit Grundstücksparzellen im Selter-Plan von 1804 (Ausschnitt)

3 Als wichtigste Quelle ist hier die handschriftliche Kurzbiografie des Stadtarchivars Paul Clauswitz zu nennen, welche dieser für das *Gedenkbuch der Stadtältesten von Berlin* angefertigt hatte. Vgl. Landesarchiv Berlin: A Rep. 001-02-3314

4 Ebd.

3 Die barocke Bebauung der nördlichen Platzfront in der Darstellung der sogenannten „Lindenrolle" von 1820, links (mit Mittelrisalit) das Sieburg'sche Palais Pariser Platz 6

4 Der Einzug Kaiser Napoleons in Berlin am 27. Oktober 1806, Gemälde von Charles Meynier, 1810, rechts das ebenfalls zum Anwesen Sieburgs gehörige Haus Pariser Platz 7

Kattunfabrik,[5] welche nach dessen Tod und dem Konkurs des Betriebes ab etwa 1820 in größeren Teilen der Maschinenfabrikant Julius Conrad Freund zur Produktion nutzte. Mit der 1822 vollendeten Durchlegung der Neuen Wilhelmstraße, die in Verlängerung der existenten Wilhelmstraße vom Boulevard Unter den Linden zur neuen Spreebrücke und der gegenüber angelegten Luisenstraße aufschloss, gewannen diese weitläufigen Areale jedoch erheblich an Attraktivität. Ihre östliche Flanke war nun stadträumlich eingebunden und das vormals abgeschiedene Hinterland kam somit für eine kleinteiligere Parzellierung überhaupt erst infrage.

Vor diesem Hintergrund traten zunächst die Branntweindestillateure Christian Friedrich Moewes und Johann Heinrich Moewes in Erscheinung. Bereits 1827 erwarben sie für 46.000 Taler die zur Spree gelegene Hälfte des großen Sieburg'schen Grundstücks (Pariser Platz 6) von den Erben der in Konkurs gegangenen Baumwollfabrik, denen der Erlös im Zuge ihrer Entschuldung sicher zupasskam. An den vorhandenen Baulichkeiten weniger interessiert, veräußerten die Brüder jedoch das Fabrikareal am Ufer wiederum schon zwei Jahre später an den „Mechanicus Freund"[6], der selbiges bis dahin lediglich gepachtet hatte. Im Sommer 1836 folgte dann der Kauf des benachbarten Anwesens Pariser Platz 5, für das sie die beachtliche Summe von 100.000 Talern an die Vorbesitzerin Gräfin Sophie Charlotte Elenore von Redern zahlten.[7] Indem es ihnen etwa zeitgleich zudem gelang, eine rückwärtige Teilfläche der Parzelle Unter den Linden 78 vom Baron Benecke von Groeditzberg

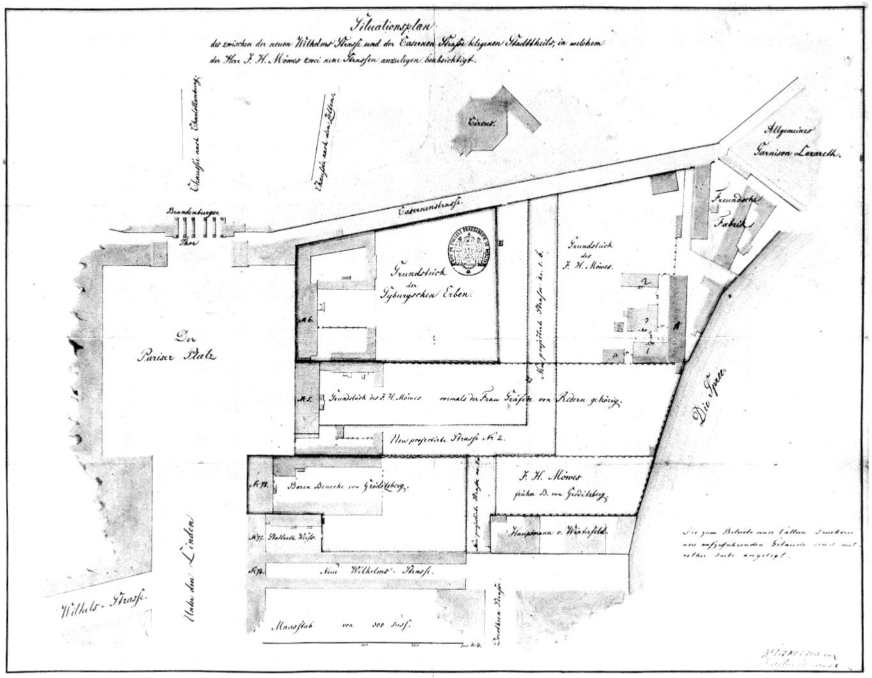

5 Von Johann Heinrich Moewes eingereichter Situationsplan mit Eintragung der zwei geplanten neuen Straßen, 1839

5 Die industriegeschichtlich bedeutende Fabrik zur Verarbeitung von Baumwolle war die größte ihrer Art in Berlin und Mitte der 1780er Jahre die erste, deren Spinnerei mit Maschinenantrieb arbeitete. Vgl. Lärmer, Karl: „Johann Georg Sieburg. Ein Berliner Pionier der Industriellen Revolution in Deutschland". In: *Berliner Geschichte, Dokumente, Beiträge, Informationen.* Hg. vom Stadtarchiv Berlin, Heft 7, 1986

6 Demps, Laurenz: *Der Pariser Platz. Der Empfangssalon Berlins.* Berlin 1995, S. 47

7 Um 1850 betrug der Wochenlohn eines Webers in Preußen etwas mehr als zwei Taler, das Jahreseinkommen eines Fabrikanten lag zwischen 20.000 und 40.000 Talern.

zu erstehen, hatten sie ihren Grundbesitz nördlich des Pariser Platzes schließlich auf ein zusammenhängendes Areal erheblicher Größe erweitert, das von der Kasernenstraße an der Akzisemauer im Westen bis nahezu an die Neue Wilhelmstraße im Osten reichte. Welche Absicht hierbei dem wohlbedachten Vorgehen der Brüder Moewes von Anfang an unterlag, wird spätestens durch einen 1839 beim Königlichen Polizeipräsidium von Berlin eingereichten Situationsplan deutlich. Zwei neue Straßen, eine als Verbindung zwischen Neuer Wilhelmstraße und Kasernenstraße sowie eine Stichstraße auf den Pariser Platz, sollten das Terrain erschließen und hätten so die Abtrennung neuer Parzellen ermöglicht, wobei die etwas unglücklich anmutende verwinkelte Führung auf deren Maximierung abzielte und zugleich den gegebenen Besitzverhältnissen geschuldet war. Obgleich jedoch eine Verlängerung der Dorotheenstraße zur Kasernenstraße seitens der Behörde durchaus erstrebenswert schien und Johann Heinrich Moewes anbot, das erforderliche Straßenland unentgeltlich an den Fiskus abzutreten, reagierte diese hinhaltend. Zu offensichtlich überwogen die privaten Verwertungsinteressen gegenüber einer zu gewinnenden städtebaulichen und verkehrlichen Verbesserung. In der Abwägung wurde daher verfügt, Moewes solle „vorläufig und zunächst auf die zu dem Grundstücke des Hauses No. 77 Unter den Linden gehörige Parzelle sich beschränken"[8], womit man die Möglichkeit offenhielt, eine aus Sicht der Behörde günstigere Straßenführung positiv zu bescheiden und dem Antragsteller gleichzeitig indirekt den Weg wies. Die Folge dieser Teilgenehmigung ist noch heute im Stadtgrundriss nachzuvollziehen, als Versatz der Dorotheenstraße an der Kreuzung Wilhelmstraße.
Ein entscheidendes Kapitel im Geschehen am Pariser Platz und nördlich desselben begann dann, als – wie erwähnt – Carl August Heinrich Sommer im Jahr 1842 auf den Plan trat. Die weitere Entwicklung sollte er fortan maßgeblich prägen. Die Sieburg'sche Erbengemeinschaft hatte sich entschlossen, ihre jeweiligen Erbteile zu kapitalisieren und nun auch den verbliebenen vorderen Grundstücksbereich mit den stattlichen Wohnhäusern Pariser Platz 6 und 7 zu veräußern, da von allen Begünstigten nur noch die zweite Tochter Johann Georg Sieburgs, Sophie Justine Frederike von Berg, hochbetagt hier wohnte. Zur Realisierung ihrer spekulativen Interessen waren die Brüder Moewes einem Zukauf mit Sicherheit nicht abgeneigt, doch verfügten sie nach den erheblichen zuvor getätigten Investitionen vielleicht nicht über genügend finanzielle Mittel für eine weitere Immobilie dieser Größenordnung. So kam Sommer zum Zuge und konnte selbige mit Eintrag vom 4. Oktober des Jahres „in allen Theilen"[9] erstehen – zum ebenso stattlichen Preis von 113.500 Talern.
In der einschlägigen Literatur ist vermerkt, Sommer habe das vormalige Sieburg'sche Grundstück erworben, um dort rückwärtig einen Zimmerplatz anzulegen und es gab Bedenken bezüglich des Transportes von Bauholz über den Pariser Platz sowie durch das Brandenburger Tor, doch erscheint dies allein als Motivation kaum ausreichend. Vielmehr kann davon ausgegangen werden, dass er die Absichten der Brüder Moewes zur Erschließung und Parzellierung des umgebenden Terrains kannte und die Chance sah, hier erfolgreich zu partizipieren. Möglicherweise entsprang seine Kenntnis dem bürgerschaftlichen Engagement in der Stadtverwaltung oder aber sogar einer persönlichen Bekanntschaft über Carl Friedrich Moewes, wie Sommer Stadtverordneter und ebenfalls Destillateur. Hierüber ist zwar nichts bekannt, doch agierten beide Parteien in den folgenden Jahren durchaus kooperativ. Noch 1842 verkaufte Sommer einen Geländestreifen entlang seiner nördlichen

8 Demps, Laurenz: *Der Pariser Platz. Der Empfangssalon Berlins.* Berlin 1995, S. 48
9 Ebd., S. 136

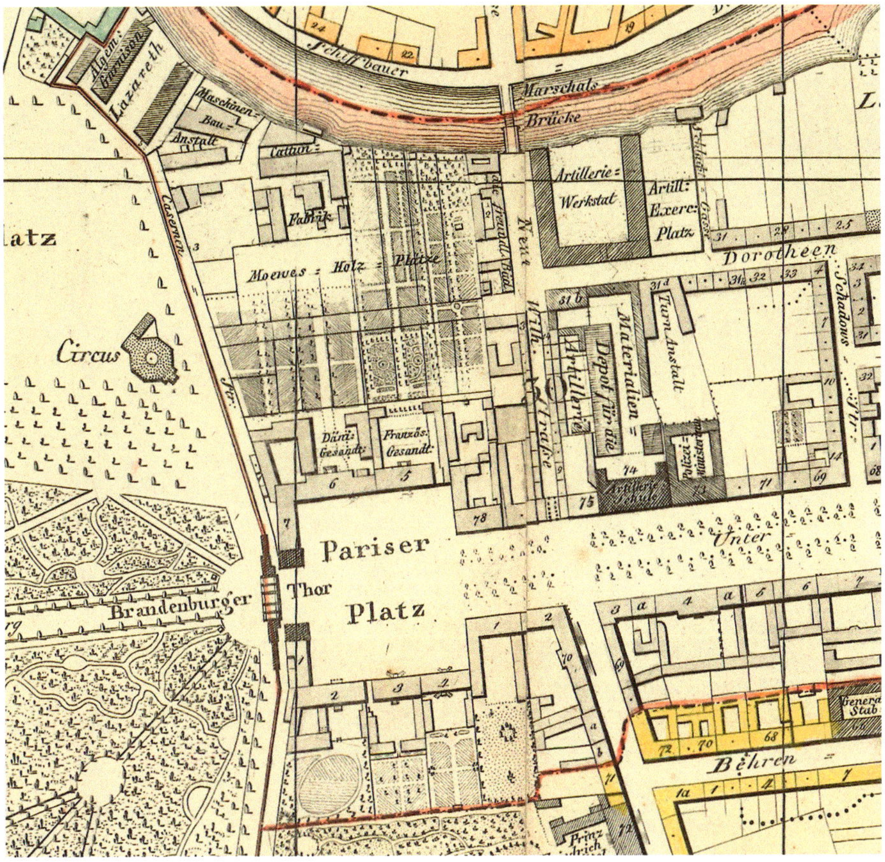

6 Der Pariser Platz und sein Umfeld mit Eintragung der genehmigten „verlängerten Dorotheenstraße" im Selter-Plan von 1841

Grundstücksgrenze an die Brüder Moewes, wodurch nun eine Verlängerung der Dorotheenstraße bis zur Kasernenstraße in gerader Führung möglich wurde, die dann auch die Genehmigung des Polizeipräsidiums erhielt. Damit war eine entscheidende Weiche gestellt und man konnte die Aufteilung des Terrains in kleinere Bauparzellen angehen. Während das Geschäftsziel der beiden Destillateure sich jedoch zumeist auf den möglichst gewinnbringenden Weiterverkauf derselben beschränkte, reichten Sommers Absichten erheblich weiter. Er gedachte nicht nur einen weiteren Holzplatz für die Zimmerei anzulegen, um als Ausführender von den bald neu entstehenden Baustellen zu profitieren, sondern darüber hinaus auch selbst als Bauherr tätig zu werden.

Im Zuge des Kaufes hatte Sommer gleichzeitig das Grundstück mit dem größten Gebäudebestand am Pariser Platz erworben. Die repräsentative Fassadenfront des Palais, zeichnerisch abgebildet in der sogenannten Lindenrolle von 1820, erstreckte sich über 19 Achsen, gegliedert in den durch Portikus und Vorfahrtsrampe betonten Mittelrisalit sowie zwei Rücklagen. Hinzu kamen die gartenseitigen Seitenflügel und Quergebäude sowie das Haus Pariser Platz 7, nördlich neben dem Brandenburger Tor. Die Bewohnerschaft bestand neben der schon erwähnten verwitweten zweiten Tochter Sieburgs aus den Leutnants Graf von Brandenburg und Graf von Golz, dem Hauptmann von Scholten, einem Rentier und einem Kaufmann sowie dem Königlich Dänischen Gesandten Graf von Reventlow. Damit entsprach sie der typischen Struktur am Pariser Platz, der seit dem beginnenden 19. Jahrhundert ein bevorzugter Wohnort vermögender Militärs, Staatsdiener und Privatiers – respektive deren Witwen – geworden war sowie auswärtigen Personen hohen Ranges als Residenz diente. Interessant ist dabei, dass die großzügigen Palais nicht mehr ausschließlich durch die jeweiligen Eigentümerfamilien und deren Bedienstete bewohnt wurden, sondern daneben weitere Parteien aufnahmen, die hier vornehm, in bester Lage und in standesgemäßen Räumlichkeiten, aber eben zur Miete wohnten. Es erklärt sich so ein gutes Stück weit die Intention beim Erwerb der wertvollen Immobilie sowie das weitere Agieren Sommers, der dieses Potenzial von Ort und Klientel erkannt hatte und nun darauf sann, das herrschaftliche Wohnen am Pariser Platz auszubauen und es auf die Kasernenstraße sowie möglicherweise die in Planung stehende verlängerte Dorotheenstraße auszudehnen.

Bereits 1843 beauftragte er keinen geringeren als Friedrich August Stüler (1800–1865), ein Jahr zuvor von Friedrich Wilhelm IV. zum Architekt des Königs ernannt, mit der Planung eines durchgreifenden Um- und Ausbaus der auf seinem Grundstück vorhandenen Gebäude. Als Verfasser der Reinzeichnungen hatte Stüler schon am 1829/30 ausgeführten Umbau des Palais Redern durch seinen Lehrer Karl Friedrich Schinkel (1781–1841) mitgewirkt – dem Haus am Pariser Platz, das in seiner kubischen, am italienischen Palazzo orientierten Gestalt als erstes der architektonischen Diktion des revolutionär-klassizistischen Brandenburger Tores folgte und die sukzessive Transformation der barocken Platzumbauung einleitete. Darüber hinaus sollte er unter anderem mit dem ebenfalls 1843 begonnenen Neuen Museum in Berlin, dem Belvedere auf dem Pfingstberg oder der Orangerie in Potsdam sowie zahlreichen Kirchen die Architektur beider Städte in der Mitte des 19. Jahrhunderts maßgeblich prägen. Von seinem städtebaulich wie architektonisch bedeutenden baulichen Eingriff am Pariser Platz, für den Sommer im März 1844 den Bauerlaubnisschein erhielt, sind indes leider weder Bauakten erhalten noch wurden die Pläne je publiziert.[10] Gleichwohl ist durch zeitgenössische Bildwerke sowie spätere Fotografien zumindest die gewandelte äußere Gestalt der Gebäude vermittelt, die sich nach den bereits 1846 abgeschlossenen Umbauarbeiten zeigte.

7 Die Sommer'schen Häuser Pariser Platz 6, 6a und 7 kurz vor der Fertigstellung. Gemälde von Eduard Gaertner, 1846 (Museum Georg Schäfer, Schweinfurt)

10 Vgl. ebd., S. 55

Als wichtigstes Zeugnis diesbezüglich kann das unmittelbar nach Fertigstellung entstandene Gemälde von Eduard Gaertner (1801–1877), dem für diese Zeit bedeutendsten Architekturmaler Berlins, angesehen werden. Es zeigt die Sommer'schen Häuser in warmem Licht mit strahlend hell-beigen Putzfassaden, gerahmt vom angeschnittenen Brandenburger Tor zur Linken und den ersten Bäumen des Boulevards Unter den Linden zur Rechten, wobei letztere geschickt das barocke Palais Pariser Platz 5 verdecken. Diese Bildkomposition rückt nicht nur die gerade erst umgebauten Gebäude in den Fokus der Betrachtung und vermittelt mithin bewusst eine völlig neue Ansicht wie Anmutung des Pariser Platzes, sie unterstreicht auch Stülers ideelle Bezugnahme auf den klassizistischen Torbau von Langhans. Und indem vom Bestand lediglich die Gliederung der Hauptfassade in Mittelrisalit und Rücklagen sowie die Fensterachsen erhalten blieben, meint man tatsächlich eher Neubauten zu sehen. Den existenten zwei Stockwerken ist, über einem Sims in der früheren Traufinie, ein hohes drittes Geschoss mit großen Rundbogenfenstern aufgesetzt, wodurch erstere zum Sockel reduziert sind und die Beletage über das Platzniveau in die neue vertikale Ebene verlagert erscheint. Eine kräftige Attika mit Schmuckfries, Sims und figurenbekrönter Balustrade, die das flach geneigte Dach vollständig verbirgt, schließt die Hauptfassade nach oben hin ab, wobei ein zusätzliches Mezzaningeschoss den Mittelteil baulich überhöht. Anstelle des vorhandenen Portikus ist die Vorfahrtsrampe durch einen Altan überfangen. Bis hin zur Quaderung des Putzes knüpfte Stüler typologisch wie formal bei seiner Transformation des vormaligen Barockbaus vor allem an Schinkels Palais Redern an, das in diesem Zusammenhang stets mitgedacht werden muss. Der bereits dort eingeführte neue Maßstab wurde jedoch erst hier, im unmittelbaren Zusammenwirken mit dem Brandenburger Tor, geradewegs ansichtig. Als *primus inter pares* begegneten die klassizistisch überformten Häuser diesem zwar durchaus respektvoll, nunmehr aber souverän und architektonisch gleichsam auf Augenhöhe.

Neben der formalen Diktion verdeutlicht dies im Besonderen die Höhenentwicklung des von Stüler entworfenen Sommer'schen Ensembles. Während das Wach- und das Zollgebäude einst die Traufinie der barocken Palais aufgenommen hatten und das Tor noch deren Mansarddächer überragte, orientierten sich die Proportionen der Umbauten wiederum in feiner Differenzierung am Haupt- sowie Firstsims des Tores. So erhielt auch das überformte Haus Pariser Platz 7, dessen Grundfläche durch Hinzunahme der Parzelle Kasernenstraße 1 vergrößert wurde, ein zusätzliches Obergeschoss, was angesichts seiner Lage neben dem Brandenburger Tor und dem direkten Anschluss an das Einnehmer-Haus umso mehr kritische Beachtung fand. Schon damals fürchtete man, Wirkung und Bedeutung des bereits zum Monument erwachsenen Bauwerks seien geschmälert, „indem das Thore gedrückt wirkt"[11], wie der Architekt Ezechiel noch während der Bauarbeiten schrieb. Es kursierte später sogar eine Anekdote, wonach „der Hofzimmermeister Sommer" zuerst noch höher hatte bauen lassen und erst auf persönliche Weisung des Königs, der den Frevel bei Rückkehr in die Residenz nach mehrmonatiger Abwesenheit empört bemerkt habe, die bereits gemauerten Wände wieder abtragen lies.[12] Wenngleich jener Vorgang durch keinerlei belastbare Quelle zu belegen ist und auch aufgrund der Stellung Stülers – immerhin ranghöchster Architekt Preußens und direkt dem Monarchen unterstellt – eher dem Reich der Fantasie entsprungen

11 Ebd., S. 56

12 Vgl. Danke, Rudolf: „In diesem Hause wohnte Max Liebermann. Die Häuser Pariser Platz 1 und 7". In: *Der Bär von Berlin,* 15. Jg., Berlin 1966, S. 117ff.

8 Das durch den 1848 vollendeten Neubau Pariser Platz 1 komplettierte Sommer'sche Ensemble, Stahlstich nach Johannes Rabe, 1860

scheint, kommt hier jedoch recht gut die Skepsis bzw. das Unbehagen gegenüber dem vermeintlich nach Gewinnmaximierung strebenden „Spekulanten“ Sommer zum Ausdruck.
Ein nicht nur bezüglich der Höhenentwicklung bemerkenswertes Element stellt ferner der turmartige Bauteil in der Ecksituation des Bauensembles dar. Er gehörte zur neuen, funktional eigenständigen Hauseinheit Pariser Platz 6a, die unter Einbeziehung der westlichen Gebäudeflanke von Nr. 6 sowie der Parzelle Kasernenstraße 2 gebildet worden war und dort über fünf Vollgeschosse aufragte. Mit ihm schuf Stüler ein städtebauliches Gelenk, das zur Tiergartenseite hin auf die Bebauung der Kasernenstraße vermittelte und der Ecke vom Pariser Platz aus Prägnanz und Halt verlieh. Darüber hinaus entstanden in dem hohen Turmgeschoss repräsentative Räumlichkeiten mit dem äußerst reizvollen Privileg, trotz der eigentlich ungünstigen Ecklage durch die großen Triforienfenster an allen vier Seiten sowohl auf den Tiergarten als auch den Pariser Platz blicken zu können. Hier wohnte später unter anderem über viele Jahre Ernst von Ihne (1848–1917), der 1888 von Kaiser Friedrich III. zum Hofarchitekten ernannt wurde, vor allem aber dann unter Kaiser Wilhelm II. tätig war.
Obgleich Sommer mit dem nach Stülers Plänen errichteten Ensemble auf dem vormals Sieburg'schen Grundstück einen beachtlichen Markstein neuer architektonischer Qualität am Pariser Platz gesetzt hatte, sollte sein Wirken dort nicht beendet sein. Noch während die Bauarbeiten auf der nördlichen Seite in vollem Gange waren, richtete der Architekt im Februar 1845 eine Anfrage an den Polizeipräsidenten von Berlin, ob einem Neubau des Hauses Pariser Platz 1, südlich neben dem Brandenburger Tor, stattgegeben werden könne. Dieser solle symmetrisch mit dem umgebauten Haus Pariser Platz 7 des Zimmermeisters Sommer korrespondieren und sei „Allerhöchsten Ortes gewünscht“[13]. Hierauf erhielt Stüler lediglich zur Antwort, dass dies im Ermessen des Regenten liege und der Eigentümer sich dem zu fügen habe, denn es handle sich um eines der Gebäude, die einst auf königliche Kosten erbaut

13 Ebd., S. 120

und verschenkt worden seien. Auch waren die Erben des verstorbenen Hauptmanns von Stankar gewillt, da sie den Umbau selbst nicht finanzieren konnten, das Haus für 40.000 Taler an die Krone zu verkaufen, was diese, wohl ebenfalls aus Geldmangel, jedoch ablehnte. So konnte zwei Jahre später wiederum Sommer auf den Plan treten, der die Immobilie am 20. März 1847 für 30.000 Taler erwarb. Nur zehn Tage später reichte Stüler die Baupläne zur Genehmigung ein, im September erhielt Sommer die Bauerlaubnis und nach Abbruch des Bestandes wurde ein nahezu exakt spiegelbildliches Pendant zum Haus Pariser Platz 7 errichtet, welches im Revolutionsjahr 1848 fertiggestellt war. Diese durchaus interessante Abfolge der Ereignisse legt nahe, dass die beidseitige bauliche Neueinfassung des Brandenburger Tores, mithin die Neugestaltung der westlichen Platzfront, von Anfang an Bestandteil der Planungen Stülers gewesen ist, dass Sommer ebenso frühzeitig mittat und dass das Agieren beider mindestens das Wohlwollen von Friedrich Wilhelm IV. genoss. Des Weiteren lassen diese Umstände die Schilderungen jener zuvor erwähnten Anekdote umso unwahrscheinlicher erscheinen. Vielmehr handelten der Hofzimmermeister, der Hofarchitekt sowie ihr König, wenn auch nicht in Symbiose, so doch in einer für die jeweiligen Interessen sehr günstigen Konstellation. Für seinen herausragenden Beitrag zur Verschönerung des Pariser Platzes hatte der Monarch Carl August Heinrich Sommer überdies bereits 1846 den „Rothen Adlerorden 4ter Klasse“ verliehen.

Die Tätigkeiten des Bauunternehmers hatten jedoch nicht nur die bauliche Erscheinung des Platzes maßgeblich verändert, sie leiteten auch einen entscheidenden Gestaltwandel der Tiergartenseite ein. Bestes überkommenes Zeugnis ist hier abermals ein zeitgenössisches Gemälde, welches Sommer selbst unmittelbar nach dem Bezug des Neubaus Pariser Platz 1 bei dem Historienmaler Theodor Rabe in Auftrag gab, dessen Wohnung und Atelier sich im Turm des Hauses Pariser Platz 6a befanden. Das Bild mit dem Titel *Ansicht der Sommerschen Häuser zu Berlin* wurde 1850 auf der 37. Ausstellung der Akademie der Künste gezeigt und illustrierte anschaulich die neue architektonische wie städtebauliche Qualität, die hinsichtlich der Annäherung an die Stadt von Westen erreicht sei. Dabei unterschlug Rabe freilich

9 Idealisierte Ansicht der Sommer'schen Häuser vom Tiergarten aus gesehen, Gemälde von Theodor Rabe, 1850 (Museum Georg Schäfer, Schweinfurt)

10 Die Sommer'schen Häuser an der Westseite des Pariser Platzes, Aufnahme 1906

11 Ansicht zum Tiergarten (und ab 1859 zur „Sommerstraße"), Aufnahme 1906

in geschickter Weise die etwa vier Meter hohe und erst 15 Jahre später abgebrochene Akzisemauer, die rechts und links an das Brandenburger Tor anschloss. Nur so konnten einerseits die Neubauten Sommers unverstellt und in Gänze abgebildet sowie der intendierte Gesamteindruck vermittelt werden. Andererseits ist diese Darstellung wohl auch als öffentlichkeitswirksames Plädoyer Sommers zu verstehen, mit dem er für eine Niederlegung der Zollmauer warb, da sich hierdurch die Attraktivität seiner Grundstücke und Immobilien offenkundig nochmals signifikant gesteigert hätte.
Doch auch ungeachtet dessen erfreuten sich die Gebäude Sommers, die Ludwig Rellstab 1854 als „Häuser mit wahrhaft fürstlicher Pracht"[14] beschrieb, großer Beliebtheit bei der gesellschaftlich höher gestellten und vermögenden Klientel Berlins. So führen die Adressbücher der ersten Jahre nach Fertigstellung als Mieter unter anderem den Geheimen Staatsminister a. D. Graf von Arnim und den Reichsgraf von Veltheim im Haus Pariser Platz 6 sowie den Geheimen Staatsminister von Alvensleben, den Gesandten von Reinhardt oder den „wirklichen Geschäftsträger" Baron von Bülow in Nr. 7. Obgleich über den inneren Aufbau der gesamten Gebäudeanlage kaum etwas bekannt ist, spricht jedoch allein die Bewohnerschaft dafür, dass Grundrisse und Ausstattung gleichermaßen großzügige wie vornehme Wohnungen ermöglichten, die auch dem Repräsentationsbedürfnis ihrer Mieter genügten. Was sich seit dem beginnenden 19. Jahrhundert sukzessive herausgebildet hatte, wurde somit von Sommer, der selbst im prächtigen Haus Pariser Platz 6 residierte, aufgegriffen und nun hier erstmals programmatisch in Form von Neubauten umgesetzt: das herrschaftliche Wohnen auf der Etage.
Zweifelsohne nimmt das von August Stüler entworfene Gebäudeensemble, ob seiner prominenten Lage, architektonischen Qualität sowie nachhaltigen Wirkung für den Stadtplatz, den vordersten Rang im Schaffen Sommers ein. Doch auch auf dem Hinterland des Pariser Platzes blieb er nicht untätig, worüber sich aufgrund der noch spärlicheren Quellenlage allerdings kein vollständiges Bild gewinnen lässt.[15] Nachvollziehbar ist jedoch, dass Sommer sehr bald ebenso begann, die rückwärtigen Areale des großen, vormals Sieburg'schen Anwesens systematisch zu verwerten. Mit der bereits vier Jahre zuvor initiierten Verlängerung der Dorotheenstraße bis zur Kasernenstraße, die 1846 fertiggestellt und erstmals im Berliner Adressbuch verzeichnet wurde, war hierfür zwischenzeitlich auch die wichtigste Voraussetzung geschaffen. So konnte er an der nördlichen Flanke seines Grundstückes vier neue Parzellen abtrennen, von denen jene mit den Adressen Dorotheenstraße 48 und 49 offenbar sogleich veräußert und anschließend durch die Käufer bebaut wurden, während die Nummern 50 und 51 laut der Adressbücher zunächst noch unbebaut im Eigentum Sommers verblieben. Entlang der Kasernenstraße, wo der Auftakt in Gestalt der Häuser Pariser Platz 6a und 7, auf der Tiergartenseite als Kasernenstraße 2 bzw. 1 geführt, bereits durch Sommer selbst gegeben war, entstanden ebenfalls weitere neue Bauparzellen, wobei Einzelheiten auch infolge mehrfach geänderter Nummerierungen nicht mehr eindeutig zu rekonstruieren sind. Anscheinend wurden sie jedoch ebenfalls unmittelbar verkauft.

14 Rellstab, Ludwig: *Berlin und seine nächsten Umgebungen in malerischen Originalansichten.* Darmstadt 1854, S. 101

15 Die fortlaufende Abteilung oder Zusammenlegung von Grundstücken im Bereich der Kasernenstraße und verlängerter Dorotheenstraße, die damit verbundene Neuvergabe von Hausnummern sowie nicht zuletzt häufige Besitzwechsel in rascher Folge erschweren hier die Zuordnung der ohnehin nur sehr wenigen Informationen sowie die Rekonstruktion der tatsächlichen Abläufe.

12 Die neu entstandene Bebauung entlang der Kasernenstraße und (verlängerten) Dorotheenstraße im Sineck-Plan von 1856, bereits eingetragen ist das 1854 fertiggestellte Haus Dorotheenstraße 51 (vgl. Abb. 16)

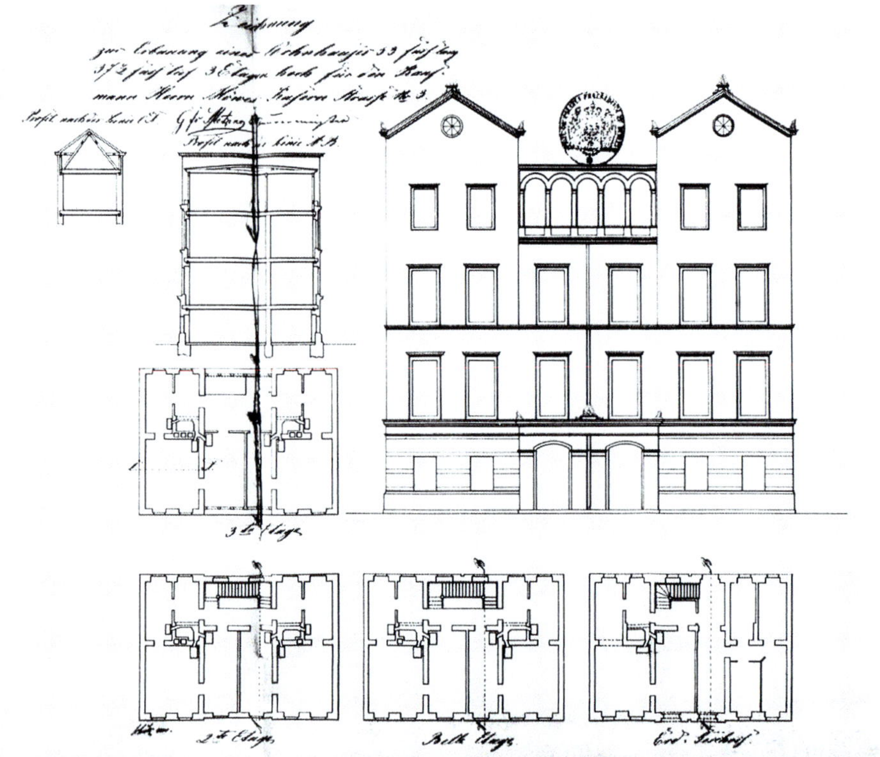

13 Bauzeichnung von 1836 zur Errichtung eines Wohnhauses auf dem Grundstück Kasernenstraße 3, Bauherr ist der Kaufmann Moewes, Unterzeichner der Maurermeister Metzing

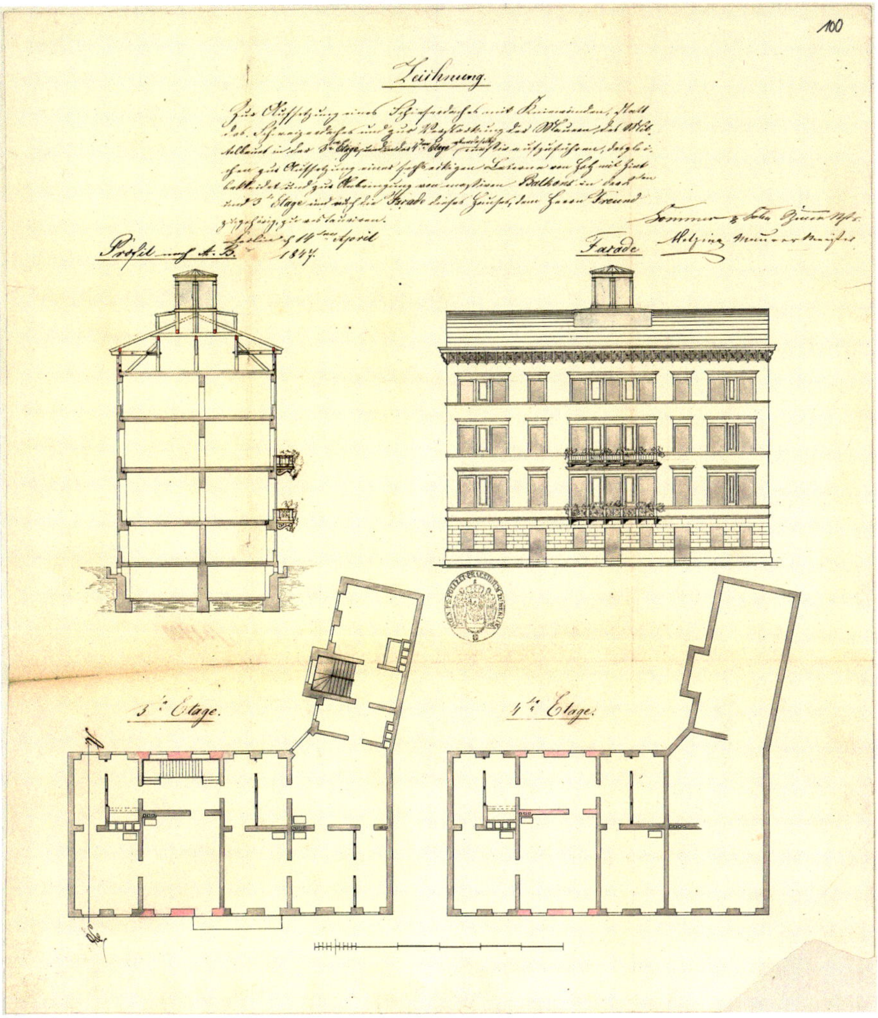

14 Bauzeichnung zu einem Wohnhaus in der Kasernenstraße 4 von 1847, Unterzeichner sind Maurermeister Metzing sowie die Zimmermeister Sommer & Sohn

Dennoch hat Sommer sich hier gleichermaßen nicht auf die reine Bodenspekulation beschränkt, sondern war sehr wahrscheinlich mit seinem Zimmereibetrieb an verschiedenen Bauausführungen beteiligt. Dies legt zumindest die überkommene Bauzeichnung zu einem Wohnhaus in der Kasernenstraße 4 aus dem Jahr 1847 nahe, auf welcher nicht nur der Eigentümer (vermutlich Julius Conrad) Freund benannt ist, sondern die unterschrieben ist mit „Sommer & Sohn Zimmermeister“ sowie „Metzing Maurermeister“. Wilhelm Adalbert Metzing hatte im Übrigen schon 1836 ein Haus in der Kasernenstraße für den „Kaufmann Herrn Möwes“ errichtet, war Bauherr auf jener zuvor erwähnten Parzelle Dorotheenstraße 48 und erwarb 1853 ein weiteres Grundstück von Sommer an der Kasernenstraße, welches er vier Jahre später zum mehr als Sechsfachen des ursprünglichen Preises an den Warenhausbesitzer Carl Rudolph Hertzog weiterveräußerte – um diesem darauf schließlich noch sein stattliches Wohnhaus zu errichten.[16] Im Zuge der rasanten baulichen Entwicklung des Areals waren also demnach nicht nur beachtliche Profite zu erzielen. Darüber hinaus tauchen an verschiedenen Stellen interessanterweise immer wieder

16 Vgl. Bauzeichnungen zur Errichtung der Wohnhäuser Kasernenstraße Nr. 3 sowie Kasernenstraße Nr. 5 (Rudolph Hertzog). In: Demps, Laurenz: *Der Pariser Platz. Der Empfangssalon Berlins*. Berlin 1995, S. 51ff.

15 Das 1859 erbaute Wohnhaus Rudolph Hertzog in der Sommerstraße 5 (zuvor Kasernenstraße), Aufnahme von F. Albert Schwartz, um 1875

dieselben, teils schon seit den Anfängen wohlbekannten Namen auf, die, in wechselnden Konstellationen, das einträgliche Geschäft betrieben. Insofern kann sogar davon ausgegangen werden, dass Sommer im größeren Maßstab sowohl als Bauherr als auch als Bauausführender agierte und mithin beträchtliche Gewinne erwirtschaftete.

Wie die Bezeichnung „Sommer & Sohn" überdies verrät, wurde der Zimmereibetrieb in dieser Zeit bereits unter Einbindung eines weiteren Familienmitgliedes geführt.[17] Franz Ludwig Georg Sommer, über den ansonsten lediglich zu ermitteln ist, dass er ebenfalls Zimmermeister war und zunächst im vom Vater erbauten Haus Kasernenstraße 2a wohnte, trat allerdings nur im Rahmen eines einzigen uns bekannten Projektes explizit in Erscheinung.

17 Über die Ehefrau Sommers oder weitere Kinder ist ebenso nichts bekannt wie zu den Lebensdaten von Franz Ludwig Georg Sommer.

Die *Zeitschrift für Bauwesen* berichtete im Jahrgang 1854 über ein „herrschaftliches Wohnhaus in Berlin“, welches kürzlich auf dem Grundstück Dorotheenstraße 51 für den „Besitzer Herrn Zimmermeister Sommer jun.“ erbaut worden sei.[18] Der Beitrag, der durch seine textliche Beschreibung des Gebäudes sowie die Abbildung von Ansichten und Grundrissen ein seltenes Zeugnis der damals dort entstandenen Bebauung darstellt, stammte hierbei vom Entwurfsverfasser selbst, dem noch jungen Architekten Johannes Heinrich Friedrich Adler (1827–1908), der später vor allem als Kirchenbauer und Bauforscher zu hohem Ansehen gelangen sollte.[19] Seit 1851 war dieser wiederum im Büro von Friedrich August Stüler tätig gewesen und hatte mutmaßlich durch ihn die Gelegenheit erhalten, hier für Franz Ludwig Georg Sommer seinen ersten bedeutenden Bauauftrag selbstständig zu realisieren. Wie eine der Zeichnungen zeigt, war der siebenachsige Neubau dabei der Auftakt zu einer stattlichen

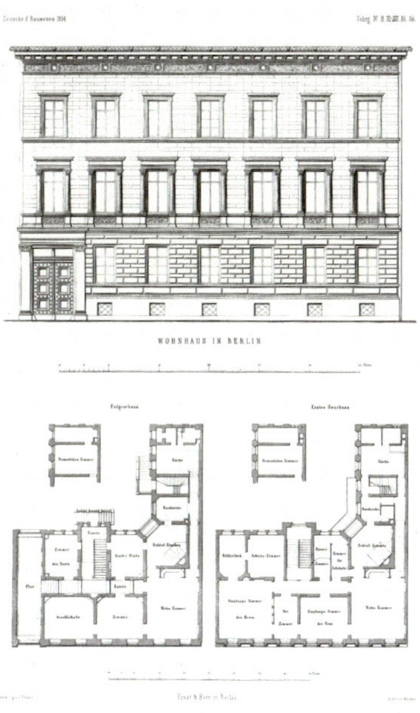

16 Straßenansicht und Grundrisse des Wohnhauses Dorotheenstraße 51, veröffentlicht in der *Zeitschrift für Bauwesen*, 1854

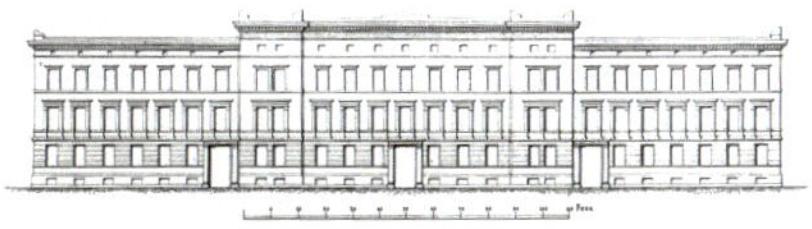

17 Ansicht der Häuser Dorotheenstraße 51–54, veröffentlicht in der *Zeitschrift für Bauwesen*, 1854

18 Das 1858 erbaute Wohnhaus Dorotheenstraße 54 (heute Dorotheenstraße 99) auf einer undatierten Aufnahme von Hermann Rückwardt, rechts im Anschnitt der Mittelteil der Gebäudeanlage Nr. 51 bis 54

18 Vgl. Adler, Friedrich: „Herrschaftliches Wohnhaus in Berlin“. In: *Zeitschrift für Bauwesen*, IV. Jg. 1854, Heft XI/XII, S. 483ff.

19 Vgl. Lemburg, Peter: „Johannes Heinrich Friedrich Adler“. In: Hänsel, Jessica/Haspel, Jörg/Salge, Christiane/Wittmann-Englert, Kerstin (Hg.): *Baumeister – Ingenieure – Gartenarchitekten. Berliner Lebensbilder,* Band 11, Berlin 2016, S. 119ff.

Wohnhausanlage, die auf insgesamt vier Grundstücken entlang der Dorotheenstraße abschnittsweise bis 1858 errichtet wurde. Auf einer undatierten Fotografie von Hermann Rückwardt sind der baulich überhöhte Mittelteil im Anschnitt sowie, als gleichsam östlicher Flügel der Gesamtanlage, das Haus Nr. 54 in Gänze zu sehen. Dieses Gebäude mit der heutigen Adresse Dorotheenstraße 99 ist ferner, wenngleich auch mehrfach umgebaut und aufgestockt, das einzige der zahlreichen Sommer'schen Häuser, welches auf die Gegenwart überkommen ist.

Dabei entbehrt es nicht einer gewissen Ironie, dass ausgerechnet jenes Haus wohl eher auf den Sohn zurückgeht, obschon der Vater zweifelsohne auch hier die Voraussetzungen beziehungsweise die Grundlagen geschaffen hatte und wahrscheinlich mindestens im Hintergrund mittat. Eine genaue Differenzierung fällt allerdings schwer, da beispielsweise die Eintragungen in den Berliner Adressbüchern nur stellenweise zwischen „Sommer, Zimmermeister u. Stadtrath" sowie „Sommer, Fr., Zimmermeister" unterscheiden. Dennoch spricht einiges dafür, dass Carl August Heinrich Sommer sich ab Mitte der 1850er Jahre sukzessive aus dem aktiven Geschäft zurückzog und kaum noch als bauender Unternehmer wirkte. Während dies zu jener Zeit offenbar mehr und mehr der Sohn übernahm, beschränkte der Senior sich vorrangig auf die Verwaltung seines prächtigen Immobilienbestandes, begann dann aber auch, Teile desselben zu veräußern – was aufgrund der enormen Preissteigerungen, die erst im sogenannten Gründerkrach von 1873 ein jähes Ende finden sollten, gegenüber der Vermietung noch ungleich höhere Gewinne ermöglichte. Den Auftakt bildete der

19 Die Bebauung entlang der Sommerstraße (vor 1859 Kasernenstraße) und der westlichen Dorotheenstraße im Liebenow-Plan von 1867

Verkauf des Hauses Pariser Platz 1, das im März 1856 für 60.000 Taler in den Besitz des vormaligen Eisenbahndirektors Albert Wolf überging, wobei in der Grundakte festgehalten war, dass die Außenfarbe zu erhalten sei, damit sie stets der des baulichen Pendants Pariser Platz 7 entspräche.[20] Selbiges erwarb dann im Mai des Folgejahres der Kaufmann Louis Liebermann, der sein Vermögen als Kattunfabrikant und Kattunhändler erwirtschaftet hatte und nun mit seiner Familie die erste Etage des repräsentativen Wohngebäudes bezog. Sein Sohn Max Liebermann war zu diesem Zeitpunkt zehn Jahre alt. Sommer, einmal mehr auf den Erhalt des von ihm erbauten Ensembles bedacht, ließ hier wiederum im Kaufvertrag festschreiben, dass Veränderungen der äußeren Architektur des Hauses zu unterlassen wären, es stets in der gleichen Farbe wie die Nachbargebäude Pariser Platz 6 und 6a zu halten sei sowie dass keine bauliche Umgestaltung des nördlich anschließenden Turmes verlangt werden dürfe.[21] Mit ein paar Jahren Abstand folgte im Dezember 1861 der Verkauf des Hauses Pariser Platz 6a, welches der Bankier Ernst Jacoby für die stattliche Summe von 132.000 Talern erwarb – immerhin mehr, als Sommer zwei Jahrzehnte zuvor für das gesamte riesige Sieburg'sche Anwesen gezahlt hatte. Seinen wertvollsten Immobilienbesitz, das Gebäude Pariser Platz 6, in dem er bis zu seinem Lebensende wohnen bleiben sollte, veräußerte Sommer, inzwischen 68 Jahre alt, hingegen erst im September 1869 an den Bankier Magnus Hermann. Der Erlös von 250.000 Talern übertraf allerdings noch einmal alle bis dahin getätigten Geschäfte.

Doch war Sommer eben nicht ausschließlich erfolgreicher Spekulant respektive Bauunternehmer, sondern – wie zuvor erwähnt – zeitlebens auch als Bürger in der kommunalen Politik und Verwaltung engagiert, was sicherlich wesentlich zu seinem hohen Ansehen in der Berliner Gesellschaft beigetragen hat. Schon an seinem vorherigen Wohnort als Bezirksvorsteher tätig gewesen, war er nach dem Umzug an die neue Lebens- und Wirkungsstätte im Jahr 1845 Stadtverordneter des Pariser-Platz-Bezirkes geworden. Bereits im März 1849 hatte man ihn dann erstmals zum Stadtrat gewählt, womit er als unbesoldetes Mitglied dem Magistrat von Berlin angehörte, dem höchsten Verwaltungsorgan der Stadt. In dieser Position erhielt Sommer gewiss vorteilhafte Einblicke in die kommunale Politik und konnte möglicherweise auch die eine oder andere Entwicklung in seinem Sinne mitgestalten, von reinem Eigeninteresse geprägt war sein Wirken dort jedoch wohl nicht. Der Stadtarchivar Paul Clauswitz unterstrich in seiner Kurzvita Sommers beispielsweise im Besonderen dessen „aufopfernde Thätigkeit" als „Generalfeuerherr"[22], mit der er die Oberaufsicht über den Bautenbrandschutz innehatte. Aber auch seine mehrfache Wiederwahl und die daraus resultierende 14-jährige Amtszeit als Stadtrat sprechen für eine allgemeine Anerkennung seines bürgerschaftlichen Engagements. Erst im Oktober 1863 legte er aufgrund eines Augenleidens sein Amt nieder und schied aus dem Magistrat aus, der ihn in Würdigung seiner Person wie auch seiner Arbeit dort am 3. Januar 1864 zum Stadtältesten von Berlin ernannte.

Weitere Ehrungen, die Carl August Heinrich Sommer zuteil wurden, waren im Jahre 1862 die Verleihung des „Rothen Adlerorden 3ter Klasse", nachdem er jenen „4ter Klasse" schon 1846 erhalten hatte, sowie die Auszeichnung mit der „Krönungsmedaille am Band". Den höchsten Stellenwert diesbezüglich nahm aber fraglos die bereits im Januar 1859 vollzogene Umbenennung der vor dem Brandenburger Tor verlaufenden Kasernenstraße ein. Auf eine

20 Vgl. Demps, Laurenz: *Der Pariser Platz. Der Empfangssalon Berlins.* Berlin 1995, S. 60
21 Ebd.
22 Landesarchiv Berlin: A Rep. 001-02-3314, Kurzvita von Paul Clauswitz für ein Gedenkbuch der Stadtältesten von Berlin, o. S.

Initiative des Stadtsyndikus Le Brun zurückgehend, vom Magistrat befürwortet und durch „Allerhöchste Kabinettsorder“ genehmigt, trug diese fortan den Namen Sommerstraße, um den Mann zu würdigen, „der die meisten Häuser daselbst gebaut und durch Bepflanzung der Straße dieselbe verschönert [hat]“[23]. So genoss Sommer das außergewöhnliche wie seltene Privileg, schon zu Lebzeiten ganz offiziell und *expressis verbis* von „seiner Straße“ sprechen zu können.

Er selbst wohnte hingegen bis zu seinem Tod am 13. Mai 1873, die letzten Jahre als „Stadtrath a. D.“ in den Berliner Adressbüchern geführt, im Haus Pariser Platz 6, dem ersten und prächtigsten der dort von ihm errichteten beziehungsweise initiierten Gebäude. Durch seine unternehmerischen Tätigkeiten war er zu erheblichem Vermögen gelangt, sodass er beispielsweise schon drei Jahre zuvor ein Fideikommiss, eine Art Familienstiftung, hatte einrichten können, in welche sowohl Grundbesitz an der Potsdamer Straße in Schöneberg als auch ein Kapital von 500.000 Talern einflossen. Somit war auch den nachkommenden Generationen die Basis für ein privilegiertes und wohlsituiertes Leben gegeben. Vor allem aber gaben die Bauten des zum Immobilienunternehmer aufgestiegenen Zimmermeisters einem der bedeutendsten Orte der Stadt Berlin neue Gestalt und prägten diesen nachhaltig,

20 Das Hauptgebäude von „Schloß Sommerswalde“ bei Oranienburg, der „kleine Reichstag“, Aufnahme um 1900

23 *Lexikon. Alle Berliner Straßen und Plätze. Von der Gründung bis zur Gegenwart*, 4 Bd., Schö - Z, Berlin 1998, S. 82

21 Der Pferdestall in Sommerswalde, später „Rotes Rathaus" genannt, Aufnahme um 1900

22 Die Orangerie von Sommerswalde in Gestalt einer Moschee, Aufnahme um 1900

wodurch auch sein Name über die nachfolgenden Jahrzehnte mindestens leidlich gegenwärtig blieb. Mit der Zerstörung der Häuser im und nach dem Zweiten Weltkrieg – wie der Gesamtbereich um den Pariser Platz erst durch Abriss vollends getilgt – sowie der neuerlichen Umbenennung der Sommerstraße (heute Ebertstraße) im Jahr 1925 bzw. 1947 verschwand jedoch auch Carl August Heinrich Sommer schließlich nahezu vollständig aus dem öffentlichen Gedächtnis.

Eine gewisse Prominenz erlangte zwischenzeitlich noch einmal sein Enkel Friedrich August Richard Sommer (1849–1916). Kraft seines beträchtlichen Erbes hatte der Leutnant a. D. und exzentrische Lebemann im Jahr 1888 das Rittergut Schwante bei Oranienburg erworben und dort ein stattliches Wohnhaus nach dem Vorbild des Berliner Reichstages für sich und seine Familie errichten lassen. Hinzu kamen ferner eine Miniatur des Roten Rathauses als Stallung für seine wertvollen Araber-Pferde, die Orangerie in Gestalt einer Moschee sowie weitere Nebengebäude.[24] Das gleichermaßen imposante wie kuriose Ensemble von „Schloss Sommerswalde", welches damals verständlicherweise einige Aufmerksamkeit erregte, ist gegenwärtig noch in großen Teilen zu betrachten und verweist, wenn auch auf einen Nachfahren, so doch immerhin auf den Namen Sommer. Von dem überformten und wohl eher dem Sohn Franz Ludwig Georg zuzuschreibenden Gebäude Dorotheenstraße 99 abgesehen, existieren dagegen keinerlei bauliche Zeugnisse mehr, die heute unmittelbar an den für die Baugeschichte der Stadt im Allgemeinen und den Pariser Platz im Speziellen so bedeutenden Bauunternehmer Carl August Heinrich Sommer erinnern könnten. Es bleibt allein, als gleichsam indirekte Spur, das Haus, „wenn man nach Berlin reinkommt, gleich rechts".

23 Der Pariser Platz mit den anstelle des Sommer'schen Ensembles nach 1990 entstandenen Gebäuden, nördlich neben dem Brandenburger Tor das „Haus Liebermann", Aufnahme 2017

24 Vgl. Stübs, Detlef: *Schloß Sommerswalde. Der zweite Reichstag unweit von Berlin*. Hennigsdorf 1992

24 Das heutige „Haus Sommer" südlich des Brandenburger Tores, Aufnahme 2017

„Von der kurzsichtigen Menge wurde mein Projekt belächelt – ich aber behielt Recht: Lichterfelde hat sich zu einem unserer vornehmsten Vororte entwickelt, und weiter sind dem von mir gegebenen Beispiel folgend in allen Richtungen der Windrose um Berlin herum Villen-Colonien entstanden."

(Johann Anton Wilhelm von Carstenn-Lichterfelde: Vorwort zu *Die Zukünftige Entwicklung Berlins*, 1892)

RUHM UND RUIN EINES BAUPIONIERS JOHANN ANTON WILHELM VON CARSTENN-LICHTERFELDE (1822–1896)

1 Johann Anton Wilhelm von Carstenn-Lichterfelde (1822–1896)

„Sein Name ist verschwunden. Die Nachschlagebücher wissen nichts mehr von diesem weitblickenden Kaufmann, dessen Name in den sechziger und siebziger Jahren zu den bekanntesten in Berlin gezählt und der als Städtebauer Großartigeres geleistet hat als irgendein preußischer Herrscher."[1] So schrieb es Werner Hegemann 1930 in *Das steinerne Berlin*, seiner Generalabrechnung mit der *größten Mietkasernenstadt der Welt* und fast ausnahmslos vernichtenden Kritik an den Protagonisten ihrer Entstehung. Johann Anton Wilhelm von Carstenn-Lichterfelde, seine Person wie sein Werk, suchte er hingegen als gleichsam leuchtendes Vorbild nachdrücklich in Erinnerung zu rufen, welches früh den richtigen Weg gewiesen habe und dem dennoch nicht gefolgt worden sei. Und tatsächlich erscheinen das von Carstenn baulich Geschaffene, vor allem aber seine weiterreichenden, nur zum Teil realisierten Bestrebungen hinsichtlich des Ausbaus von Berlin und eines neuen vorstädtischen Wohnens außergewöhnlich vorausschauend. Bereits 1869, als Schöneberg und Wilmersdorf noch Dörfer weit außerhalb der Stadt waren und selbst jenseits der schon raumgreifenden Erweiterungsplanungen von James Hobrecht lagen, formulierte Carstenn die Idee, Berlin und Potsdam durch ein Band neuer Vororte nach englischem Vorbild zu einer Stadt zusammenzuführen. Diesem Ideal wie auch seinem Gestaltungswillen gab er mit der Anlage und dem tatkräftig vorangetriebenen Ausbau der Villenkolonie Lichterfelde sogleich einen ersten baulichen Ausdruck. Demselben neuartigen Leitbild folgen auch Carstenns spätere Gründungen Friedenau, die Kolonie Wilmersdorf sowie Halensee – in seinem weit über das Kaufmännische hinausreichenden Wirken prägte er damit schließlich die werdende Millionenstadt Berlin in größerem Maß als die allermeisten Baukünstler. Seine Vorortgründungen waren Ausgangspunkt der äußeren Villen- und Landhausstadt, die, wie Julius Posener anmerkte, in Europa einzigartig und nur in der Dialektik mit der inneren Mietkasernenstadt zu begreifen ist,[2] und die nach ihm benannte großzügige städtebauliche Figur bestimmt bis heute das stadträumliche Gefüge von Wilmersdorf einerseits und Friedenau andererseits.
Dennoch geriet Carstenn für viele Jahrzehnte in Vergessenheit. Dies mag darin begründet liegen, dass die oft bemühte Redewendung, jemand sei seiner Zeit voraus gewesen, hier in ganz eigener Art und Weise treffend erscheint. So bestätigte die spätere Entwicklung des

1 Hegemann, Werner: *Das steinerne Berlin. Geschichte der größten Mietkasernenstadt der Welt.* Berlin 1930, S. 346

2 Vgl. Posener, Julius: „Vororte". In: *Die Metropole. Industriekultur in Berlin im 20. Jahrhundert.* Hg. von Jochen Boberg, Tilman Fichter und Eckhart Gillen. Berlin 1986

Berliner Südwestens zwar, wie bemerkenswert weitblickend und vorprägend beispielsweise die schon 1865/66 erfolgte Gründung von Lichterfelde war, doch die große, in Teilen exzessive Prosperität der Villen- und Landhausviertel zum einen sowie der urbanen südwestlichen Stadtquartiere zum anderen stellte sich erst in den 1890er Jahren ein und erreichte um die Jahrhundertwende ihren Höhepunkt. Zunächst einmal hatten der auf die Euphorie der Reichsgründung folgende sogenannte Gründerkrach von 1873 sowie die anschließende Rezession das Terraingeschäft in Berlin für etwa eine Dekade fast vollständig zum Erliegen gebracht und auch das gerade einsetzende Aufblühen der Villenkolonie Lichterfelde jäh unterbrochen. Für Carstenn, der den Ausbau seines Vorortes mit erheblichem Einsatz eigener Geldmittel beförderte, wurde dies zum Verhängnis, weil er überdies für den Bau der Hauptkadettenanstalt in Lichterfelde umfangreiche finanzielle Verpflichtungen gegenüber dem preußischen Militärfiskus eingegangen war, deren stetig steigender Umfang ihm enorme Verluste bescherte und ihn unter anderem zur Veräußerung des Großteils seines Lichterfelder Grundbesitzes zwang. Als der Verkauf von Grundstücken und Häusern in den 1880er Jahren schließlich wieder Fahrt aufnahm, war Carstenn wirtschaftlich bereits nahezu ruiniert, durch Streitigkeiten und Prozesse mit den Behörden zunehmend auch gesellschaftlich isoliert sowie vor allem seiner Gestaltungskraft beraubt. Die weitere Entwicklung von Lichterfelde, Friedenau, Wilmersdorf und Halensee lag nicht mehr in seiner Hand und gestaltete sich in Teilen anders als von ihm intendiert. Wenn überhaupt, so verband man mit jenen nunmehr prosperierenden Berliner Vororten und Stadtteilen sehr bald die Namen anderer Unternehmer, Spekulanten oder Architekten, während der Pionier Carstenn, der fast im Wortsinne *das Feld bereitet* hatte, ebenso rasch vergessen war. Umso mehr lohnt der Blick auf seine Person und sein Werk.

Johann Anton Wilhelm Carstenn wurde am 12. Dezember 1822 im holsteinischen Neverstaden bei Oldesloe geboren. Sein Vater Johann Wilhelm Carstenn verwaltete dort das Gut Tralau und avancierte wenig später zum selbstständigen Gutspächter. Seine Mutter Margarete Magdalene war die Tochter des Hamburger Zuckerfabrikanten Johann Mathias Tieden. Somit wuchs er in einem durchaus wohlhabenden Elternhaus auf, das in der damaligen Zeit auf dem Lande ohne Frage einer privilegierten Schicht angehörte. Welchen Bildungsweg Carstenn einschlug, ließ sich aufgrund der generell vergleichsweise wenigen und recht knappen Quellen zu seinem Leben nicht ermitteln. Es gilt jedoch als weitgehend gesichert, dass er weder ein Studium absolvierte noch eine Ausbildung im Baufach durchlief. Sehr wahrscheinlich ist hingegen, dass der Sohn durch die Tätigkeit des Vaters und das Leben auf dem Gut früh mit der Bewirtschaftung und Verwaltung solcher landwirtschaftlicher Großbesitzungen vertraut war, ihm über die Familie mütterlicherseits aber auch Einblicke in die gerade erst aufkommende industrielle Produktion möglich waren. Interessant erscheint vor diesem Hintergrund die Frage, inwieweit sein Aufwachsen in ländlicher Umgebung und dörflichen Strukturen einerseits und die Kenntnis der Hafen- und Handelsstadt Hamburg im Angesicht der anbrechenden Industrialisierung anderseits möglicherweise prägend für Carstenns zukünftiges Wirken waren. Wenngleich auch nicht zu belegen, so scheint ein Zusammenhang mit dem späteren Engagement für das vorstädtische Wohnen zumindest nicht ganz abwegig.

In jedem Fall suchte Carstenn, der 1853 Emilie Freydag geheiratet hatte – die gemeinsame Tochter Marie wurde im darauffolgenden Jahr geboren –, seine berufliche Zukunft anscheinend in einem unternehmerischen Tätigkeitsfeld jenseits der Gutsverwaltung oder Gutspacht. Dies mag darin begründet gewesen sein, dass für ihn als zweitgeborenen Sohn

2 Plan von Wandsbek mit der Villenkolonie Marienthal, 1913

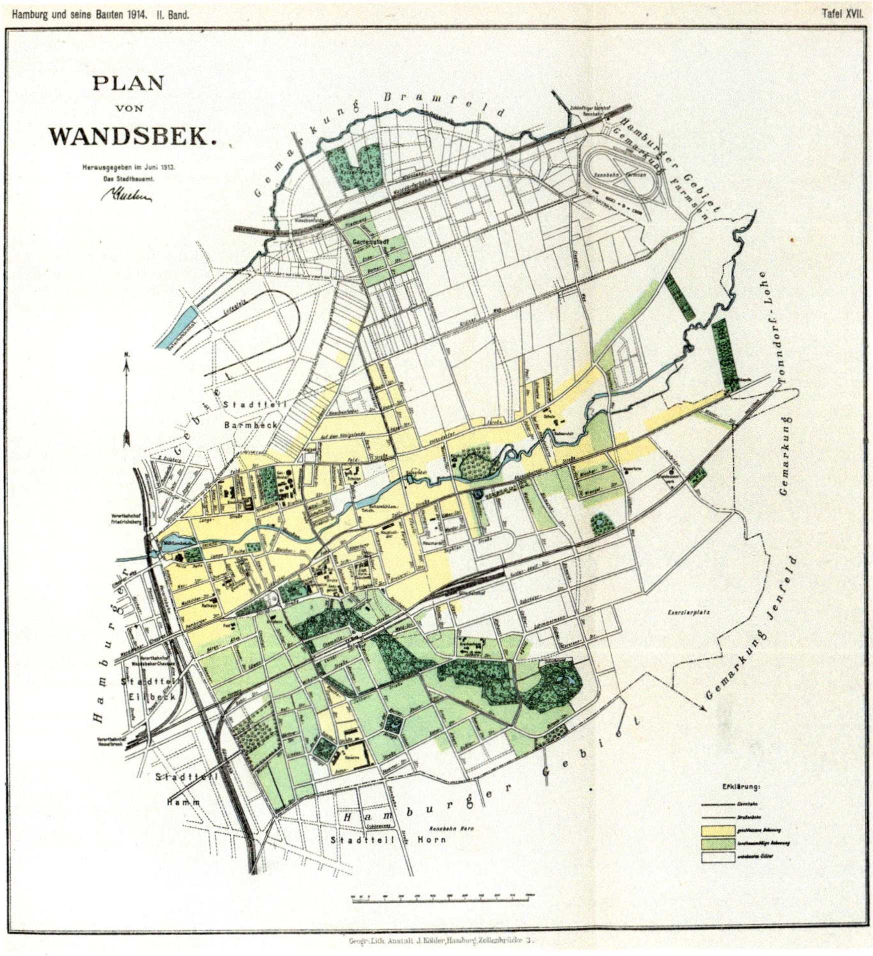

kaum Aussicht bestand, den elterlichen Hof zu übernehmen, da die in Erbpacht bewirtschafteten Güter zur damaligen Zeit gewöhnlich an den ältesten Sohn übertragen wurden. Somit gab es sicherlich eine gewisse Notwendigkeit, gleichzeitig aber auch die erforderliche Freiheit zur wirtschaftlichen Unabhängigkeit. Mit dem zwar kleineren, doch gewiss nicht unerheblichen Teil des Vermögens, den er nach dem Tod von Vater Johann Wilhelm im Jahr 1855 erbte, stand dem nunmehr 33-jährigen Carstenn hierfür zudem das Startkapital zur Verfügung – welches er durch ein bemerkenswert innovatives wie ambitioniertes Projekt alsbald vervielfachen sollte.

Zusammen mit dem Geschäftsmann Johann Dittmer Koopmann, der in St. Pauli eine Spritfabrik und Exportschlachterei betrieb und die Gewinne der Firma unter anderem in Landgüter investierte,[3] erwarb Carstenn bis 1857 große Bereiche des östlich vor den Toren Hamburgs gelegenen Gutes Wandsbek. Dessen nördlicher Teil war bereits 1807 an die dänische Krone verkauft worden und nun veräußerte der verschuldete Graf Ernst von Schimmelmann auch den in Privatbesitz verbliebenen Rest inklusive des Wandsbeker Schloss genannten Herrenhauses mit großzügigem Park. Während Koopmann, der ohnehin als stiller

3 Es gibt Hinweise darauf, dass Koopmann auch Eigentümer des Gutes Tralau sowie möglicherweise ein Freund der Familie Carstenn war. Vgl. *Die Figur Carstenn. Stadtgründer aus Leidenschaft, Johann Anton Wilhelm von Carstenn-Lichterfelde (1822–1896)*. Hg. vom Bezirksamt Steglitz – Kulturamt. Berlin 1996, S. 7.

3 Plan für Victoria Park in Manchester von Richard Lane, 1837

Partner agiert hatte, sich aus dem Geschäft zurückzog, begann Carstenn umgehend mit der Parzellierung und Erschließung von Grundstücken, die sogleich guten Absatz fanden. Wo zuvor vorwiegend Ackerland gewesen war, seit dem 16. Jahrhundert in adligem Besitz, entstand nun der Villenvorort Wandsbek-Marienthal und damit das erste Beispiel dieses neuartigen Siedlungstypus im deutschsprachigen Raum.[4] Offensichtlich hatte Carstenn

4 Vgl. Julius Faucher, zitiert in: Hegemann, Werner: *Das steinerne Berlin. Geschichte der größten Mietkasernenstadt der Welt.* Berlin 1930, S. 346

erkannt, dass das Wachstum und der Wandel einer Stadt wie Hamburg im Zuge der Industrialisierung nicht nur die Attraktivität des vorstädtischen Wohnens gebar, sondern in Form der aufstrebenden Bürgerschicht auch gleichzeitig das entsprechende Klientel hervorbrachte. Der Erfolg der Unternehmung bezeugte diesen Bedarf. So wurden auch auf der weitläufigen Anlage des sogenannten Wandsbeker Schlosses weitere Bauparzellen angelegt und das Herrenhaus, im 18. Jahrhundert vom dänischen Finanzminister Heinrich Carl von Schimmelmann erbaut, 1861 abgerissen. Obgleich Carstenn einen Teil dieses Areals der Gemeinde Wandsbek zur Anlegung eines Gemeindeparks verkaufte, sorgte im Besonderen der Abriss des regional bedeutenden Adelssitzes für Aufruhr und bestätigte die Kritiker in ihrem anfänglichen Argwohn gegenüber dem „rücksichtslosen Bodenspekulant, Gütermakler und Ausbeuter".[5] Der erfolgreichen Entwicklung des Vorortes tat dies allerdings keinen Abbruch, sicherlich auch deshalb, weil Wandsbek auf Betreiben Carstenns seit 1862 über eine regelmäßige Eisenbahnverbindung nach Hamburg verfügte und damit das Arbeiten in der Stadt und das Wohnen im ruhigen Vorort bequem vereinbar waren. Bemerkenswert erscheint hier überdies das Motiv des diagonal angelegten Quadratplatzes, welches später auch in Lichterfelde das zentrale formale Element des Bebauungsplans bilden sollte. Die Anlage von Wandsbek-Marienthal war somit zugleich das Muster und der überaus gelungene Einstieg in das Thema und Arbeitsfeld, welches Carstenn schließlich zeitlebens verfolgten sollte – obwohl er sich bereits zu diesem Zeitpunkt komfortabel hätte zur Ruhe setzen können, denn durch die in Wandsbek erzielten Gewinne wuchs sein Vermögen eigenen Angaben nach auf rund zweieinhalb Millionen Reichsmark.
Ob die Anlage der Villenkolonie bei Hamburg dabei schon auf Basis der realen Anschauung englischer Vororte erfolgte, die Carstenn *expressis verbis* zum Vorbild nahm, ist anhand der Literatur nicht eindeutig zu klären. Unter anderem Werner Hegemann datierte die Reise nach London in *Das steinerne Berlin* auf 1854 und somit unmittelbar vor das Wandsbeker Projekt, während die Ausführungen von Carstenn selbst in *Die zukünftige Entwicklung Berlins* den Schluss nahelegen, dass sie anschließend, etwa im Zeitraum zwischen 1862 und 1864, stattfand.[6] Möglicherweise waren ihm einige Aspekte zunächst durch Publikationen bekannt und nahmen so bereits Einfluss auf seine erste große Gründung. In jedem Fall aber hat Carstenn London besucht und studierte „an Ort und Stelle die Entwicklung dieser damals einzigen Weltstadt, welche in ihren neuen Theilen rationell angelegt war".[7] Entgegen dem kontinentaleuropäischen Muster der Stadterweiterung, nämlich Struktur, Masse und Dichte der bestehenden Stadt lediglich planvoller nach außen hin fortzuführen, fand er dort, in der bereits zweieinhalb Millionen Einwohner zählenden Metropole, weit in die Fläche ausgreifende Vororte geringer Baudichte, mit weniggeschossigen Reihenhäusern und villenartigen Anlagen. Wie seine Schriften zeigen, erschien ihm dies eindrücklich als das bessere und zukunftsweisende Modell, auf dem er seine eigenen Überlegungen zur *rationellen* Erweiterung großer Städte aufbaute und nach dessen Leitbild er seine Unternehmungen anlegte. Des Weiteren führte Carstenn in diesem Zusammenhang ebenfalls aus, dass jene vorbildliche Ausprägung der Stadterweiterung deshalb möglich würde, weil sich die London

5 *Schleswig-Holsteinisches Biographisches Lexikon.* Herausgegeben im Auftrage der Gesellschaft für Schleswig-Holsteinische Geschichte von Olaf Klose. Bd. 1, Neumünster 1970, S. 99

6 Vgl. u.a. Hegemann, Werner: *Das steinerne Berlin. Geschichte der größten Mietkasernenstadt der Welt.* Berlin 1930, S. 346; Carstenn-Lichterfelde, Johann Anton Wilhelm von: *Die Zukünftige Entwicklung Berlins. Mit einem Plane des Zukünftigen Berlin.* Berlin 1892, S. 1f.

7 Carstenn-Lichterfelde, Johann Anton Wilhelm von: *Die Zukünftige Entwicklung Berlins. Mit einem Plane des Zukünftigen Berlin.* Berlin 1892, S. 1

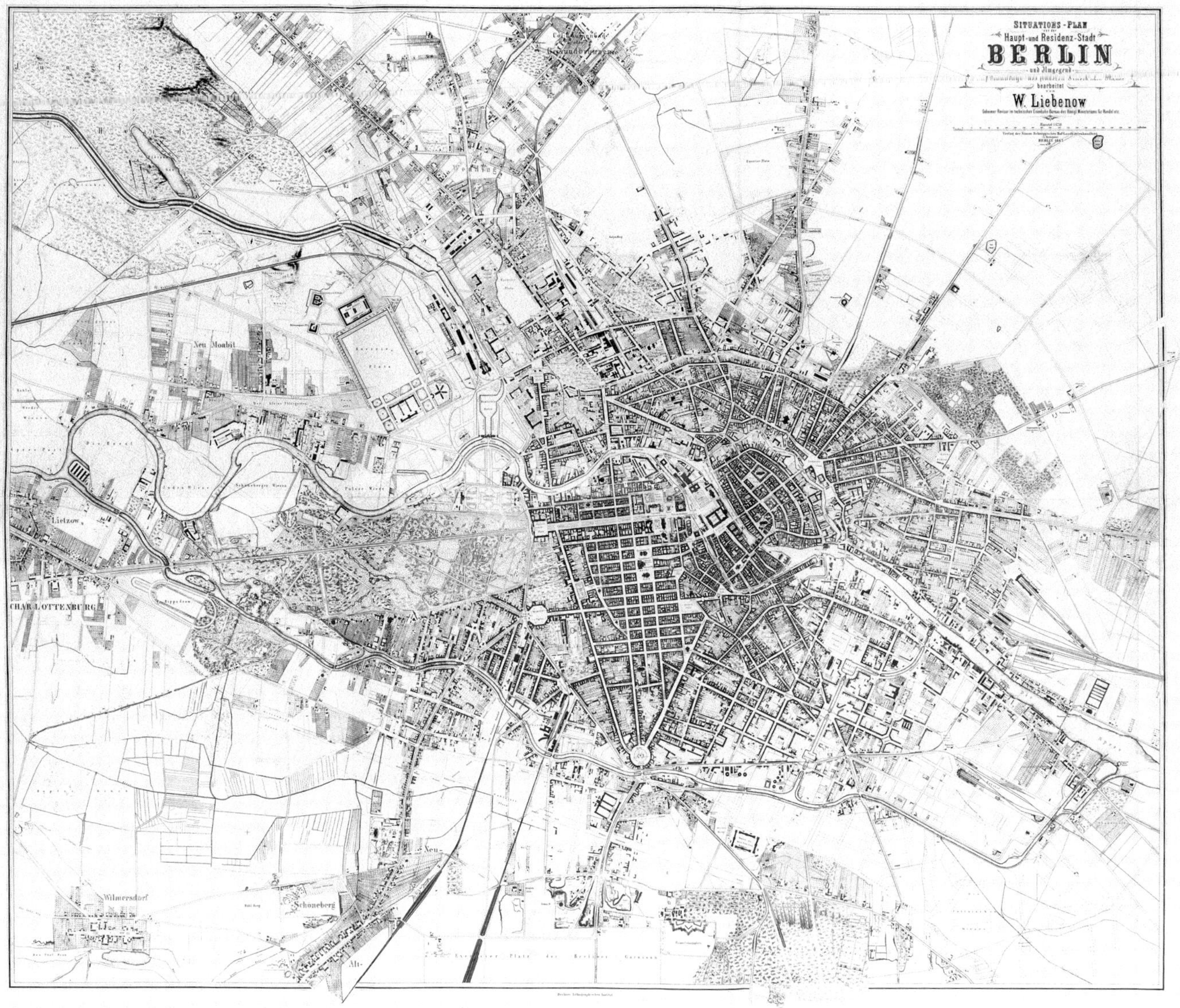

4 Plan von Berlin nach Wilhelm Liebenow, 1867

umgebenden Ländereien in Erbpacht befänden und somit dem Verkauf, der Spekulation sowie mithin der baulichen Maximalausnutzung der Grundstücke entzogen seien. Hier tut sich vermeintlich ein Widerspruch auf zum Geschäftsmodell des Bodenspekulanten und Gütermaklers. Jedoch werden Carstenns Projekte wie auch seine noch eingehender zu betrachtende Schrift *Die zukünftige Entwicklung Berlins* von 1892 zeigen, dass ihm die Vermeidung von Bodenspekulation vielmehr sogar ein zentrales Anliegen war, er hierzu konkrete Maßnahmen formulierte und umsetzte.

Auch über die Phase zwischen dem so erfolgreichen Abschluss des Wandsbeker Projektes und der Übersiedlung nach Berlin ist nur Weniges und in Teilen nicht zu Verifizierendes bekannt. So wird mehrfach erwähnt, Carstenn habe zunächst das sogenannte Keppschloss bei Pillnitz als neuen Wohnsitz erworben, den vormaligen Landsitz des Grafen Marcolini-Ferretti, der oberhalb des Elbufers unmittelbar vor Dresden gelegen ist. In der Literatur zu diesem Bau wird Carstenn allerdings nicht erwähnt und für den entsprechenden Zeitraum der Dresdener Bankier Robert Thode als Eigentümer benannt – weshalb dieser Umstand unklar bleibt.[8] Dass er in österreichischem Staatsauftrag Schätzungen für Wälder in Böhmen sowie ein Bergwerk in Triest ausgeführt hat, kann auch aufgrund seiner einschlägigen Erfahrung in der Bodenbewertung hingegen als weitgehend gesichert angesehen werden. Am bedeutsamsten innerhalb dieses Lebensabschnittes waren jedoch ohne Frage die von Carstenn unternommenen Reisen. Es erscheint sehr nachvollziehbar, dass er nun, mit der Ruhe und Freiheit eines bereits vermögenden Mannes, London, aber auch Paris und Wien besuchte und in der direkten Anschauung der damals wichtigsten Metropolen Europas seine Kenntnisse vertiefte sowie die eigenen Überlegungen weiterentwickelte. Ferner waren sie insofern wirkungsreich, als dass sie Carstenn nicht nur darin bestärkten, was er tun wollte, sondern auch zu der Entscheidung führten, wo er seine Vorstellungen neuer Vorstädte in die Tat umsetzen könne. Denn er war auch nach Berlin gekommen und im Jahr 1864 zu dem Entschluss gelangt, die gerade erst aufstrebende preußische Hauptstadt sei hierzu am besten geeignet. Rückblickend schrieb er: „Mit den gesammelten Erfahrungen kehrte ich nach dem Continent zurück, studirte nun die Umgebung von Paris, Wien und Berlin, [und] mußte erkennen, daß gerade Berlin in der rationellen Entwicklung am meisten zurückgeblieben war, sah aber, daß auch hier gerade in den Naturschönheiten der Umgegend die Vorbedingungen vorhanden waren, um mit Unterstützung der Regierung Berlin ohne Schwierigkeiten zu der schönsten Stadt der Welt machen zu können.“[9]

Neben den landschaftlichen Gegebenheiten dürfte gerade die Rückständigkeit gegenüber den anderen genannten Hauptstädten ein ausschlaggebendes Moment für die Wahl Berlins gewesen sein. Denn sie bot einerseits noch Raum und Möglichkeit für umfängliche Erweiterungsprojekte und verlangte andererseits geradezu nach denselben, da Berlin seit 1815 zwar schon einen beachtlichen Aufschwung erlebt hatte, sich vor dem Hintergrund der wirtschaftlichen und politischen Entwicklung Preußens aber eine noch ungleich prosperierendere Zukunft abzeichnete. Die vormals überschaubare Residenzstadt vollzog in rasantem Tempo die Wandlung zu einer Handels- und Industriemetropole von europäischem Rang, womit auch der massive Zuzug von Menschen einherging. So sah der von James Hobrecht erarbeitete und 1862 vorgelegte Bebauungsplan für Berlin, unter Einbeziehung von Charlottenburg, bereits eine beträchtliche Erweiterung des Stadtgebietes vor. Dies stellte auch für Carstenn eine vielversprechende Perspektive dar, der, im bis dahin dänischen Holstein aufgewachsen, nach dem Sieg Preußens im Krieg gegen Dänemark 1864 vielleicht in besonderem Maße auch patriotisch bewegt nach Berlin ging.

Sein Interesse lag jedoch noch jenseits der im Hobrecht-Plan vorbereiteten Quartiere, die als Stadterweiterungen in der Haltung George-Eugène Haussmanns (1809–1891) in Paris angelegt waren und in großen Teilen den späteren sogenannten Mietskasernengürtel hervorbrachten, der unmittelbar an die bestehende Kernstadt anschloss. Carstenn hingegen richtete – wie zitiert – seinen Blick auf das weitere Umland und hier im Besonderen auf den sich im Südwesten bis Potsdam erstreckenden Landstrich, da dieser zunächst der prädestinierte für die Ausdehnung Berlins nach englischem Vorbild sei. Demgemäß erwarb er 1865 die etwa auf halbem Weg zwischen Berlin und Potsdam gelegenen Rittergüter Lichterfelde und Giesendorf, „um hier eine vornehme Villenstadt im Sinne der Entwicklung Londons

8 Vgl. u.a. *Schleswig-Holsteinisches Biographisches Lexikon.* Herausgegeben im Auftrage der Gesellschaft für Schleswig-Holsteinische Geschichte von Olaf Klose, Bd. 1, Neumünster 1970, S. 98; „Das Keppschloß“. In: Pietzsch, Sieghart: *Chronik von Hosterwitz 1406–2006.* Dresden 2006, S. 106ff.

9 Carstenn-Lichterfelde, Johann Anton Wilhelm von: *Die Zukünftige Entwicklung Berlins. Mit einem Plane des Zukünftigen Berlin.* Berlin 1892, S. 2

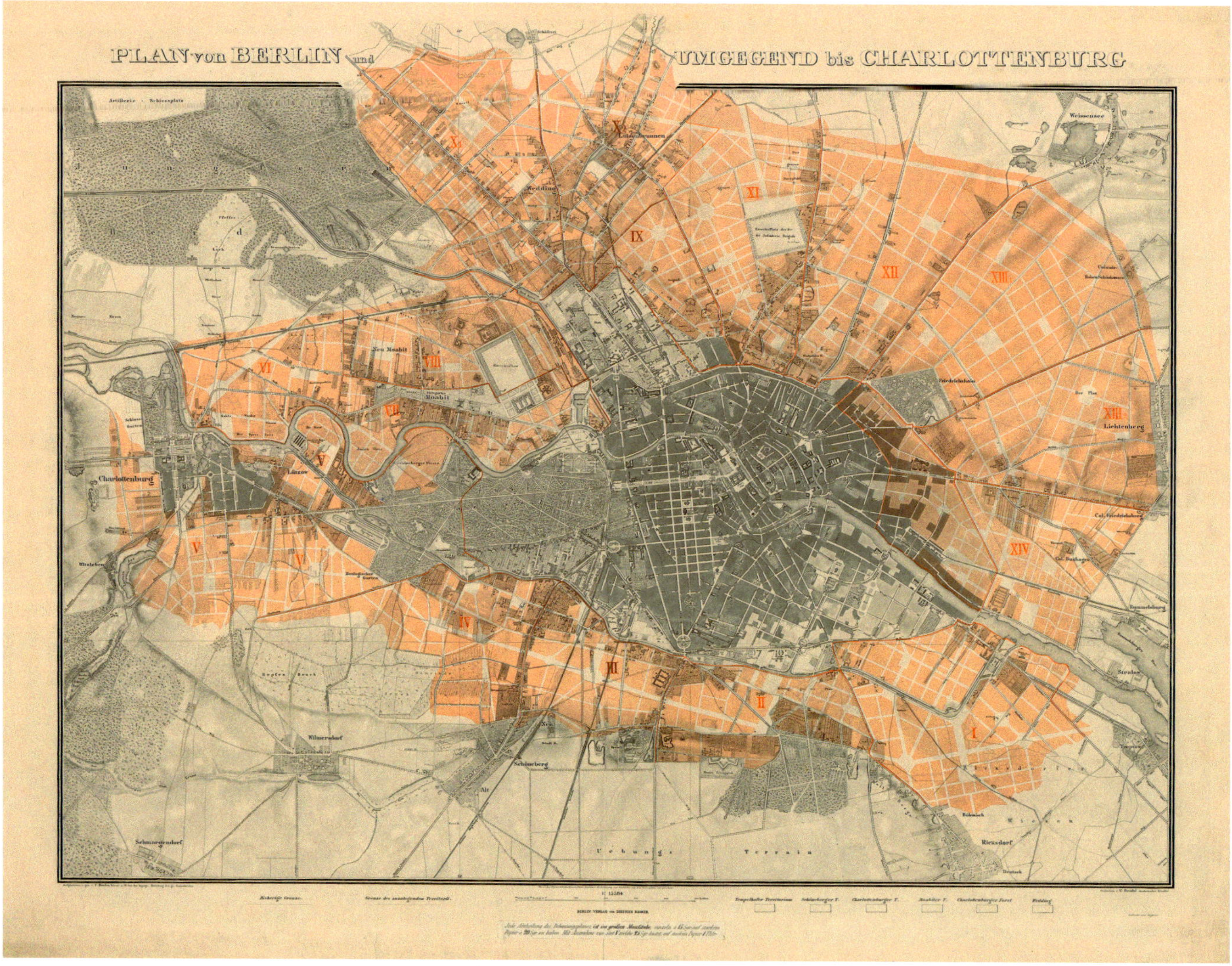

5 Erweiterungsplan für Berlin von James Hobrecht, 1862

zu gründen".[10] Das etwa 1400 Hektar große, vorwiegend landwirtschaftlich genutzte Areal bot einerseits eine Lage weit außerhalb der Stadt, war andererseits aber von den Trassen der Berlin-Potsdamer sowie der Berlin-Anhalter Eisenbahn flankiert und erfüllte somit eine wichtige Vorbedingung. Denn nicht zuletzt aus seiner Erfahrung in Wandsbek-Marienthal wusste Carstenn, wie unbedingt notwendig eine gute Bahnanbindung für die erfolgreiche Entwicklung eines Vorortes nach seinen Vorstellungen sein würde.

Durch sein Vermögen in die Lage versetzt, unabhängig und frei zu agieren, begann Carstenn unmittelbar und zielstrebig mit der Verwirklichung seiner ersten Berliner Unternehmung. Als eine erste Handlung ließ er das Herrenhaus am Dorfanger von Lichterfelde renovieren und nahm dort, in dem später „Carstenn-Schlösschen" genannten Gebäude, seinen Wohnsitz. Schon im Sommer 1866 wurden dann auf weiter Flur und mitten durch noch bewirtschaftete Felder die ersten befestigten Straßen angelegt: die Mühlenstraße (heute

10 Carstenn-Lichterfelde, Johann Anton Wilhelm von: *Die Zukünftige Entwicklung Berlins. Mit einem Plane des Zukünftigen Berlin.* Berlin 1892, S. 2

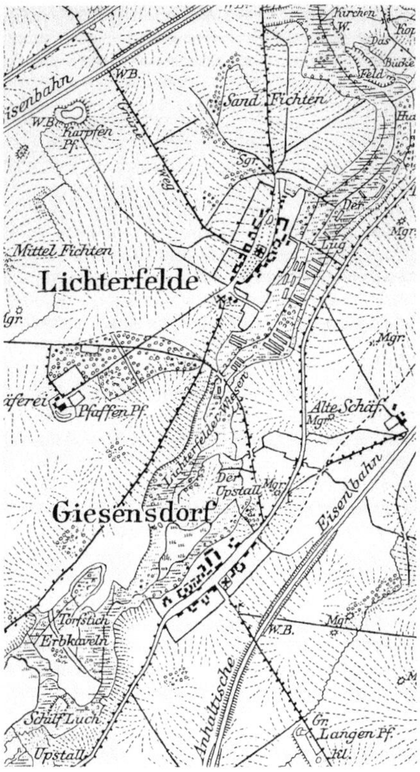

6 Kartenausschnitt Berlin-Steglitz und Umgebung, 1850

7 Gartenansicht des „Carstenn-Schlösschens", Aufnahme um 1868

Karwendelstraße) und die Drakestraße im Gutsbereich von Lichterfelde, auf der Giesendorfer Seite folgten die Bahnhofstraße sowie die Wilhelmstraße (heute Königsberger Straße). Als zentrales Element des sukzessive umgesetzten Gesamtplans findet sich dabei der schon aus Wandsbek-Marienthal bekannte, über die Diagonale angelegte Quadratplatz wieder, der, ebenso wie in Hamburg, nach der Jungfrau Maria benannt ist. Die Namensgebungen der Straßen orientierten sich aber auch an lokalen Gegebenheiten wie dem Mühlenberg oder sollten den gehobenen Charakter des neuen Vorortes unterstreichen, indem sie auf den preußischen König oder den bekannten Berliner Bildhauer Friedrich Drake (1805–1882) Bezug nahmen. Neu gesetzte Bäume, Bepflanzungen und Schmuckanlagen gaben ebenfalls dem von Carstenn formulierten Anspruch Ausdruck, eine „vornehme Villenstadt" zu begründen. Um aber potenzielle Käufer, vorzugsweise aus der wachsenden bürgerlichen Schicht, zu interessieren und auf das in damaligen Maßstäben entlegene Gelände zu locken, brauchte es einen Anziehungspunkt. Diesen schuf Carstenn in Form des am Dorfanger von Lichterfelde errichteten Pavillon-Restaurants, welches gute Küche in gediegener Atmosphäre, livrierte Kellner sowie sonntags Konzerte von Militärkapellen und andere Unterhaltung des Publikums bot und sich bald zu einem sehr gut besuchten Ausflugsziel Berliner Bürger entwickelte.

Aus oben genannten Gründen war Carstenn aber auch umgehend in Verhandlung mit den Bahngesellschaften getreten und konnte zumindest die Betreiber der Berlin-Anhalter Eisenbahn für seine Pläne gewinnen. Diese waren, wie damals üblich, vornehmlich auf den Güter- und Truppentransport ausgerichtet und sahen zunächst keinen Nutzen darin, einen Halt auf wortwörtlich freiem Feld einzurichten. Indem Carstenn aber das Bahnhofsgrundstück schenkte, das Bahnhofsgebäude finanzierte und der Gesellschaft zudem eine fixe Jahreseinnahme garantierte, konnte er erreichen, dass ab September 1868 eine regelmäßige Bahnverbindung zwischen der neuen Station Lichterfelde-Ost und dem Anhalter Bahnhof

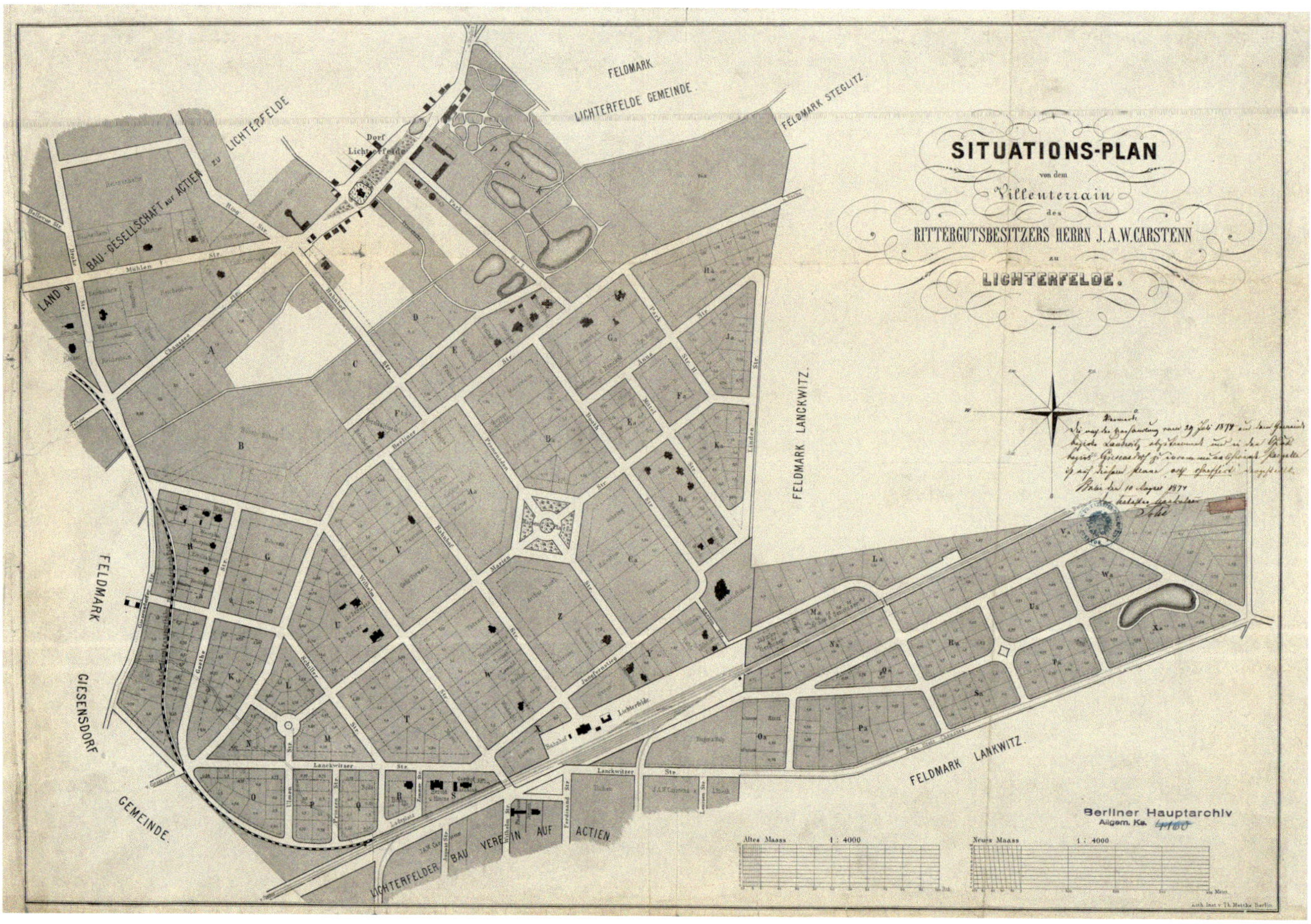

8 Plan der Villenkolonie Lichterfelde, 1870

in Berlin bestand. Zwar verkehrten anfänglich nur zwei Züge am Tag, doch war eine maßgebliche Voraussetzung für den Erfolg der Unternehmung geschaffen. Die offizielle Eröffnung der Station Lichterfelde-Ost nutzte Carstenn überdies sehr geschickt als aufwendige Publicity-Veranstaltung für seine Villenkolonie und inszenierte gleichsam den ganz großen Bahnhof. Eine stattliche Gesellschaft aus geladenen Gästen, darunter viele bekannte Persönlichkeiten, wurde mit Pferd und Wagen vom Bahnhof über die mit Lorbeerbäumen geschmückten neuen Straßenzüge zum Pavillon-Restaurant gefahren und dort mit einem festlichen Essen verköstigt.

All diese aus dem persönlichen Vermögen finanzierten Maßnahmen zeigen, mit welchem unternehmerischen Elan und festem Glauben an den Erfolg seines Projektes Carstenn gearbeitet und selbiges vorangetrieben hat. Da vieles noch vor dem Verkauf einer einzigen Bauparzelle erfolgte und man angesichts der freien Äcker und Felder einige Fantasie aufbringen musste, um hier einen Villenvorort zu imaginieren, hat man ihm hierfür nicht nur Anerkennung gezollt, sondern ihn durchaus auch ungläubig belächelt. Die umfangreichen Vorleistungen belegen jedoch gleichermaßen die große Identifikation Carstenns mit seiner Unternehmung in Lichterfelde, bei der es ihm fraglos auch um wirtschaftlichen Gewinn, anders als dem gewöhnlichen Bodenspekulanten aber vor allem um die ganzheitliche Umsetzung seiner Idee von Vorort in exemplarischer Art und Weise ging.

Im Frühjahr 1868 konnten die ersten Grundstücke verkauft werden, beispielsweise an den renommierten Kunsthistoriker Herman Grimm, der sich in der Drakestraße 80 ein

9 Hotel und Restaurant „Pavillon“, Ansichtskarte um 1900
10 Säle und Garten des Hotels und Restaurants „Pavillon“, Ansichtskarte 1903

Sommerhaus bauen ließ. Die räumliche Struktur der zukünftigen Villenkolonie war hierbei durch den Straßen- und Parzellierungsplan festgelegt. Darüber hinaus hatte der weitsichtige Unternehmer aber auch ein strenges Regelwerk für die Neubauten aufgestellt, das, im Grundbuch verankert, für jeden Käufer respektive Bauherrn verpflichtend war und darauf abzielte, den von Carstenn angestrebten Charakter des Vorortes zu sichern. So durften nur drei Zehntel der Parzellenfläche überbaut werden. Es waren ferner ausschließlich Landhäuser oder Villen mit maximal zwei Vollgeschossen zugelassen, die einen Mindestabstand zum Nachbargebäude einhalten mussten und die mindestens zehn Meter von der Straßenfront zurückgezogen stehen sollten, da hier ein Ziergarten anzulegen war. Auf dieser Grundlage entstanden im ersten Jahr etwas mehr als ein Dutzend gediegener Wohngebäude, denen bis zur Mitte der 1870er Jahre etwa 40 weitere folgten. Sie konzentrierten sich vornehmlich auf das Bahnhofsumfeld sowie den Bereich um den Marienplatz, während die Areale in Lichterfelde-West noch weitgehend unbebaut blieben. Obgleich Carstenn im Jahr 1870 von insgesamt 267 Parzellen immerhin 125 verkauft hatte, stellte sich der Umschlag in entsprechende Neubautätigkeiten vergleichsweise zögerlich ein – was für die ersten Bewohner ein eher dörfliches denn vorstädtischen Leben mit sich brachte, eingedenk noch bescheidener infrastruktureller Versorgung.

Maßgeblich prägend für die Architektur dieser ersten Bebauungsgeneration war der 1839 im schleswigschen Sieseby geborene Johannes Otzen, der in Hannover studiert hatte und später unter anderem als Kirchenbauer und Hochschullehrer zu hohem Ansehen gelangen sollte. 1869 quittierte er den Dienst in der Bauverwaltung der preußischen Provinz Schleswig-Holstein und ging nach Berlin, wo Carstenn ihn zu seinem Generalbevollmächtigten ernannte. Der junge Architekt arbeitete zudem in der Leitung der 1871 gegründeten Land- und Baugesellschaft Lichterfelde, die in Lichterfelde-West agierte, sowie des im Folgejahr etablierten Lichterfelder Bauvereins, der für den östlichen Teil der Kolonie zuständig war. Zur Beförderung der Unternehmung wurden einige von Otzen entworfene Musterhäuser in

11 Bahnhof Lichterfelde-Ost, Aufnahme um 1880

12 „Villa Müller", erbaut nach Entwurf von Johannes Otzen, um 1872

13 „Villa A", erbaut nach Entwurf von Johannes Otzen, um 1872

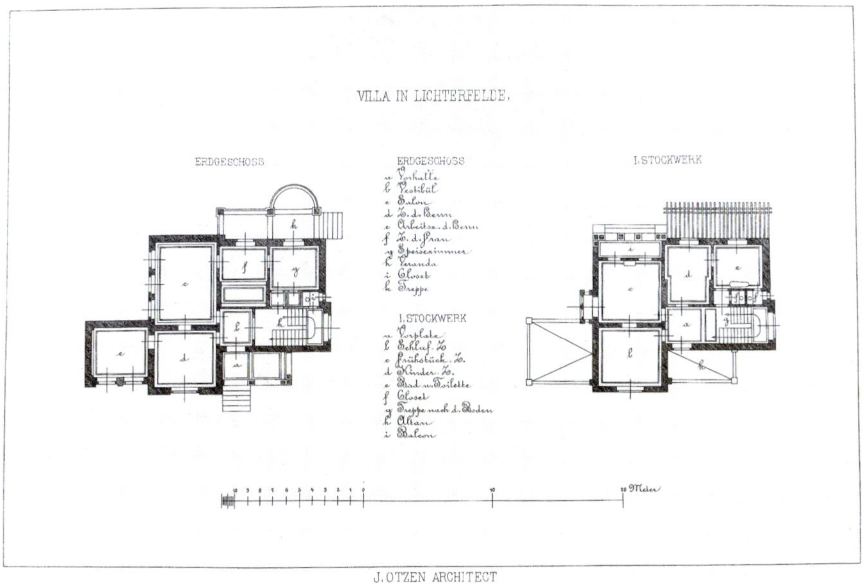

14 Grundrisse Erd- und Obergeschoss „Villa A"

15 Villa des Barons von Steinäcker, erbaut nach Entwurf von Martin Gropius und Heino Schmieden, um 1871

Lichterfelde-Ost errichtet, wovon der Bauverein eines selbst nutzte.[11] Sie vermittelten dem interessierten Besucher anschaulich einen Eindruck vom Charakter des erst noch werdenden Vorortes, führten ihm die Qualitäten der hier angestrebten Neubauten vor und warben nicht zuletzt für den Kauf sowie um den Bauauftrag. Typologisch waren sie an englische Cottages angelehnt, die Carstenn ob ihrer relativ bescheidenen Dimension und zurückhaltenden Gediegenheit als vorbildlich ansah. In ihrer Gestaltung orientierten sich die kompakten Backsteinbauten vor allem an der klassizistischen Haltung der Schinkel-Schule sowie an traditionellen ländlichen Wohnhäusern. Otzen formulierte damit die architektonische Komponente in Carstenns ganzheitlichem Konzept und gab diesbezüglich auch die Richtung für andere Architekten vor, die bald in Lichterfelde tätig wurden. Darüber hinaus entstand nach seinem Entwurf das 1871 gebaute Lichterfelder Gesellschaftshaus. Ob dagegen

11 Als einziges Zeugnis sind Fotografien beziehungsweise Zeichnungen überliefert, die zumindest vier Musterhäuser belegen.

16 Gesellschaftshaus am Jungfernstieg 14, erbaut nach Entwurf von Johannes Otzen, 1870/71

17 Werbeanzeige für Groß-Lichterfelde, um 1900

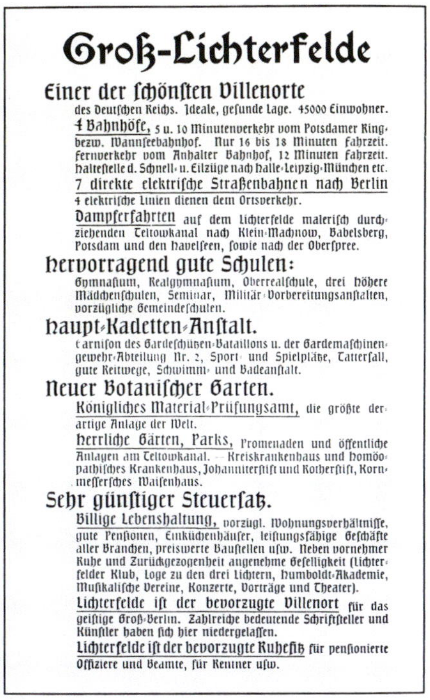

Groß-Lichterfelde

Einer der schönsten Villenorte des Deutschen Reichs. Ideale, gesunde Lage. 45000 Einwohner.

4 Bahnhöfe, 5 u. 10 Minutenverkehr vom Potsdamer Ring- bezw. Wannseebahnhof. Nur 16 bis 18 Minuten Fahrzeit. Fernverkehr vom Anhalter Bahnhof, 12 Minuten Fahrzeit. Haltestelle d. Schnell- u. Eilzüge nach Halle-Leipzig-München etc.

7 direkte elektrische Straßenbahnen nach Berlin
4 elektrische Linien dienen dem Ortsverkehr.

Dampferfahrten auf dem Lichterfelde malerisch durchziehenden Teltowkanal nach Klein-Machnow, Babelsberg, Potsdam und den Havelseen, sowie nach der Oberspree.

Hervorragend gute Schulen:
Gymnasium, Realgymnasium, Oberrealschule, drei höhere Mädchenschulen, Seminar, Militär-Vorbereitungsanstalten, vorzügliche Gemeindeschulen.

Haupt-Kadetten-Anstalt.
Garnison des Gardeschützen-Bataillons u. der Gardemaschinengewehr-Abteilung Nr. 2, Sport- und Spielplätze, Tattersall, gute Reitwege, Schwimm- und Badeanstalt.

Neuer Botanischer Garten.
Königliches Material-Prüfungsamt, die größte derartige Anlage der Welt.
Herrliche Gärten, Parks, Promenaden und öffentliche Anlagen am Teltowkanal. — Kreiskrankenhaus und homöopathisches Krankenhaus, Johanniterstift und Rotherstift, Kornmessersches Waisenhaus.

Sehr günstiger Steuersatz.
Billige Lebenshaltung, vorzügl. Wohnungsverhältnisse, gute Pensionen, Einküchenhäuser, leistungsfähige Geschäfte aller Branchen, preiswerte Baustellen usw. Neben vornehmer Ruhe und Zurückgezogenheit angenehme Geselligkeit (Lichterfelder Klub, Loge zu den drei Lichtern, Humboldt-Akademie, Musikalische Vereine, Konzerte, Vorträge und Theater).
Lichterfelde ist der bevorzugte Villenort für das geistige Groß-Berlin. Zahlreiche bedeutende Schriftsteller und Künstler haben sich hier niedergelassen.
Lichterfelde ist der bevorzugte Ruhesitz für pensionierte Offiziere und Beamte, für Rentner usw.

der ein Jahr später vorliegende Bebauungsplan zur Erweiterung der Villenkolonie südlich des Bahnhofs, der erstmals die markante Exedrafigur zeigt, welche dann auch die städtebauliche Anlage von Friedenau und der Kolonie Wilmersdorf bestimmen sollte, ebenfalls auf Otzen zurückgeht, kann nicht belegt werden.

Wenngleich sein Hauptaugenmerk fraglos weiterhin der Entwicklung von Lichterfelde galt, hatte Carstenn sich zwischenzeitlich auch anderen Unternehmungen zugewandt. Vor dem

18 Werbeanzeige des Architekten Adolph Born, 1901

Hintergrund seiner 1869 auch gegenüber König Wilhelm I. geäußerten Überzeugung, Berlin und Potsdam müssten zu einer Stadt zusammenwachsen, konnte er beispielsweise erreichen, dass eine gepflasterte Chaussee durch den Grunewald nach Wannsee (heute der Kronprinzessinnenweg) sowie der Haveluferweg nach Spandau angelegt wurden. Der ebenfalls angeregte Ausbau des Kurfürstendamms vom Reitweg zum Boulevard erfuhr hingegen vorerst keine Umsetzung, sondern erst, nachdem Bismarck sich seit 1873 mit Nachdruck dafür eingesetzt

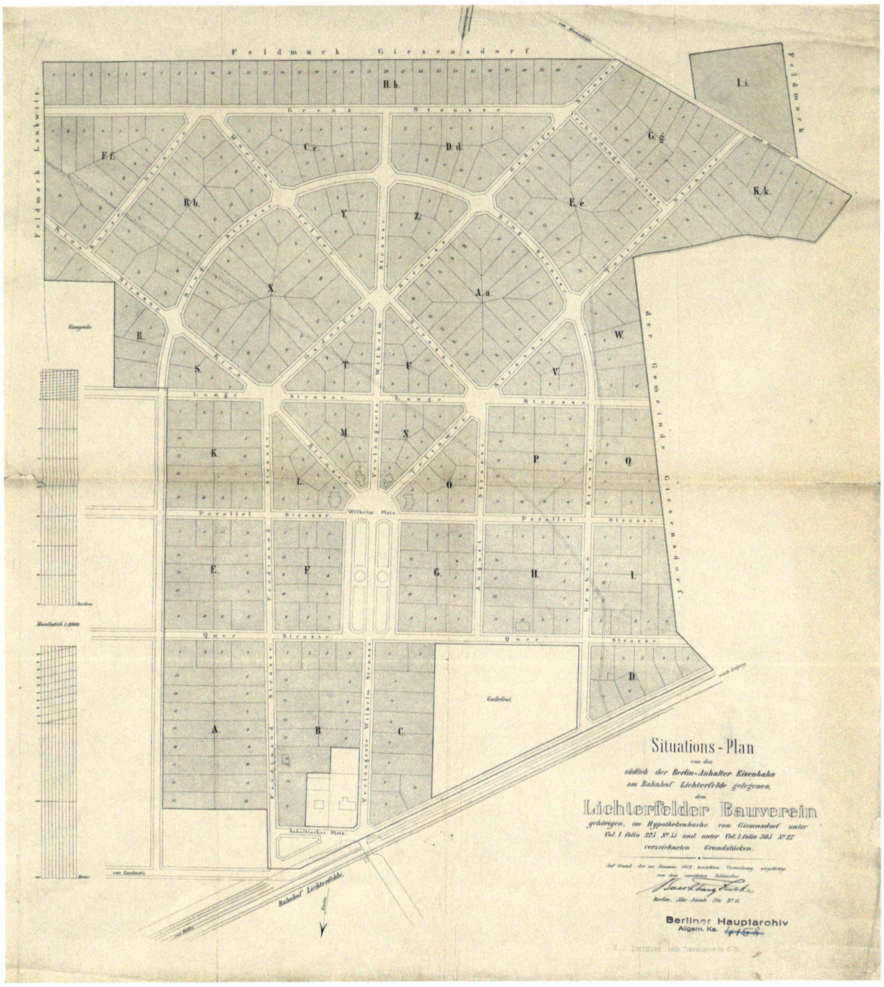

19 Plan für die Erweiterung Lichterfeldes südlich der Berlin-Anhalter-Bahn, 1872

hatte. Vor allem aber sah sich Carstenn nach Arealen um, die für die Gründung weiterer Villenkolonien infrage kamen. So erwarb er schon 1869 das sogenannte Eckardstein'sche Grundstück östlich des Schlosses am Charlottenburger Ufer, ließ durch Otto Busse einen Parzellierungsplan erarbeiten und errichtete unmittelbar benachbart ein Wasserwerk. Zwei Jahre darauf gründete sich dann unter Carstenns Beteiligung die Flora-Aktien-Gesellschaft, um hier ein von Heinrich Stier entworfenes prächtiges Palmenhaus mit Restaurant, Ballsaal und glasüberfangenem Garten zu bauen.[12] Obwohl das Projekt großes Interesse hervorrief, kam es nicht zur Realisierung und Carstenn löste die insolvente Gesellschaft wiederum zwei Jahre später per öffentlicher Versteigerung auf. Vielversprechender stellte sich das zwischen Lichterfelde und dem Grunewald gelegene Gelände der Domäne Dahlem dar, das sich damals im Besitz des Staatsfiskus befand, doch wurde das Kaufangebot Carstenns abgelehnt. Während der Erwerb des Rittergutes Weißensee ebenso scheiterte, gelang es ihm 1872 hingegen, größere Bereiche am westlichen Ausgang des Kurfürstendamms zu erstehen. Hier bereitete er durch Parzellierung und die Anlage von Straßen die Villenkolonie Halensee vor – und

12 Erste Skizzen für das Gebäude hatte ebenfalls Johannes Otzen geliefert. Vgl. Licht, Hugo: *Architektur Berlins. Sammlung hervorragender Bauausführungen der letzten Jahre*. Mit einem Epilog von Helmut Engel. Tübingen/Berlin 1998

20 Palmenhaus „Flora" in Charlottenburg, erbaut nach Entwurf von Heinrich Stier, 1871–1874

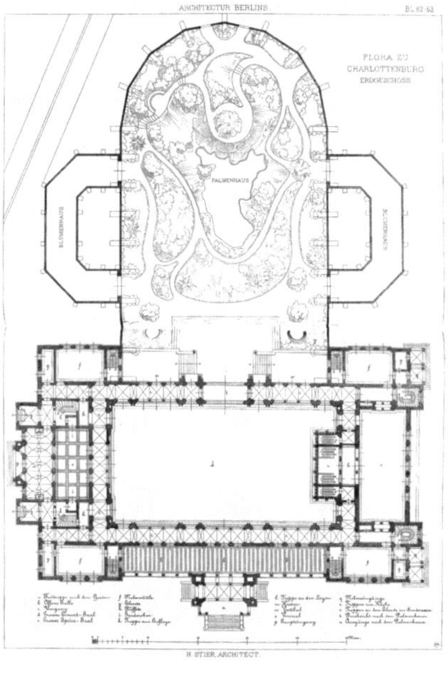

21 Palmenhaus „Flora", Grundriss

gab damit mindestens mittelbar auch den Anstoß für die räumlich anschließende Kolonie Grunewald, die dann ab den 1880er Jahren entstehen sollte.

Die neben Lichterfelde für Berlin bedeutendste Unternehmung Carstenns war aber sicher jene, die vom Rittergut Wilmersdorf ausging, welches er 1870 mit der Absicht aufkaufte, hier ebenfalls Landhauskolonien zu entwickeln. Dessen ausgedehnte Ländereien, die sich in zwei Areale, das sogenannte Hopfenbruchgelände im Norden sowie das Wilmersdorfer Oberland (später Friedenau) südlich der Wilmersdorfer Aue gliederten, boten genügend Fläche und lagen günstig in fast direkter Linie zwischen Lichterfelde und dem östlichen Charlottenburg. Diese Situation nahm dann auch der von Johannes Otzen „auf Grund des Busse'schen Planes vom Oberfeld"[13] angefertigte Bebauungsplan auf, der zwar bis 1874 mehrere Differenzierungen erfuhr, in seinen Grundzügen jedoch bereits 1871 festgelegt war. Sein zentrales Element und gleichsam Rückgrat ist die Kaiser-Straße (heute Bundesallee), die, von einem Versatz an der Wilmersdorfer Aue abgesehen, in stringenter Nord-Süd-Ausrichtung von Charlottenburg bis hinaus zum südlichen Ende der späteren Kolonie Friedenau geführt, gleichzeitig eine neue Verkehrsachse vom inneren Stadtbereich nach Lichterfelde schuf. Daher wurde sogleich mit der Anlegung des 45 Meter breiten Prachtboulevards begonnen, inklusive Setzung der begleitenden vierfachen Ulmenreihe. Auch hier scheute Carstenn keine Kosten, um möglichst schnell ein eindrucksvolles Bild des Entstehenden zu schaffen – wenngleich die große Geste zunächst seltsam deplatziert wirkte, da der Straßenzug für längere Jahre lediglich durch Felder und sumpfige Wiesen führte. Für die beiden Teilbereiche des Ritterguts formulierte der Bebauungsplan zwei prägnante städtebauliche Figuren, die jeweils spiegelsymmetrisch zur Kaiserallee aufgebaut sind und in der variierten Verwendung von Kreissegment-, Radial-, und Orthogonalstraßen, deren Schnittpunkte zum Teil für Schmuckplätze genutzt werden, wiederum dem kurz zuvor aufgestellten

13 Die Urheberschaft des Plans ist teilweise umstritten. Der hier abgebildete Situationsplan von 1874 trägt jedoch die Aufschrift: „Auf Grund des Busse'schen Planes vom Oberfeld angefertigt im Central-Bureau des Rittergutsbesitzers J. A. W. Carstenn in Lichterfelde durch J. Otzen, Königl. Baumeister".

22 Ausschnitt aus dem Straube-Plan von 1876 mit Eintragung der Terraingesellschaften und ihrer Bebauungspläne

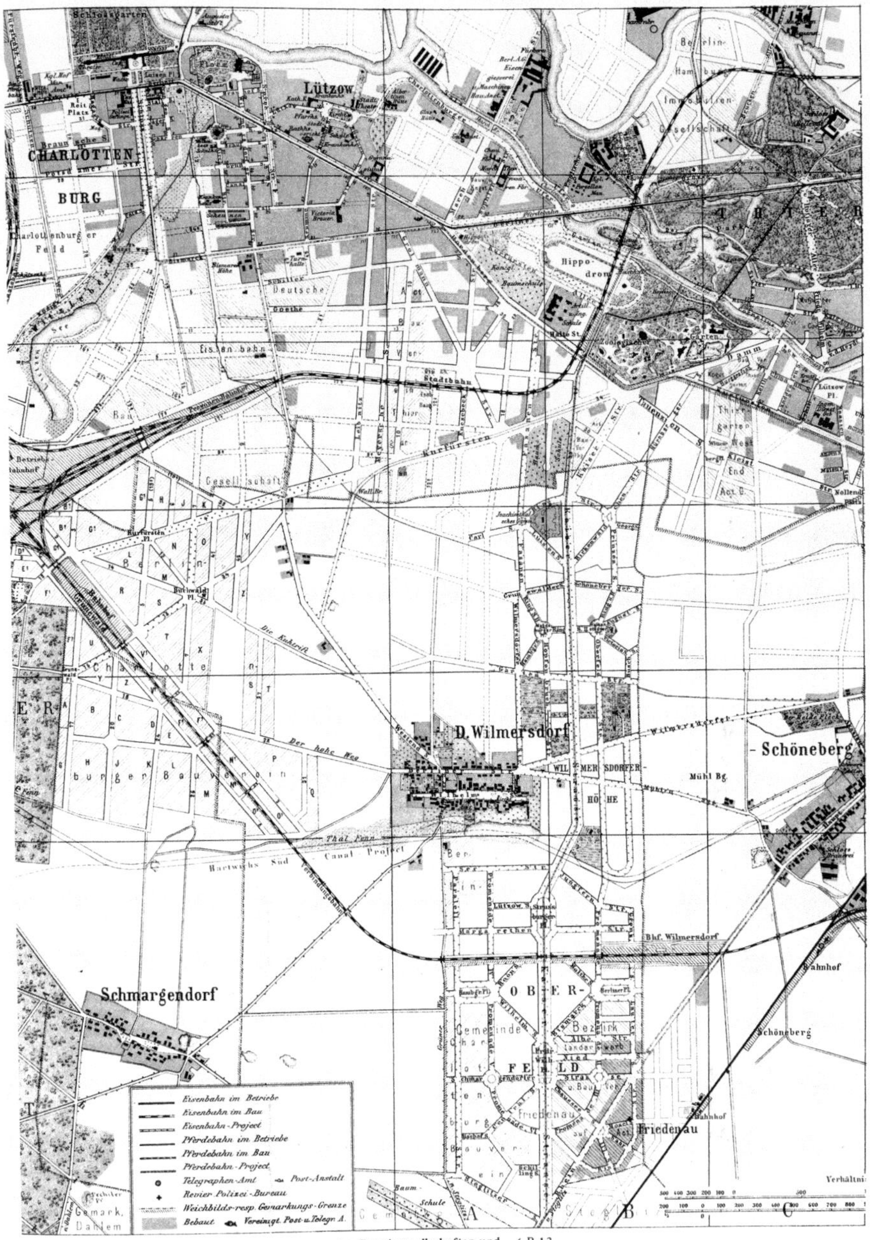

Straube 1876: Plan von Berlin mit den Eintragungen der Terraingesellschaften und ihrer Bebauungspläne im Südwesten Berlins ←B 13

Erweiterungsplan für Lichterfelde sehr ähneln. Dies gilt im Besonderen für den Bereich der Kolonie Friedenau, wo der längsgerichtete Zentralplatz mit Exedra sowie der Halbkreis der äußeren Straße nahezu exakt übernommen sind. Obwohl Carstenn auch auf den Arealen des vormaligen Ritterguts Wilmersdorf explizit Landhauskolonien zu etablieren gedachte, entspricht die Anlage der Straßenzüge dabei interessanterweise durchaus den Maßstäben des auf geometrische Ordnung und repräsentative Wirkung bedachten *Städte*baus des 19. Jahrhunderts. Dies mag erklären, weshalb jene prägnanten Figuren gleichermaßen als prächtige Grundlage für die dann später entstandene urbane Bebauung taugten und im stadträumlichen Gefüge bis heute adäquat und selbstverständlich erscheinen.

Bei der Entwicklung der neuen Kolonien auf dem vormaligen Rittergut Wilmersdorf ging Carstenn demnach sehr ähnlich vor wie im Fall Lichterfeldes. Rasch wurde ein

23 Plan vom Wilmersdorfer Oberfeld mit den ersten Häusern der Villenkolonie Friedenau, angefertigt von Johannes Otzen, 1874

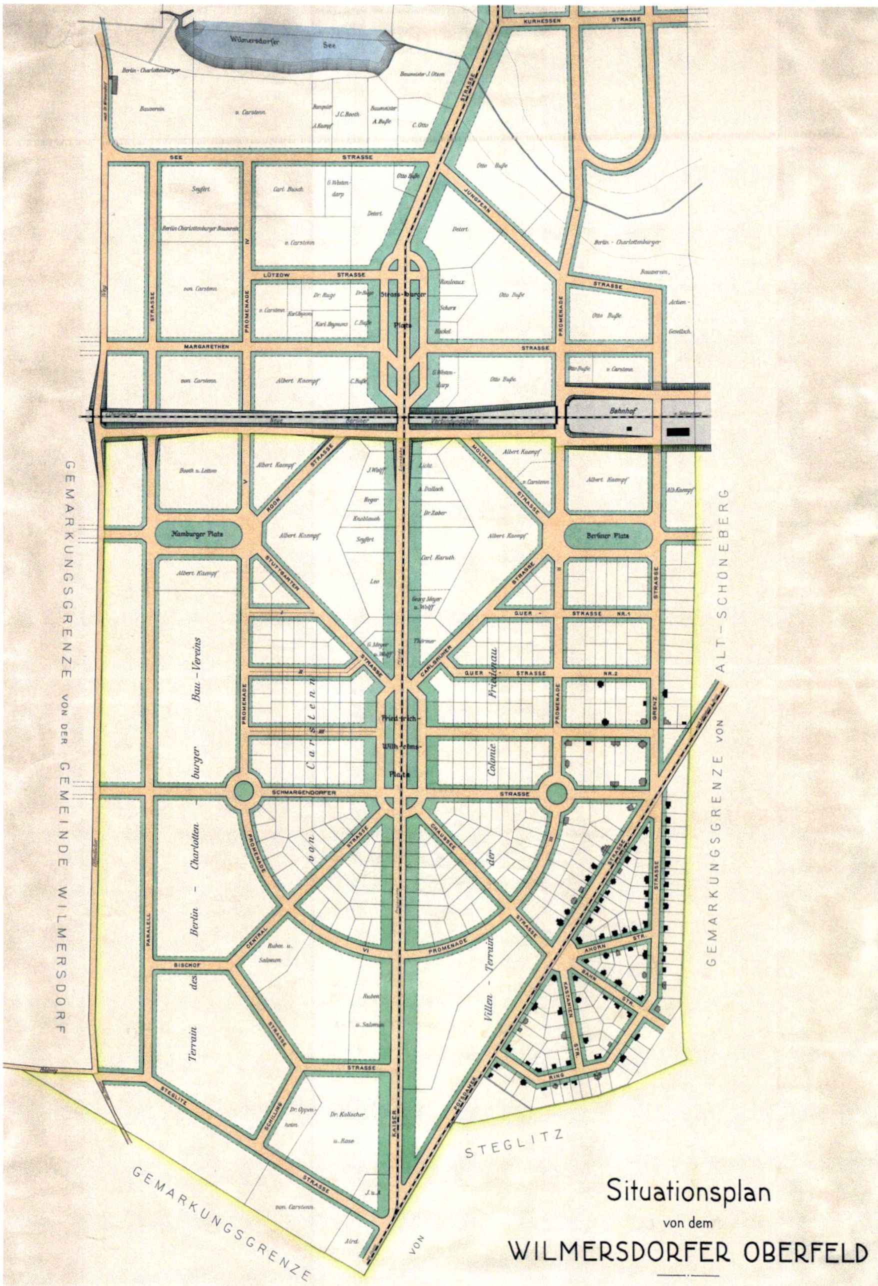

Bebauungs- und Parzellierungsplan aufgestellt, mit der Anlage der Straßen begonnen und auch Entwürfe von „niedlichen Villen, sogenannten ‚Fünftausend-Thaler-Häuschen', die ihren Reiz auf die Naturfreunde nicht verfehlten",[14] lagen sehr bald vor, um potenzielle Käufer zu interessieren. Eine bemerkenswerte Sonderheit stellte jedoch die Kooperation Carstenns mit David Born (1817–1879) dar, der sich mit progressiven volkswirtschaftlichen Schriften einen Namen gemacht, nun aber vor allem der Wohnungsfrage verschrieben hatte. Unter der Bedingung, dass nicht Einzelpersonen, sondern eine Baugesellschaft das Land erwerben und dort ausschließlich Wohnhäuser nach dem Vorbild und Regelwerk

14 Schenk, Gustav: „Erinnerungen an Friedenau". In: Ebling, Hermann: *Friedenau erzählt. Geschichten aus einem Berliner Vorort. 1871 bis 1914.* Berlin 2007, S. 31

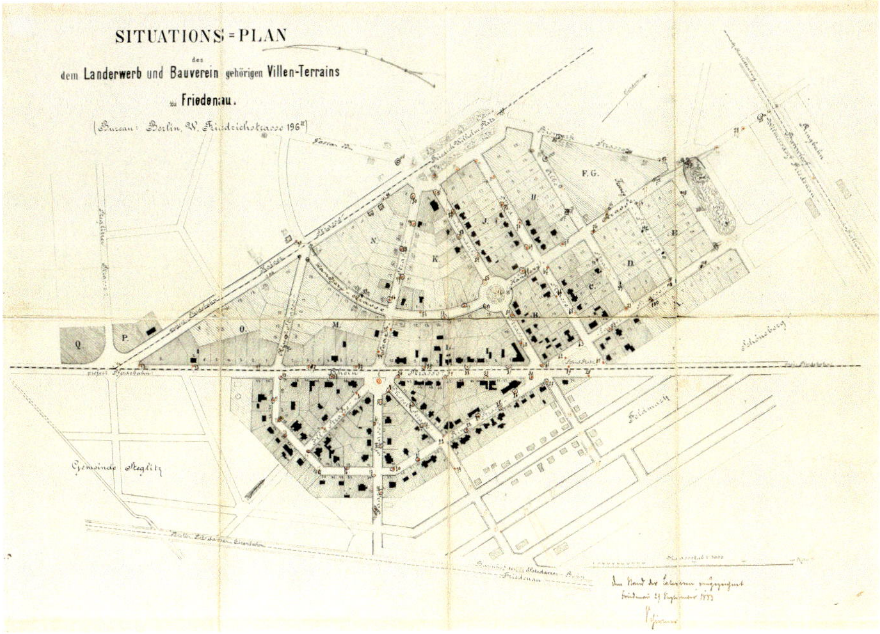

24 Plan des dem Landerwerb und Bauverein gehörigen Villenterrains in Friedenau, 1883

jener in Lichterfelde errichten würde, stellte Carstenn ihm den Verkauf eines Teilbereichs zu äußerst günstigen Konditionen in Aussicht. Born versammelte hierauf eine Reihe von Mitstreitern um sich, darunter Schriftsteller sowie Künstler, und initiierte den Landerwerb und Bauverein auf Aktien zu Berlin, der im Sommer 1871 zunächst 42 Morgen und später weitere Flächen im östlichen Teil des vormaligen Wilmersdorfer Oberlandes von Carstenn erwarb. Der Bauverein übernahm dann die weitere Erschließung der Grundstücke, während die beteiligten Aktionäre jeweils eine Parzelle erstehen und darauf ihr eigenes Haus errichten lassen konnten. Durch das individuelle Moment einerseits, dass jeder Grundstückskäufer gleichzeitig auch Bauherr und Bewohner war, wie auch durch den Zusammenschluss in einem übergeordneten Bauverein andererseits sollte den üblichen Mechanismen der Terrain- und Grundstücksspekulation sehr dezidiert ein exemplarisches Alternativmodell entgegengestellt werden. Namentlich auf den Friedensvertrag zwischen Deutschland und Frankreich anspielend, gründete man so im gemeinschaftlichen Agieren die Landhauskolonie Friedenau, welche den Beginn der Entstehung neuer Wohnviertel auf dem ehemaligen Rittergut Wilmersdorf markiert und bereits 1874 zur eigenständigen Landgemeinde erhoben wurde. Die Entwicklung der übrigen Areale hingegen übernahm der 1873 ins Leben gerufene Berlin-Charlottenburger Bauverein, der als insgesamt vierte Gesellschaft, an der Carstenn beteiligt war, auch für die Unternehmung in Halensee verantwortlich zeichnete. Gerade die Unterstützung des reformistischen Projekts von David Born in Friedenau belegt jedoch einmal mehr, dass das Interesse Carstenns tatsächlich in erster Linie der Realisierung seines Leitbilds von Stadtentwicklung galt und nicht dem persönlichen finanziellen Profit.

Die Jahre zwischen etwa 1868 und 1873 waren zweifelsohne die produktivsten und erfolgreichsten in der unternehmerischen Tätigkeit Carstenns. Er hatte die Villenkolonie Lichterfelde begründet, ihren Ausbau sowie ihr Gedeihen tatkräftig befördert und konnte ein zunehmendes Interesse der Öffentlichkeit verzeichnen. Langsam wurde ihr Entstehen auch baulich sichtbar, nicht zuletzt, da seit der Eröffnung des Bahnhofs Lichterfelde-West im Jahr 1871 über die Berlin-Potsdamer Eisenbahn eine zweite Verbindung nach Berlin bestand. Zudem versprach die prestigeträchtige Ansiedlung der Hauptkadettenanstalt in

25 Straßenbild in Friedenau um 1900, Ansichtskarte, 1901

Lichterfelde, welche Carstenn unter anderem durch die Schenkung des Grundstücks erreichte, eine glänzende Perspektive für den werdenden Vorort. Darüber hinaus waren mit der Unternehmung in Halensee, vor allem aber mit den großmaßstäblichen Planungen auf dem vormaligen Rittergut Wilmersdorf, die in der Kaiser-Straße und der Kolonie Friedenau bereits ersten erkennbaren Ausdruck fanden, die Anfänge für weitere Villen- respektive Landhausvororte gemacht sowie bedeutende Schritte in der angestrebten Stadtentwicklung Berlins nach Südwesten realisiert.

Und auch im privaten Leben waren es durchaus ereignisreiche Jahre. Nachdem seine erste Frau Emilie schon 1865 verstorben und Carstenn mit noch nicht ganz 43 Jahren verwitwet war, heiratete er 1871 Molly Sophia Charlotte von Buchwaldt (1843–1923), die Tochter eines preußischen Majors aus dem Hause Neudorf in Saarbrücken. Höchstwahrscheinlich kam diese Verbindung sogar dadurch zustande, dass Marie, Carstenns Tochter aus erster Ehe, zwei Jahre zuvor in Brandenburg an der Havel den Offizier Wolf Christian Magnus von Buchwaldt geheiratet hatte. Mit seiner zweiten Frau, die bis 1923 in Berlin lebte, sollte Carstenn noch vier Töchter, Luise (1872), Elisabeth (1875), Molly (1878) und Carola (1880), sowie zwei Söhne, Carl (1874) und Leo (1877), bekommen. Jene sechs Kinder trugen dabei bereits einen neuen Nachnamen, als sie das Licht der Welt erblickten, da Carstenn nur wenige Tage vor der Geburt Luises die größte Ehrung seiner Person erfuhr. Anlässlich der feierlichen Grundsteinlegung für die Hauptkadettenanstalt in Lichterfelde und in Anerkennung seiner Verdienste wurde er am 2. September 1872 von Kaiser Wilhelm I. in den erblichen Adelsstand erhoben und führte fortan den Namen *von Carstenn-Lichterfelde*. Damit hatte er nicht nur einen Höhepunkt, sondern – ohne es zu ahnen – in unternehmerischer wie persönlicher Hinsicht gleichzeitig auch den Zenit erreicht.

Von nun an stellten sich mehr und mehr Probleme ein, vermehrten sich zu ernsten Schwierigkeiten und leiteten unaufhaltsam den wirtschaftlichen wie gesellschaftlichen Abstieg Carstenns ein, welcher ironischerweise von eben jener Hauptkadettenanstalt ausging und ursächlich mit ihr zusammenhing. Die Idee zur Ansiedlung dieser renommiertesten Ausbildungseinrichtung des preußischen Militärs in Lichterfelde hatte Carstenn bereits 1869 gegenüber Kriegsminister Albrecht von Roon formuliert, der ihm und seinem Vorortprojekt

26 Ansicht der Hauptkadettenanstalt, erbaut 1972–1978, Aufnahme 1888

27 Lageplan mit Grundrissen der Haupt- und Nebengebäude

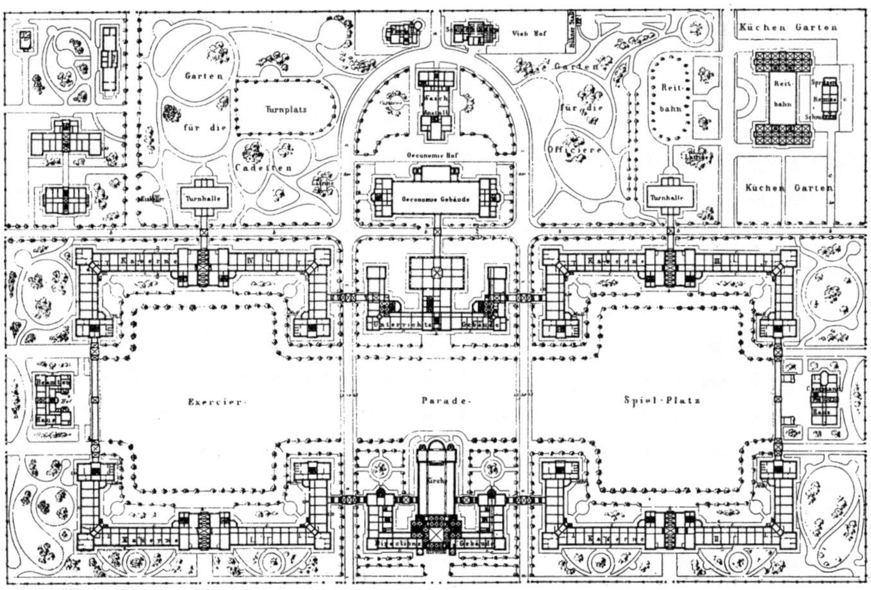

wohl von Anfang an zugetan war und einen Besuch König Wilhelms I. arrangierte, bei dem Lichterfelde sowie der potenzielle Bauplatz besichtigt wurden. Vom Regenten diesbezüglich angesprochen, äußerte Carstenn in diesem Zusammenhang auch seine grundsätzlichen Vorstellungen zur weiteren Entwicklung der Stadt, einschließlich des oft zitierten Satzes: „Majestät, nach den Errungenschaften des Jahres 1866 ist Berlin zur ersten Stadt des Continents berufen, und was seine Ausdehnung anbelangt, so muß Berlin und Potsdam eine

28 Hansaplatz mit Blick in die Lessingstraße, Aufnahme um 1900

Stadt werden, verbunden durch den Grunewald als Park."[15] Dass er hierzu mit Lichterfelde den ersten bedeutenden Schritt unternahm, daran ließ Carstenn keinen Zweifel und fühlte sich ferner vom Monarchen in seinem Tun bestärkt, der knapp kommentierte: „Ein Unternehmen, welches Sie so lange mit Ausdauer und Fleiß bisher geführt haben, macht sich von selbst. [...] Ich werde das Meinige dazu beitragen."[16] So ermutigt und angespornt, bot Carstenn im Folgejahr auch schriftlich an, dem Militärfiskus das für die Hauptkadettenanstalt benötigte Areal kostenlos zur Verfügung zu stellen, wenn der Neubau nicht wie beabsichtigt am sogenannten Hippodrom in Charlottenburg, sondern in Lichterfelde erfolgen würde. Sein Werben um die prestigeträchtige Nachwuchsschmiede des preußischen Offizierscorps war dabei zweifelsohne durch ehrlichen und tiefen Patriotismus motiviert, verfolgte aber auch das Ziel, die Attraktivität Lichterfeldes zu steigern und der Entwicklung einen spürbaren Impuls zu verleihen. Es „entsprang in erster Linie meinem patriotischen Bestreben, dem Vaterlande mich entgegenkommend zu zeigen und nutzbar zu machen, sowie demnächst dem natürlichen und berechtigten Wunsch, damit gleichzeitig meiner im allgemeinen öffentlichen Interesse angelegen Villen-Colonie förderlich zu sein",[17] wie er selbst später schrieb. Sicher auch auf Betreiben von Roons wurde die Schenkung am 2. Februar 1871 per *Allerhöchster Cabinetsordre* aus Versailles angenommen. Mit dem Schenkungsvertrag vom 23. Oktober desselben Jahres war der Bau in Lichterfelde schließlich beschlossen, obwohl es in der Bauverwaltung sowie bei Teilen des Militärs Widerstände gegen diesen Standort weit außerhalb Berlins und abseits des städtischen Lebens gegeben hatte. Wohl auch deshalb verpflichte der Vertrag Carstenn, neben der Überlassung von 93 Morgen Land, immerhin etwa 23 Hektar, zu weiteren umfangreichen Leistungen. So musste er zusätzlich für die infrastrukturelle Erschließung des Terrains mit Wasser-, Abwasser- und Gasleitungen sowie die Pflasterung der umgebenden Straßen sorgen und ebenso den Transport der Baumaterialien zur Baustelle finanzieren. Darüber hinaus hatte er das Kapital für die Errichtung von Lehrer- und Dienstwohnungen, die Beförderung der Kadetten mit dem Omnibus und Extrazügen der Eisenbahn zu zahlen sowie einen Fonds zum Bau eines angebundenen Witwen- und Waisenheimes zu stellen. Dies alles summierte sich bereits zu beträchtlichen

15 Carstenn-Lichterfelde, Johann Anton Wilhelm von: *Die Zukünftige Entwicklung Berlins. Mit einem Plane des Zukünftigen Berlin.* Berlin 1892, S. 1
16 Ebd., S. 43
17 Ebd., S. 6

29 Hansaviertel im Luftbild, Aufnahme um 1930

Aufwendungen, die Carstenn jedoch übernahm, „wissentlich in dem Bestreben, die Angelegenheit zum guten Ende geführt zu sehen, in dem durch die glorreichen Siege 1870/71 noch gesteigerten patriotischen Hochgefühl".[18]

Und er hätte diese finanziellen Belastungen kraft seines nicht unerheblichen Vermögens wahrscheinlich sogar tragen können, hätte sich 1873 nicht der sogenannte Gründerkrach ereignet, in welchem die Spekulationsblase der euphorischen Gründerjahre platzte, schlagartig gigantische Kapitalmengen vernichtet wurden und zahllose Unternehmen plötzlich insolvent waren. Auch die Gesellschaften Carstenns erlitten starke Verluste, blieben aber bestehen. Weitaus schwerer und nachhaltig wog hingegen, dass im Zuge der anschließenden Rezession das Terraingeschäft zusammenbrach und der Verkauf von Grundstücken für beinahe eine Dekade nahezu vollständig darniederlag. Während das zarte Aufblühen von Lichterfelde hierdurch eine jähe Zäsur erfuhr, kamen die von Carstenn betriebenen und ebenfalls mit umfangreichen Vorleistungen angeschobenen Unternehmungen in Halensee, Friedenau oder Wilmersdorf erst gar nicht richtig zur Entfaltung – weshalb Johannes Otzen

18 Ebd., S. 6

30 Straßenbild an der Kaisereiche in Friedenau, Aufnahme um 1925

wohl auch ab 1874 seinen eigenen Weg ging. Auf der anderen Seite blieben die vielleicht zu leichtfertig eingegangenen Verpflichtungen gegenüber dem preußischen Militärfiskus bestehen und erhöhten sich außerdem noch, da im Verlauf des Projektes die Planungen verändert und der Bau merklich vergrößert wurde. Carstenn jedoch fehlten die Einnahmen aus dem Grundstücksgeschäft, welche dies hätten kompensieren können, und trotz Eingaben sowie der Fürsprache von Roons beharrte das Kriegsministerium unnachgiebig auf seinen Ansprüchen, verklagte ihn sogar wegen Nichteinhaltung der Vertragsverpflichtungen. Somit geriet er sukzessive in immer bedrohlichere finanzielle Schwierigkeiten, obgleich er seine Anteile am Grundbesitz in Lichterfelde ebenso veräußerte wie seine Güter Hamerstein in Westfalen und Tesdorf in Holstein. Die Fertigstellung der Hauptkadettenanstalt 1878 dürfte Carstenn daher kaum positiv bewegt haben, ganz im Gegensatz zum Tag der Grundsteinlegung sechs Jahre zuvor.

Der ursächliche Vorgang war damit zwar abgeschlossen, doch die teils vor Gericht geführten Auseinandersetzungen mit den am Bau beteiligten staatlichen und kommunalen Behörden setzten sich fort. Sie bestimmten in den folgenden zehn Jahren das Leben Carstenns, der unermüdlich kämpfte – einerseits, weil er sich durch die Ausgaben und Verluste, die er selbst auf etwa neun Millionen Reichsmark bezifferte, inzwischen mit dem finanziellen Ruin konfrontiert sah, andererseits, weil er nicht einsehen konnte und dulden wollte, dass man so mit ihm umging, der er doch aus patriotischer Überzeugung, mit Fürsprache von höchster Stelle und im Vertrauen auf die staatlichen Organe überaus großzügig gehandelt habe. Spätestens seit dem Tod des ehemaligen Kriegsministers Albrecht von Roon im Jahr 1879, der sein Freund und einflussreicher Unterstützer gewesen war, agierte Carstenn jedoch zunehmend isoliert. Überhaupt wandelten sich in dieser Zeit auch die Wahrnehmung und das Bild seiner Person in der Öffentlichkeit. Nicht zuletzt in Folge des Gründerkrachs und teils sehr zu Recht galten vielen die Terrainunternehmer generell als Inbegriff exzessiver, profitgieriger und rücksichtsloser Geschäftemacherei. Schon 1876 etwa schrieb Otto Glagau: „Er trieb die Baustellen-Ausschlachterei und den Baustellen-Handel en gros. Bei diesem Geschäft

31 Nürnberger Platz in Wilmersdorf im Luftbild, Aufnahme 1926

32 Friedenau im Luftbild, Aufnahme 1912

gewann er Millionen, und mit den Millionen überfiel ihn ein anderes Gelüste. Er hatte mit Generalen und Baronen gegründet, und der Umgang mit der Aristokratie ist ansteckend. Er hatte sich die Regierung wegen der neuen Kadettenhäuser verpflichtet, und so konnte es ihm nicht fehlen. Eines Abends ging er noch als J. A. W. Carstenn zu Bette, und am Morgen

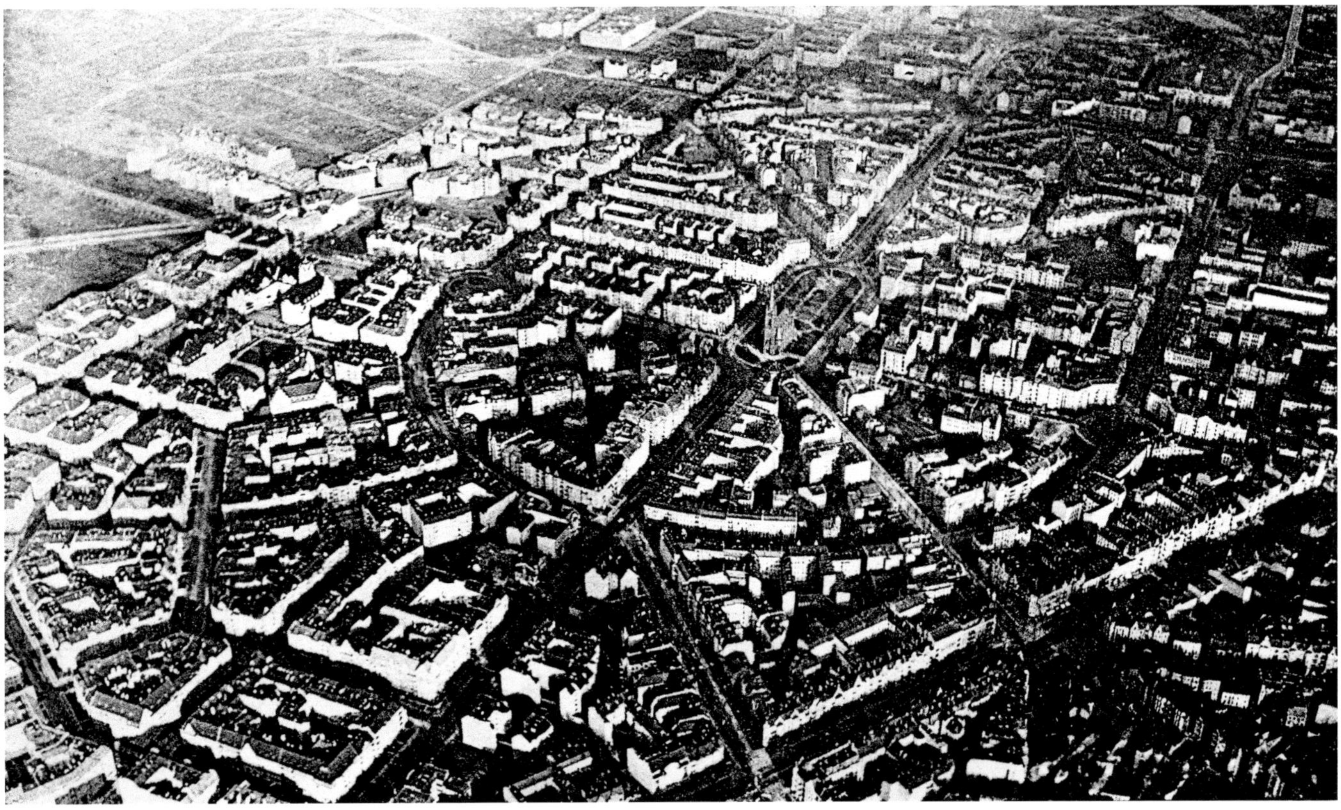

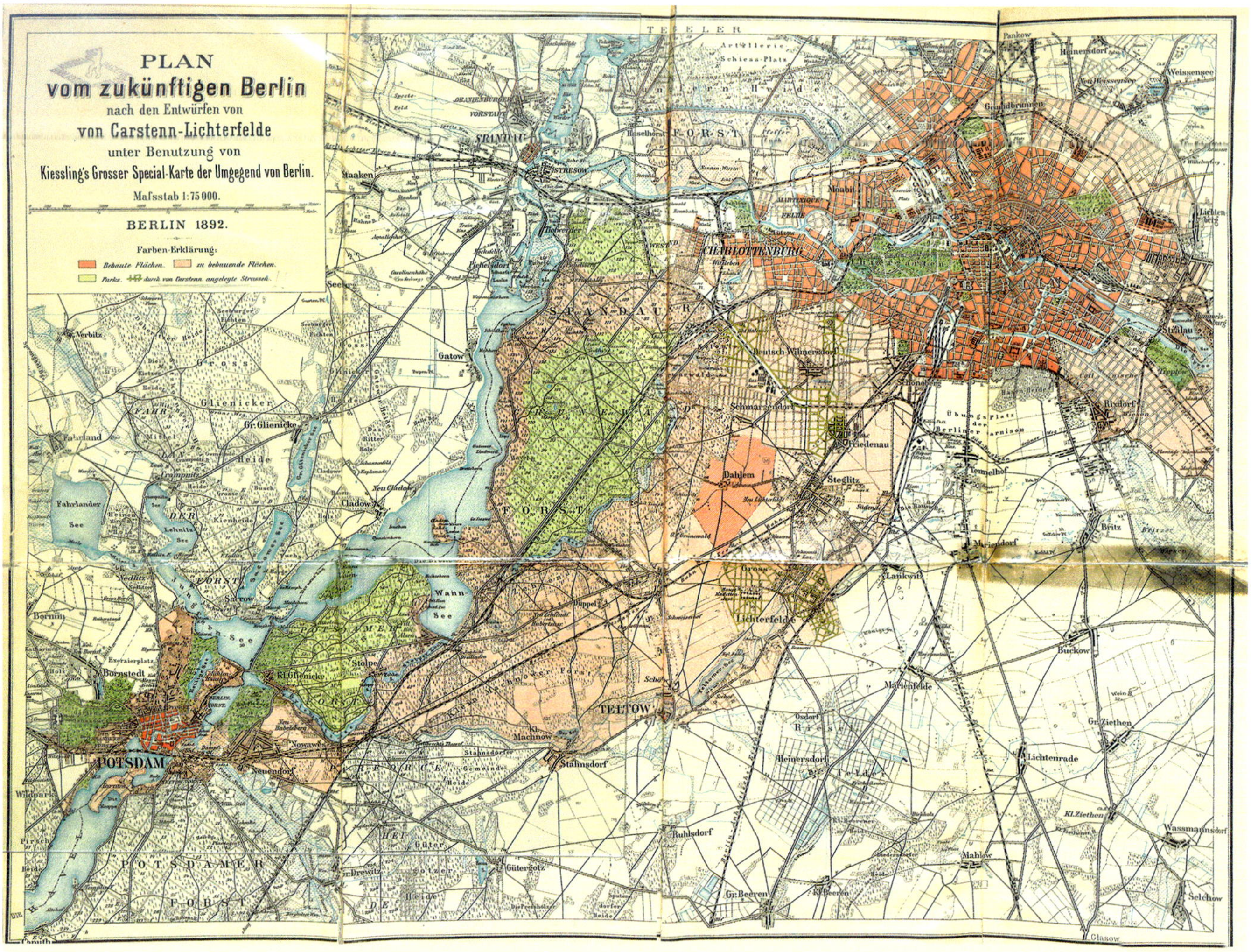

33 „Plan vom zukünftigen Berlin nach den Entwürfen von [J. A. W.] von Carstenn-Lichterfelde", 1892

stand er auf als Herr von Carstenn-Lichterfelde."[19] Während man anfänglich sehr wohl noch Sympathie für ihn feststellen konnte, wurde auch Carstenn mehr und mehr als gescheiterter Spekulant gesehen, der sich eben schlicht übernommen hatte und sich nun durch Eingaben und Klagen zu retten suchte. Statt der im Selbstverständnis erwarteten Anerkennung, erntete er Gleichgültigkeit und bisweilen sogar Häme.

Als Unternehmer trat Carstenn kaum noch in Erscheinung. Eine seiner letzten Aktivitäten diesbezüglich war die Beteiligung an der 1877 gegründeten Berlin-Hamburger Immobiliengesellschaft. Diese hatte die sogenannten Schöneberger Wiesen am Kleinen Tiergarten gekauft und entwickelte dort ein Wohnquartier gehobener Art, das aufgrund der beteiligten hanseatischen Kaufleute und einiger Straßennamen später die Bezeichnung Hansa-Viertel erhalten sollte. Von seinen wegweisenden Leistungen, davon, die Basis für die nun langsam im Erwachen begriffenen Vororte geschaffen zu haben, nahm man ebenso kaum mehr

19 Geist, Johann Friedrich/Kürvers, Klaus: *Das Berliner Mietshaus. 1862–1945.* München 1984, S. 164

34 Grabstätte von Johann Anton Wilhelm von Carstenn-Lichterfelde an der Dorfkirche in Lichterfelde, Aufnahme 2016

Notiz, da die weitere und bald prosperierende Entwicklung nicht mehr in seiner Hand lag. Ironischerweise erfuhren die Bautätigkeiten in Lichterfelde beispielsweise gerade durch die Zwangsverkäufe Carstenns Anfang der 1880er Jahre einen signifikanten Schub, da die Grundstücke zu „Schleuderpreisen" zu haben waren. Nachhaltig wirkte sich aber auch der Verlust seines Einflusses auf die Art des Bauens aus. So gediehen seine Villenkolonien Lichterfelde, Friedenau und Wilmersdorf zwar bald prächtig, doch wurde dort höher und dichter gebaut als von Carstenn intendiert – zum Teil entstanden klassische urbane Stadtquartiere. Die bestimmenden Akteure waren eben nun und später andere, die, wie etwa Georg Haberland in Wilmersdorf, auf der von Carstenn geschaffenen Grundlage auf andere Art und Weise Großartiges realisierten.

Der Gründer von Lichterfelde hatte sich, wohl aus finanziellen Zwängen, zu diesem Zeitpunkt schon vom Ausgangspunkt seiner Berliner Tätigkeit zurückziehen müssen. Im Adressbuch von 1885 jedenfalls ist die Norddeutsche Bank in Hamburg als Eigentümerin des sogenannten Carstenn-Schlösschens vermerkt. Carstenn hingegen lebte mit seiner Familie fortan zur Miete, zunächst in der Wichmannstraße 12c im Lützowviertel, ab 1893 oder 1894 dann in der Altonaer Straße 37 (später 35). Hier, im von ihm mitinitiierten Hansa-Viertel, befand sich die letzte nachweisliche Wohnadresse des „Rentiers" von Carstenn-Lichterfelde. Ein gewisses Maß an Aufmerksamkeit erreichte dieser in seinen letzten Lebensjahren lediglich durch zwei Dinge. Zum einen wurde er im sogenannten Beleidigungsprozess gegen das Kriegsministerium 1887 zu einer Geldstrafe von 210 Reichsmark verurteilt, konnte in den anschließenden gerichtlichen Auseinandersetzungen aber erreichen, dass ihm 1891 eine jährliche Rente von 43.000 Mark sowie eine Nachzahlung von 180.000 Mark zugesprochen wurde – als „verarmter Geschenkgeber". Zum anderen veröffentlichte er 1892 seine Denkschrift *Die zukünftige Entwicklung Berlins,* die gleichermaßen eine Rechtfertigung und Würdigung seines Wirkens sowie eine Abrechnung mit den staatlichen Institutionen ist. Spürbar davon angetrieben, das Bild seiner selbst für die Gegenwart und die Nachwelt zurechtzurücken, beschreibt er seinen Werdegang und wie sehr sich das von ihm vorgedachte inzwischen bestätigt habe, schlüsselt in peinlich genauer Differenzierung die ihm zugemuteten Lasten sowie widerfahrenen Ungerechtigkeiten auf und gibt schließlich einen Ausblick, wie die Stadtentwicklung Berlins zukünftig gestaltet und reguliert werden sollte.

Vor dem Vergessenwerden hat ihn dies zunächst nicht bewahrt. Am 19. Dezember 1896 verstarb Carstenn im Maison de Santé in Schöneberg, einer Kranken- und Irrenanstalt. Und obgleich die Anteilnahme zumindest in Lichterfelde angemessen ausfiel und man drei Jahre später die dortige Ringstraße in Carstennstraße umbenannte, dauerte es bis weit in die zweite Hälfte des 20. Jahrhunderts, bevor der ungeheure Weitblick und die Fortschrittlichkeit seiner Gedanken sowie die volle Größe seines Verdienstes für die Stadtentwicklung Berlins breitere Bekanntheit erlangte und entsprechende Anerkennung fand. Er hat nicht nur Spuren hinterlassen, sondern Berlin tatsächlich in großem Maße gestaltet.

„Natur und Kunst,
sie scheinen sich zu fliehen,
und haben sich,
eh man es denkt, gefunden.“

(Johann Wolfgang von Goethe, *Gedichte: Natur und Kunst*)

KAUFMANN, BANKIER UND GRÜNDER DER VILLENKOLONIE ALSEN
CARL HEINRICH WILHELM CONRAD (1822–1899)

1 Carl Heinrich Wilhelm Conrad (1822–1899)

Carl Heinrich Wilhelm Conrad zählte im aufstrebenden Berlin der zweiten Hälfte des 19. Jahrhunderts zu den herausragenden und maßgeblichen Gestalten des sich mit selbstbewusster Entschlossenheit formenden Großbürgertums. Als erfolgreicher und hochvermögender Bankier sowie Mitbegründer des „Club von Berlin" – dem damals exklusivsten Club, den es in Deutschland gab – genoss er großes gesellschaftliches Ansehen. Conrad begriff sich zudem als ein wahrer Patriot, seine Audienz bei Wilhelm I. im Jahre 1880 stellte noch bis ins hohe Alter einen Höhepunkt seines Lebens dar und seinem Schwager, General Louis Max Napoleon von Colomier (1809–1886) brachte er für dessen Führung der Preußischen Artillerie im Krieg gegen Dänemark Bewunderung und große Verehrung entgegen.
Conrads bleibender Einfluss auf die Entwicklung Berlins basiert jedoch weniger auf den von ihm getätigten erfolgreichen Bankgeschäften und der Knüpfung bürgerlicher Netzwerke als auf seiner mit Leidenschaft betriebenen Gründung und Entwicklung der Villenkolonie Alsen, dem Kernstück der heutigen Villenkolonie Wannsee. Dabei hatte sich Conrad diesem großartigen Projekt nicht aus nüchternen Renditeinteressen verschrieben, sondern aus seiner Liebe zu diesem besonderen Ort, den er als Naturfreund zu schätzen gelernt hatte. Schon deshalb war er alles andere als ein typischer Terrainentwickler seiner Zeit: Vielmehr verwirklichte er mit der Villenkolonie Alsen sein Ideal eines großbürgerlichen Wohnens im Einklang mit der Natur. Bei der baulich-räumlichen Entwicklung der Vorortkolonie, die Conrad über einen Zeitraum von mehr als dreißig Jahren verfolgte, legte er besonderen Wert auf die harmonische Einbindung der Villenbauten in die Landschaft um den Wannsee. Bei der Planung und Umsetzung von Alsen fand er in Gustav Meyer (1816–1877), einem der bedeutendsten Gartenkünstler seiner Zeit, einen geradezu kongenialen Partner. Gleichzeitig gewann er viele seiner Freunde und Bekannten aus dem „Club von Berlin" als Bewohner seiner Villenkolonie und schuf so den Vorort erlesener Wohnkultur, der er bis heute geblieben ist.
Wilhelm Conrad wurde am 18. Juni 1822 als Sohn einer traditionsreichen Berliner Kaufmannsfamilie geboren. Sein Vater war Stadtrat und später auch Direktor der Berlin-Hamburger Eisenbahn-Gesellschaft.[1] Sein Onkel, der Geheime Kommerzienrat Paul Eduard Conrad (1799–1880), war Drogerie- und Farbenhändler sowie Mitbegründer und haftender

1 Vgl. Wolff, Max I.: *Club von Berlin. 1864–1924.* Berlin 1926, S. 38

2 Paul Eduard Conrad (1799–1880), Gemälde von Otto Heyden

Gesellschafter der Berliner Handelsgesellschaft.[2] Und so verwundert es nicht, dass auch Wilhelm Conrad eine kaufmännische Ausbildung genoss – zunächst durch den Besuch der städtischen Gewerbeschule in Berlin, danach als kaufmännischer Lehrling bei der Drogen- und Farbenhandlung Rüdiger & Pilarek in Magdeburg.

Nach erfolgreichem Abschluss der Lehre heiratete er im Jahre 1846 Emilie Schucht, mit der er vier Kinder haben sollte. Noch im Jahr der Heirat zog das junge Ehepaar nach Frankreich und ließ sich in Paris nieder. Dort arbeitete Wilhelm Conrad zunächst in einem Farbenwerk, machte sich jedoch bald selbstständig und gründete in der Nähe der französischen Hauptstadt eine chemische Fabrik. Diese entwickelte sich derart gut, dass Conrad sein Geschäftsfeld kurz darauf um eine Glashütte erweiterte. Wilhelm Conrad sollte insgesamt zehn Jahre mit beträchtlichem wirtschaftlichen Erfolg in Frankreich verbleiben, bevor es ihn wieder nach Berlin zog, wo er sich mit seiner Familie in der Bellevuestraße im vornehmen Tiergartenviertel – der ersten und gediegensten Villenkolonie der Stadt – niederließ.

Als Conrad im Jahr 1856 nach Berlin zurückgekehrt war, hatte dort die voranschreitende Industrialisierung inzwischen eine Zeitenwende im Bankgeschäft bewirkt, da die etablierten, als offene Handelsgesellschaften geführten Privatbanken den enormen Kapitalbedarf der Industrie nicht mehr decken konnten. Vor diesem Hintergrund wurde am 2. Juli 1856 die Berliner Handels-Gesellschaft als Kommanditgesellschaft auf Aktien von einigen der bedeutendsten Privatbankiers Preußens gegründet. Die Gesellschaft wies ein Gründungskapital von 15 Millionen Talern aus, von denen im ersten Jahr jedoch nur rund zehn Prozent eingezahlt wurden.[3] Aufgrund ihrer Gesellschaftsform hatte die Berliner Handels-Gesellschaft neben den stillen Gesellschaftern, die die Aktien gezeichnet hatten, drei Geschäftsinhaber, die persönlich für alle Verbindlichkeiten der Gesellschaft hafteten und das Geschäft leiteten. Diese waren im Gründungsjahr Heinrich Conrad Carl, Vorsitzender des Ältestenkollegiums der Korporation der Kaufmannschaft Berlins, Johann Friedrich Gelpcke, Eigentümer des Bankhauses Breest & Gelpcke, sowie Paul Eduard Conrad, Präsident der Handelskammer und besagter Onkel Wilhelm Conrads. Im ersten Verwaltungsrat der Gesellschaft saßen wiederum vorwiegend die Gründerbankiers und Aktionäre der Berliner Handels-Gesellschaft, darunter Gerson Bleichröder, Alexander Mendelssohn, Gustav Mevissen, Heinrich Friedrich Wilhelm Brose und Abraham Oppenheim. Insbesondere durch das Engagement Gerson Bleichröders (1822–1893), der Bismarcks wichtigster Berater in finanziellen Fragen war, hatte die Berliner Handels-Gesellschaft hervorragende Verbindungen in die Politik und gehörte bald zum „Preußen-Konsortium"[4], das ab 1860 alle Staatsanleihen für Preußen platzierte.[5]

Nicht zuletzt wegen seines schon fortgeschrittenen Alters hatte der 1799 geborene Paul Eduard Conrad im Hinblick auf seine Nachfolge seinen Neffen Wilhelm im Gründungsjahr der Berliner Handels-Gesellschaft bewogen, zurück nach Berlin zu kommen, wo dieser zunächst in die Firma Breest & Gelpcke eintrat. Bald erhielt er auch Prokura für die Berliner Handels-Gesellschaft, mit der Breest & Gelpcke eng verbunden war.[6]

2 Vgl. Stulz-Herrnstadt, Nadja: *Berliner Bürgertum im 18. und 19. Jahrhundert.* Berlin 2002, S. 35

3 Vgl. Pohl, Manfred: „Die Entwicklung des deutschen Bankwesens zwischen 1848–1870". In: Ashauer, Born et al.: *Deutsche Bankengeschichte*, Band 2, Frankfurt am Main 1982, S. 156

4 Zum „Preußen-Konsortium" gehörten neben der Berliner Handels-Gesellschaft die Firmen S. Bleichröder, die Disconto-Gesellschaft, F.M. Magnus, Mendelssohn & Co., Gebr. Schickler sowie R. Warschauer & Co. Die Berliner Handels-Gesellschaft wurde in dem Konsortium durch das auf ihre Rechnung arbeitende Bankhaus Breest & Gelpcke vertreten.

5 Vgl. Stern, Fritz: *Gold und Eisen – Bismarck und sein Bankier Bleichröder*, aus dem Englischen von Otto Weith. München 2008

6 Vgl. Wolff, Max I.: *Club von Berlin 1864–1924.* Berlin 1926, S. 38

3 Der erste Sitz der Berliner Handels-Gesellschaft in der Französischen Straße 42 in Berlin-Mitte

Wenig später – am 1. Mai 1860 – wurde Wilhelm Conrad dann gemeinsam mit Friedrich Gelpcke, dem Sohn J. F. Gelpckes, Geschäftsinhaber der Berliner Handels-Gesellschaft. Paul Eduard Conrad schied indes am selben Tag als Geschäftsinhaber aus und trat wenig später dem Verwaltungsrat der Gesellschaft bei, dem er schließlich bis zu seinem Tod im Jahre 1880 angehören sollte.[7]

Die ersten Jahre der „neuen Generation" an der Spitze der Berliner Handels-Gesellschaft waren durch die Siege Preußens im Dänischen Krieg im Jahre 1864 und im Krieg gegen Österreich im Jahre 1866 geprägt. Wirtschaftlich sollte vor allem der Sieg gegen Österreich, der zur Gründung des Norddeutschen Bundes führte, Auswirkungen auf die Berliner Handels-Gesellschaft haben, denn Berlin löste 1866 Frankfurt am Main als führende

7 Vgl. Lüke, Rolf: *Die Berliner Handelsgesellschaft in einem Jahrhundert Wirtschaft 1856–1956.* Berlin 1956, S. 26

4 Porträt Wilhelm Conrads während seiner Zeit als Geschäftsinhaber der Berliner Handels-Gesellschaft

Finanzmetropole Deutschlands ab. Während bisher bayerische und badische Staatsanleihen hauptsächlich in Frankfurt platziert worden waren, profitierte nun der Finanzplatz Berlin und damit die Berliner Handels-Gesellschaft von dieser Entwicklung. So war es der Gesellschaft bereits zum Zeitpunkt ihres zehnjährigen Bestehens gelungen, sich in der Spitzengruppe der deutschen Banken zu etablieren und im Durchschnitt eine jährliche Dividende von fast sieben Prozent an die Aktionäre auszuzahlen.[8] Und auch die kommenden Jahre sollten unter Führung Wilhelm Conrads erfolgreich für die Berliner Handels-Gesellschaft verlaufen: mit der Finanzierung von Staatsanleihen und des Eisenbahnbaus als Schwerpunkte der Geschäftstätigkeit konnten in den Jahren 1868 und 1869 sogar jeweils Dividendenrenditen von zehn Prozent erwirtschaftet werden.

Der schnelle Sieg im Deutsch-Französischen Krieg im Jahre 1870 und die daraus resultierenden Reparationszahlungen Frankreichs sowie die Aktienrechtsnovelle vom 11. Juni desselben Jahres, die die Gründung von Aktiengesellschaften vereinfachte, heizte die Wirtschaft weiter an. Höhepunkt der „Gründerjahre" waren die Jahre 1871 und 1872, in denen die Berliner Handels-Gesellschaft jeweils 12,5 Prozent Dividende ausschütten konnte.[9] Doch 1873 folgte die „Gründerkrise", ausgelöst durch den Zusammenbruch der Wiener Börse im Mai 1873, deren Folgen auch nach Berlin übergriffen, da hier mit den gleichen Werten gehandelt wurde.

Dank ihrer vorsichtigen Geschäftsführung konnte die Berliner Handels-Gesellschaft die ersten Krisenjahre vergleichsweise gut überstehen. Doch ab Mitte der 1870er Jahre verschlechterte sich die wirtschaftliche Entwicklung der Gesellschaft aufgrund einiger unglücklich verlaufener Geschäfte zusehends. So kam das notwendige Kapital für den Bau der von der Berliner Handels-Gesellschaft gemeinsam mit der Weimarischen Filialbank finanzierten „Muldenthal-Eisenbahn" im Jahr 1875 nicht zusammen und die Gesellschaft musste weiteres Eigenkapital einbringen. Die „Muldenthal-Eisenbahn" konnte somit zwar am 1. Juli 1877 ihren Betrieb aufnehmen, die Baukosten waren jedoch erheblich überschritten worden. Um weitere Kosten zu vermeiden, wurde die Bahn mit einem Verlust in Höhe von 6,3 Millionen Mark im Jahre 1878 an den sächsischen Staat veräußert.[10]

Als sich 1879 die allgemeine wirtschaftliche Lage endlich wieder positiver darstellte, rückten insbesondere die Geschäfte mit Russland in den Fokus der Berliner Handels-Gesellschaft. Dabei spielten die Getreideimporte aus Russland eine große Rolle, die durch eine Bank begleitet werden mussten. Dazu gründete die Berliner Handels-Gesellschaft im Jahre 1881 eine eigene Abteilung für den Handel mit russischen Werten und Wechseln, die von Hermann Schwieger geleitet wurde, der dazu vom Bankhaus Robert Warschauer in die Berliner Handels-Gesellschaft gewechselt war. Schwieger begann seine Tätigkeit am 1. März 1881 als Prokurist und wurde bereits im darauffolgenden Jahr neben Wilhelm Conrad und Wilhelm Seifert, der bereits 1874 auf den erkrankten Friedrich Gelpcke gefolgt war, zum dritten Geschäftsinhaber bestellt.[11] Bereits im selben Jahr spekulierte Schwieger in großem Umfang

8 Vgl. ebd., S. 30

9 Vgl. Achterberg, Erich: *Berliner Hochfinanz – Kaiser, Fürsten, Millionäre um 1900.* Frankfurt am Main 1965, S. 151

10 Die Muldenthal-Eisenbahn-Gesellschaft hatte 1872 die Konzession zum Bau und darauffolgenden Betrieb für die Strecke zwischen Glauchau und Wurzen in Sachsen erhalten. 1875 wurde die Strecke in Betrieb genommen, allerdings wurden die kalkulierten Baukosten um 5,5 Millionen Mark überschritten. Hierdurch geriet die Gesellschaft in finanzielle Schwierigkeiten und wurde 1878 an die Königlich Sächsischen Staatseisenbahnen verkauft. Bei diesem Verkauf mussten die beiden beteiligten Banken einen Totalverlust ihrer Investition hinnehmen.

11 Vgl. Lüke, Rolf: *Die Berliner Handelsgesellschaft in einem Jahrhundert Wirtschaft* 1856–1956. Berlin 1956, S. 54f.

5 Schreiben der Direktion der Muldenthal-Eisenbahn-Gesellschaft aus dem Jahre 1877

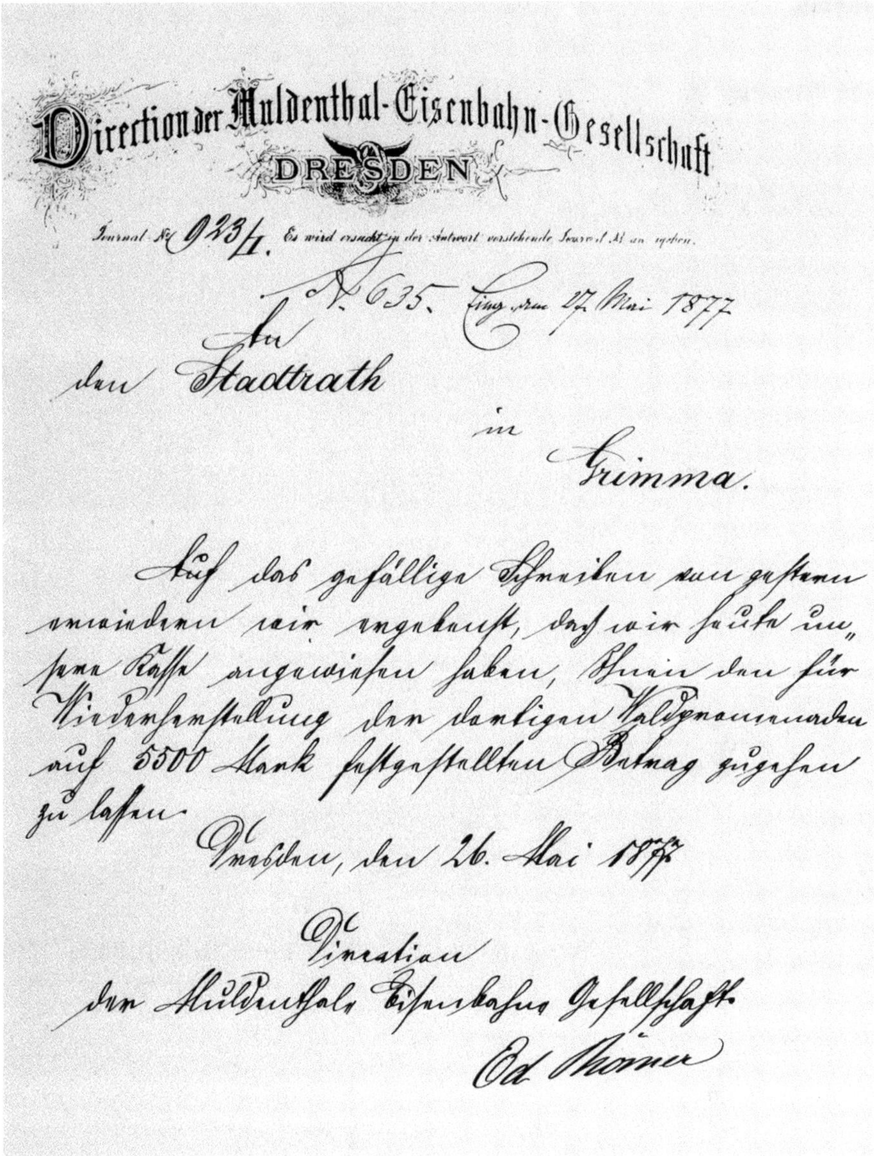
Direction der Muldenthal-Eisenbahn-Gesellschaft
DRESDEN

An den Stadtrath in Grimma.

Dresden, den 26. Mai 1877

Direction der Muldenthal Eisenbahn Gesellschaft

auf steigende Rubelkurse. Dies erwies sich als Fehlspekulation, die der Berliner Handels-Gesellschaft im Jahr 1881 einen Verlust von 900.000 Mark brachte.

Da der Rubel im darauffolgenden Jahr 1882 zudem drastisch an Wert verlor, stand die Berliner Handels-Gesellschaft kurz vor dem Abgrund. Sie musste mit Hilfe Carl Fürstenbergs (1850–1933), der damals enger Mitarbeiter Bleichröders war, ihre Rubel-Position mit dem hohen Verlust von sieben Millionen Mark schließen. Schwieger verließ daraufhin im Oktober 1882 die Berliner Handels-Gesellschaft und der am 3. Februar 1883 neu gewählte Verwaltungsrat beschloss eine Neuausrichtung der gesamten Führungsebene. Zwei Tage später wurde Carl Fürstenberg zum neuen Geschäftsinhaber bestellt und am 1. Juli des Jahres traten auch Wilhelm Conrad und Wilhelm Seifert aus der Gesellschaft aus.[12]

12 Vgl. Achterberg, Erich: *Berliner Hochfinanz – Kaiser, Fürsten, Millionäre um 1900.* Frankfurt am Main 1965, S. 151. Unter Carl Fürstenberg entwickelte sich die Berliner Handels-Gesellschaft erfolgreich weiter und war bald eine der führenden Banken auf dem Gebiet der Unternehmensfinanzierung.

6 Neubau des „Clubs von Berlin" in der Jägerstraße 2/3 und Mauerstraße 24, erbaut von den Architekten Heinrich Kayser/Karl von Groszheim, 1892/93

Die Umstände seines Ausscheidens aus der Berliner Handels-Gesellschaft hatten Wilhelm Conrads Ruf als bedeutender Bankier jedoch nicht geschadet. Gesellschaftlich war er weiterhin bestens vernetzt, was sich nicht zuletzt auf die von ihm maßgeblich mitinitiierte Gründung des „Clubs von Berlin" zurückzuführen lässt. Er war einer der elf Unterzeichner eines Schreibens, das ausgesuchte Persönlichkeiten zum Eintritt in diesen Club aufforderte und gehörte auch dessen erstem Direktorium an. Bei der Eröffnung seiner aufwendig gestalteten Räume am 8. Oktober 1864 in den gemieteten Etagen der Häuser Jägerstraße 63 und 63a in Berlin-Mitte zählte der „Club von Berlin" bereits 179 Mitglieder, zu

7 „Club von Berlin", Blick in den Rauchersalon

8 „Club von Berlin", Blick in den Billardsalon

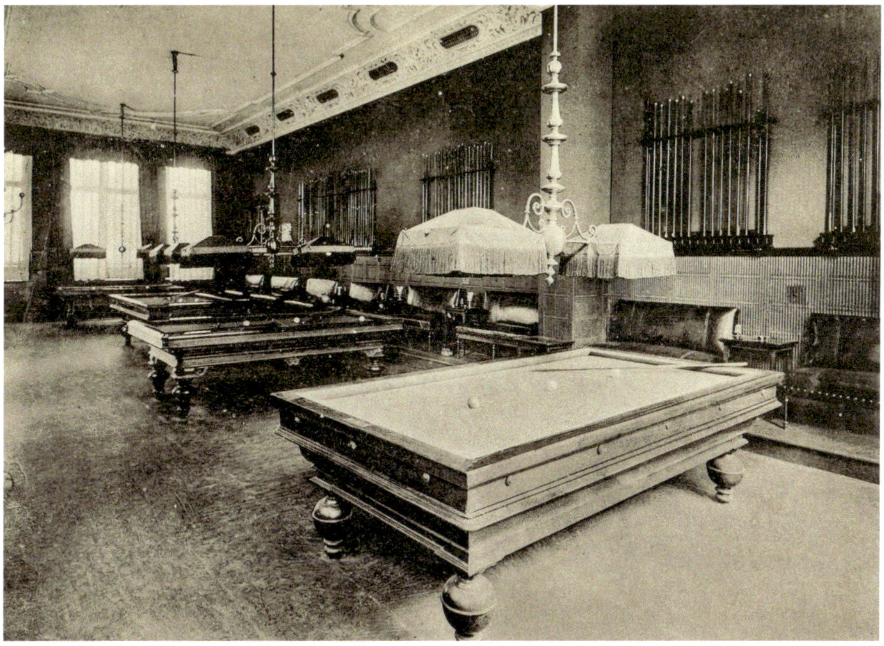

denen unter anderen Hermann von Dechend (1814–1890), der damalige Präsident der Preußischen Bank und spätere erste Reichsbankpräsident, sowie der in Berlin verehrte Maler Gustav Richter (1823–1884), dessen Frau Elisabeth die Tochter des Komponisten Giacomo Meyerbeer (1791–1864) war, gehörten.[13]

Der „Club von Berlin" etablierte sich in den Jahren nach seiner Gründung aufgrund seiner handverlesenen Mitglieder aus Wirtschaft und Politik sehr schnell als eine bedeutende gesellschaftliche Institution. Im Jahr 1874 umfasste der Club bereits 370 Mitglieder bevor

13 Giacomo Meyerbeer (1791–1864) war ab 1842 Generalmusikdirektor der Königlichen Oper und einer der erfolgreichsten Opernkomponisten seiner Zeit.

auch ihn die durch den „Gründerkrach" bewirkte wirtschaftlich schwere Situation der Jahre 1875 bis 1880 traf.[14] Ein Jahr nach Erreichen eines Tiefpunktes im Jahr 1880 mit nur noch 217 Mitgliedern übernahm Wilhelm Conrad schließlich den Vorsitz des Clubs. Unter seiner Führung und mit dem Rückenwind der in den 1880er Jahren einsetzenden allgemeinen wirtschaftlichen Erholung, konnte der Club wieder neue Mitglieder gewinnen und hatte deren fast 300 als Conrad den Vorsitz im Jahr 1889 wieder abgab.

Neben diesen vielfältigen und anspruchsvollen beruflichen sowie gesellschaftlichen Verpflichtungen zog es Wilhelm Conrad schon seit den frühen Jahren seiner Rückkehr nach Berlin immer wieder auch in die Natur und er genoss die Landschaft der Umgebung. „Denn das Leben in der Großstadt", wie Max Wolff in seiner Jubiläumsschrift des „Clubs von Berlin" aus dem Jahr 1925 schrieb, „zumal im Sommer, war ihm unerträglich"[15]. Und so wundert es nicht, dass Conrad regelmäßig hinaus an den Wannsee fuhr und dort oftmals im damals beliebten und weithin bekannten „Stimmingschen Gasthof" einkehrte.[16] Durch die Ausflüge in die Natur angeregt, beschäftigte er sich mit zunehmender Intensität mit Garten- und Landschaftsarchitektur. So wird er bereits im ersten gedruckten Mitgliederverzeichnis des „Vereins zur Beförderung des Gartenbaues in den Preußischen Staaten" aus dem Jahr 1873 genannt. Des Weiteren war er aktives Mitglied im „Deutschen Pomologen Verein" und im „Verein deutscher Gartenkünstler".

Aus dieser Leidenschaft für Natur und Landschaft erwuchs schließlich die mutige Idee der Gründung einer Villenkolonie am Wannsee, deren Entwicklung mit dem im Jahre 1863 erfolgten Kauf des „Stimmingschen Gasthofes" an der Friedrich-Wilhelm-Brücke mit den dazugehörigen 300 preußische Morgen Land für 25.000 Taler ihren Anfang nahm. „Man muß sich klarmachen, was das heißen wollte zu einer Zeit, wo Berlin im Westen am Brandenburger und Potsdamer Tor aufhörte und Charlottenburg ein entlegener Vorort war, nach dem man Landpartien in Kremsern unternahm. Es hat denn auch nicht an Kritikern und Spöttern gefehlt [...]"[17], schrieb Georg Brasch Anfang der 1920er Jahre in seinem *Wannseebuch* zu diesem kühnen Unterfangen. Aber Wilhelm Conrad ließ sich nicht beirren und arrondierte das Areal in den darauffolgenden Jahren durch den Zukauf weiterer Grundstücke und erweiterte seinen Grundbesitz so bis zum Jahr 1868 auf 320 Morgen Land. Auch danach erweiterte er die künftige Koloniefläche beständig und kaufte die Flurstücke der Gapperluch Enden, der Backen Enden, der Kappenden und der Wehrstücken hinzu. 1871 besaß Conrad dann auch die Flurstücke, auf denen er den „Park der Schweiz" ausführen ließ und kaufte zwischen 1872 und 1874 die Heideflächen zwischen der Königsstraße und dem Kleinen Wannsee auf.[18]

Parallel zur Erweiterung des Areals begann Conrad mit der Entwicklung eines Straßen- und Bebauungsplans für seine spätere Villenkolonie. Als Vorbild diente dabei die Villen-Colonie Uhlenhorst bei Hamburg, die August Abendroth (1796–1867) seit dem Ende der

14 Vgl. Wolff, Max J.: *Club von Berlin 1864–1924*. Berlin 1926, S. 19. Nach dem Kursverfall an den Börsen im Jahr 1873 („Gründerkrach") stiegen die Zinsen für Kredite deutlich an und führten in den darauffolgenden Jahren zu deutlich niedrigen wirtschaftlichen Wachstumsraten.

15 Wolff, Max I.: *Club von Berlin 1864–1924*. Berlin 1926, S. 39

16 Der „Stimmingsche Gasthof" ist nicht zuletzt deshalb bis heute bekannt, weil Heinrich Kleist und Henriette Vogel dort im November 1911 die letzte Nacht vor ihrem Selbstmord verbracht hatten.

17 Brasch, Georg: „Das alte Dorf Stolpe und die Entstehung der Villenkolonie Alsen". In: Brasch, Georg: *Das Wannseebuch*. Wannsee 1922, S. 52

18 Vgl. Heinisch, Tilmann Johannes/Schumacher, Horst: *Colonie Alsen – Ein Platz zwischen Berlin und Potsdam*. Berlin 1988, S. 81

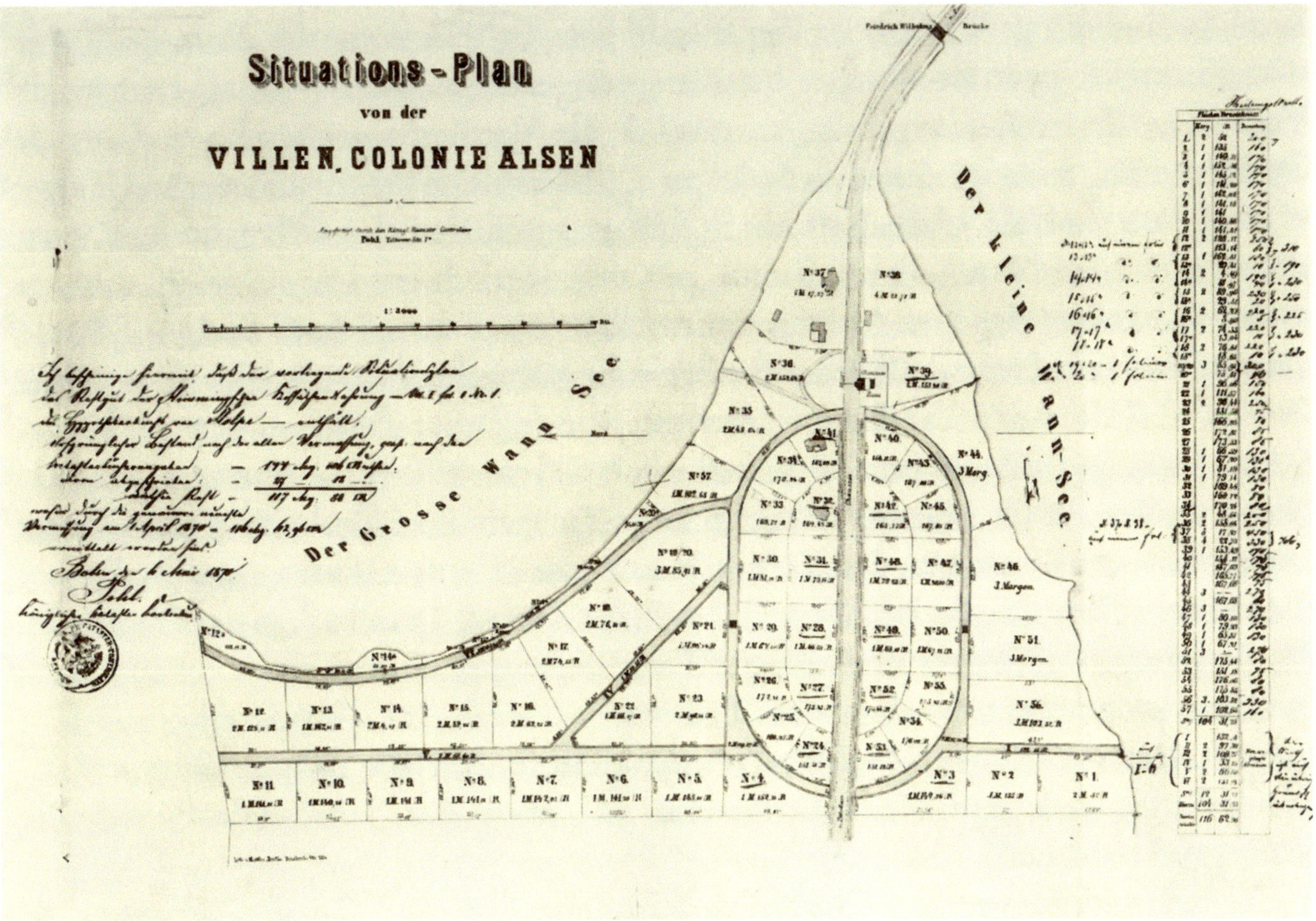

9 Situations-Plan der Villenkolonie Alsen, 1870

1830er Jahre zu einer eleganten Vorstadt an der Alster entwickelt hatte.[19] Mit dem schon oben erwähnten Johann Heinrich Gustav Meyer (1816–1877) gelang es Wilhelm Conrad, einen der talentiertesten Gartenarchitekten zu verpflichten. Meyer hatte sein Handwerk bei dem zu dieser Zeit herausragenden Garten- und Landschaftsarchitekten Peter Joseph Lenné (1789–1866) gelernt und war von 1840 bis zu dessen Tod sein engster Mitarbeiter. Obwohl Meyer es schwer hatte, aus dem mächtigen Schatten Lennés herauszutreten, hatte er bis Mitte der 1860er Jahre schon eine nicht unbeträchtliche Anzahl wichtiger Projekte realisiert. So waren nach seinen Plänen 1846–1848 der Volkspark Friedrichshain angelegt worden und seit 1859 arbeitete er gemeinsam mit Lenné an der Umgestaltung des Marlygartens in Sanssouci, bei der er viele eigene Ideen einbringen und realisieren konnte. Weiterhin hatte Gustav Meyer im Jahr 1860 sein *Lehrbuch der schönen Gartenkunst* veröffentlicht, das bis heute zu den klassischen Werken der landschaftlichen Gartenkunst des 19. Jahrhunderts zählt.[20]

Den Straßen- und Bebauungsplan für die Villenkolonie müssen Conrad und Meyer bereits bis zum Sommer 1870 fertiggestellt haben. Denn am 6. August 1870 trug das Bezirksgericht

19 Vgl. Schmoock, Matthias: *Zwischen Bild und Image – Die Entwicklung des Stadtteils Uhlenhorst und die Darstellung in Selbst- und Fremdzeugnissen – Von den ersten Quellen bis zur Baugesetzgebung 1902.* Hamburg 2001, S. 144

20 Gustav Meyer schrieb das 1860 veröffentlichte *Lehrbuch der schönen Gartenkunst* für die damals führende Königliche Gärtner-Lehranstalt in Potsdam.

10 Gemälde von Wilhelm Camphausen, „Die Erstürmung der Insel Alsen durch die Preußen 1864–1866", 1866

11 Zinkabguss des „Flensburger Löwen" an der „Straße Zum Löwen", Postkarte

zu Potsdam die parzellierten Grundstücke in das Grundbuch ein. Als Namen für seine Kolonie wählte Wilhelm Conrad „Villen-Colonie Alsen", was 1872 auch offiziell vom Landratsamt des Kreises Teltow genehmigt wurde. Conrad wollte mit der Namensgebung an den damals in Deutschland Begeisterung hervorrufenden Sieg der preußischen und österreichischen Truppen im Deutsch-Dänischen Krieg erinnern. Die Besetzung der strategisch wichtigen Insel Alsen durch preußische Truppen im Jahr 1864 spielte dabei eine Schlüsselrolle und der Schwager Conrads, General Louis Max Napoleon von Colomier (1809–1886), hatte als Führer der Preußischen Artillerie an der Erstürmung der Insel teilgenommen.[21] Als Wahrzeichen der Villenkolonie wählte Conrad deshalb auch einen Abguss des Flensburger Löwen, den er 1874 auf dem Bergpark aufstellen ließ. Das Original der Bronzeplastik des dänischen Bildhauers Hermann Wilhelm Bissen (1789–1868) hatten die in der Schleswig-Holsteinischen Erhebung siegreichen Dänen 1850 auf dem Flensburger Friedhof aufstellen lassen, von wo es nach der Rückgewinnung Flensburgs durch preußische Truppen ins Zeughaus nach Berlin gebracht worden war.

Die räumliche Anlage der Villenkolonie war geprägt durch die von Conrad und Meyer entwickelte Konzeption, nach der sich die Villen gleichsam wie in einem gemeinsamen Garten verteilt und auf die Seen ausgerichtet darstellen sollten. Das Bemühen Conrads und Meyers, den Eindruck eines großen zusammenhängenden Landschaftsgartens zu erzeugen, ist im Besonderen bei der Wegeführung erkennbar. Die Wege hatte man derart angelegt, dass sie der natürlichen Topographie folgten und vom See aus kaum wahrnehmbar waren. Gleichzeitig ließ Conrad an verschiedenen Stellen der Wegeführungen richtungsweisende Bäume bzw. Baumgruppen auf die parzellierten Privatgrundstücke pflanzen, sodass öffentlicher und privater Raum bewusst ineinander übergingen. Allen Villen dienten hierbei der Große und der Kleine Wannsee als Blickpunkt, auf die die Aussichtsflächen sowie Terrassen ausgerichtet wurden. Um eine optimale Aussicht von allen Grundstücken zu gewährleisten, sahen die Entwurfsverfasser unterschiedliche Grundstücksgrößen sowie -zuschnitte vor und legten Blickschneisen an. Die Grundstücke, die an den Ufern der Seen lagen, waren hierbei in

21 Vgl. Haupt, Michael (Hg.): *Villenkolonie Alsen am Großen Wannsee, Begleitband zur Ausstellung in der Gedenk- und Bildungsstätte Haus der Wannsee-Konferenz.* Berlin 2012, S. 5

12 Blick auf die Villenkolonie Alsen zwischen Kleinem und Großem Wannsee, um 1895

13 Blick auf die Kolonie Alsen über das Denkmal des „Flensburger Löwen" gesehen, um 1880

der Regel größer und teurer als jene, die keinen unmittelbaren Zugang zum Wasser hatten. Damit erreichte man, dass die Bebauungsdichte zu den Ufern hin abnahm und der Blick von den höher gelegenen Grundstücken auf die Seen möglich war. Gleichzeitig ließ Conrad zehn bis dreißig Fuß breite Blickschneisen grundbuchlich sichern, sodass auch spätere Baumaßnahmen den Blick nicht einschränken würden. Aber Conrad schränkte nicht nur seine Käufer ein – auch er selbst verpflichtete sich als Eigentümer der Straßen in der Villenkolonie, in den Blickschneisen keine Straßenbäume zu pflanzen.[22]

Bei dem in engster Zusammenarbeit zwischen Conrad und Meyer entstandenen Bebauungsplan sind einige Ideen Conrads durchaus identifizierbar. So kann Conrad beispielsweise für die die Straßenanlage der Villenkolonie prägende Gestalt des Hippodroms die

22 Vgl. Heinisch, Tilmann Johannes/Schumacher, Horst: *Colonie Alsen – Ein Platz zwischen Berlin und Potsdam*. Berlin 1988, S. 86

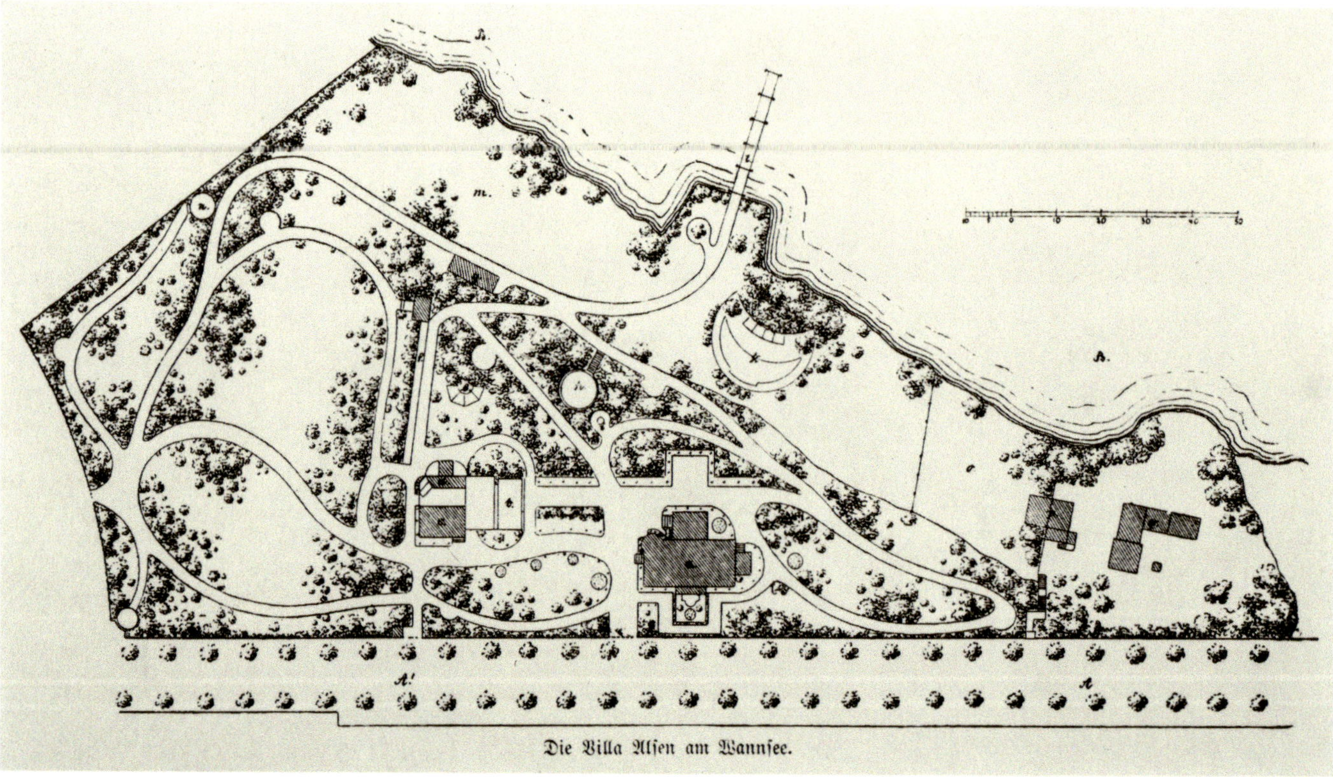

14 Lageplan des Conrad'schen Anwesens zwischen der Königsstraße und dem Großen Wannsee, um 1870

15 Blick auf die Neugierde im Garten der „Villa Alsen"

Autorenschaft beanspruchen.[23] Der Gestaltungsanspruch Conrads und Meyers reduzierte sich jedoch nicht nur auf die Straßen- und Gemeinschaftsflächen. Sie machten in einem von ihnen verfassten Regelwerk auch klare Vorgaben für die individuell zu bebauenden

23 Vgl. Schumacher, Horst: „Colonie Alsen Die neue Stadt". In: *Max Liebermann in Wannsee. Glanz und Untergang einer Lebenswelt.* Ausstellungskatalog. Berlin 1997, S. 5

16 „Villa Alsen", erbaut nach Plänen von Hermann von der Hude und Julius Wilhelm Hennicke, 1869/70

Parzellen, die den Regularien in anderen Villenkolonien ähnelten. So durften die Grundstücke „nur zur Errichtung villenartiger Wohngebäude und der dazu gehörigen Nebengebäude nebst Gartenanlagen" genutzt, „Läden nicht eingerichtet und weder Handwerke noch Gewerbe irgend welcher Art sowenig von dem Eigentümer als den Mietern auf den erkauften Grundstücke betrieben werden"[24]. Diese Regeln ließ Conrad in den Grundbüchern der Parzellen eintragen und machte sie damit für alle zukünftigen Eigentümer und Bewohner verbindlich.

Als erstes Wohngebäude der Kolonie entstand die „Villa Alsen", die Conrad für sich und seine Familie bereits 1869/70 erbauen ließ. Sie wurde nach Plänen der damals weithin bekannten Architekten Hermann von der Hude (1830–1908) und Julius Wilhelm Hennicke (1832–1892) erbaut und von der Familie Conrad zunächst als Sommersitz bezogen. Der Gärtner Conrads, Ernst Klaeber, rühmte in einem Artikel den aufwendigen Garten und die Schönheit der mit Schlinggewächsen „behangenen" Villa.[25] Die auf klare Formensprache, strenge Gliederung und feine Tektonik bedachte Gestaltung des gediegenen

24 Heinisch, Tilmann Johannes/Schumacher, Horst: *Colonie Alsen – Ein Platz zwischen Berlin und Potsdam*. Berlin 1988, S. 109

25 Klaeber, Ernst: „Die Villa Alsen am Wannsee". In: Jahrbuch für Gartenfreunde und Botanik, Jg. 6, Braunschweig 1888/89, S. 241

17 Lageplan des Anwesens der Familie von der Heydt, gezeichnet von Eduard Neide, 1884

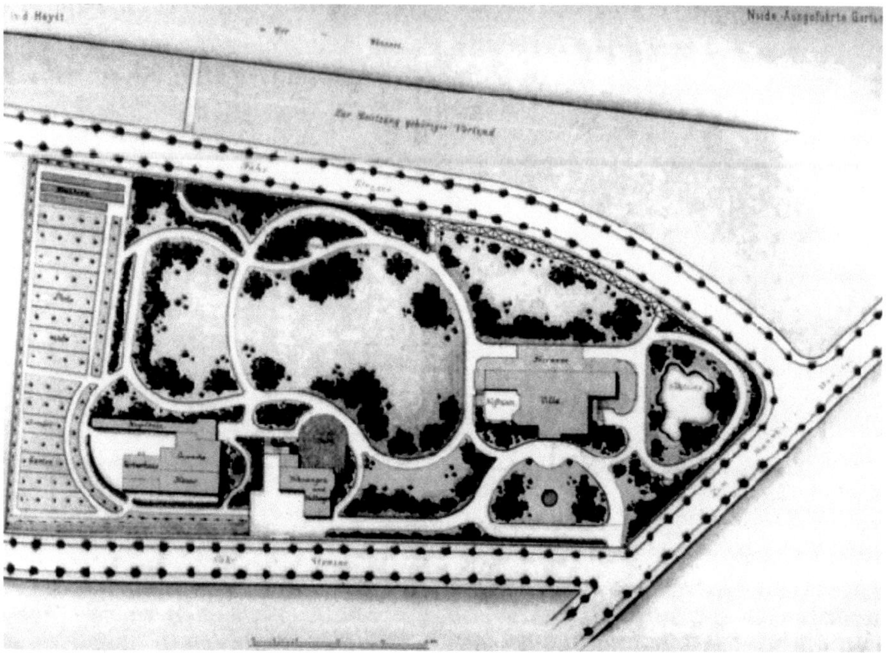

18 „Villa von der Heydt", erbaut nach Plänen der Architekten Walter Kyllmann und Adolph Heyden 1870/71, Aufnahme um 1875

19 Blick auf das Gärtnerhaus der „Villa von der Heydt"

Wohnhauses – von der Hude und Hennicke waren von Carl Gottlieb Wilhelm Boetticher (1806–1889) sowie Friedrich August Stüler (1800–1865) an der Berliner Bauakademie ausgebildet worden – sollte ein in der Tat prägendes Stilvorbild für die erste Villengeneration der Kolonie werden. So berichtete Bruno Ahrends noch in den 1920er Jahren, dass die ersten Bauten der Villenkolonie Alsen „an ihren klassizistischen Formen noch leicht herauszukennen" seien.[26]

Parallel zum Bau der „Villa Alsen" und unmittelbar nach Anlegung des Bebauungsplans begann Conrad um 1870 mit dem Verkauf der ersten Parzellen, von denen keine kleiner war als ein preußischer Morgen (circa 2500 Quadratmeter), was auch im Vergleich zu anderen Villenkolonien besonders groß war. Als erster Erwerber kaufte die Familie von der Heydt ein Grundstück in der Villenkolonie. Freiherr Eduard von der Heydt, Mitbegründer der Deutschen Bank und damals deren stellvertretender Verwaltungsratsvorsitzender,[27] ließ 1870 von den Architekten Walter Kyllmann (1837–1913) und Adolph Heyden (1838–1902)

26 Vgl. Ahrends, Bruno: „Wannsee, ein Beitrag zur Baugeschichte der letzten 50 Jahre". In: Brasch, Georg (Hg.): *Das Wannseebuch*. Wannsee 1922, S. 89

27 Vgl. Gall, Lothar: „Die Deutsche Bank von ihrer Gründung bis zum Ersten Weltkrieg 1870–1914". In: Gall et al.: Die Deutsche Bank 1870-1995. München 1995, S. 85

20 Sommerhaus für Kaufinteressenten, erbaut von den Architekten Hermann Ende und Wilhelm Böckmann, 1871

eine schlossartige Villa in der Kaiserstraße 2/3 bauen, die er fortan als Sommersitz nutzte und in der der damalige Kronprinz Friedrich Wilhelm oft zu Gast war.[28] Sowohl aus den Zimmern als auch vom Grundstück aus bot die vornehme Villa von der Heydt beste Aussicht auf den See und das gegenüberliegende Ufer. Wie Wilhelm Conrad war von der Heydt Mitglied des „Clubs von Berlin“, dem auch der zweite Grundstückskäufer angehörte. Denn kurz darauf – im Jahr 1871 – erwarb Oscar Begas (1828–1883) das in Südlage am Kleinen Wannsee liegende Grundstück Am Kleinen Wannsee 2. Der aus der berühmten Künstlerfamilie stammende Maler ließ es mit einem Landhaus bebauen, dessen Grundriss er selbst entworfen hatte.[29]

Dem Begas'schen Landhaus folgten weitere Bauten und schon ein Jahr später verlebten 64 Bewohner in zwölf Villen ihren Sommer in der neuen Kolonie, die sich nun immer größerer Beliebtheit erfreute. Conrad förderte diese Entwicklung, in dem er nach dem Bau seiner Villa einige Sommerhäuser errichten ließ, in denen Interessenten einen Sommer zur Probe verbringen konnten. Denn diese erste Generation der Bewohner der Villenkolonie verbrachte lediglich ihre Sommer am Wannsee. Im Oktober kam der Möbelwagen und die Bewohner Alsens zogen zurück in ihre Stadtwohnungen, wo sie den Winter verbrachten. Erst langsam, mit zunehmendem Aufbau einer intakten Infrastruktur sowie dem Ausbau der Verkehrsverbindungen, wurden die Sommerbewohner dann letztlich zu Dauerbewohnern.

Auch hinter diesem Ausbau der Infrastruktur seiner Villenkolonie war Conrad die treibende Kraft. So ließ er schon 1871 ein Wasserwerk errichten, das die Wasserversorgung der Häuser und der aufwendigen Gartenanlagen, für die die Villenkolonie Alsen später so berühmt wurde, gewährleistete. Ein Jahr später erwarb er auf der Weltausstellung 1873 in

28 Vgl. Brasch, Georg: „Das alte Dorf Stolpe und die Entstehung der Villenkolonie Alsen“. In: Brasch, Georg (Hg.): *Das Wannseebuch*. Wannsee 1922, S. 57

29 Vgl. ebd., S. 55

21 Der alte „Kaiser-Pavillon" am Großen Wannsee, Postkarte um 1880

22 Die Wannseebahn im Jahre 1895, Aquarell von Karl Streckfuß

23 Bahnhof Wannsee mit Bahnhofsrestaurant, erbaut 1876, Postkarte

Wien den dort aufgestellten „Schweden-Pavillon" sowie den „Kaiser-Pavillon", um beide am Ufer des Wannsees wieder aufbauen zu lassen. Der „Schweden-Pavillon", in dem auf der Weltausstellung der schwedische Beitrag präsentiert worden war, wurde als „vornehmes Sommerrestaurant"[30] genutzt, während der „Kaiser-Pavillon" zur ganzjährig genutzten Gaststätte umgebaut wurde.

Bereits 1869 bemühte sich Conrad, der in diesem Vorhaben auch von Prinz Friedrich Karl (1828–1885) unterstützt wurde, um die Genehmigung einer Bahnverbindung zwischen Berlin und Wannsee.[31] Diese wurde am 31. Mai 1871 erteilt und man begann bereits im darauffolgenden Jahr mit dem Bau der Wannseebahn. Die ersten Züge fuhren am 1. Juni 1874 und erregten großes öffentliches Interesse. So wurde die Wannseebahn im Volksmund bald auch als „Bankierszug" oder „Wahnsinnsbahn, die auf Conrädern läuft" bezeichnet. Obwohl Conrad anfangs für seine Idee, den Wannsee und die Stadt durch eine Bahnstrecke zu verbinden, verspottet wurde, sollte sich gerade diese Maßnahme als besonders wirkungsvoll für die Entwicklung der Villenkolonie erweisen. Denn mit dem Bau der Bahn und der daraus resultierenden schnellen Verbindung in die Friedrichstadt, in der zu dieser Zeit die meisten Bank- und Geschäftshäuser – die Wirkungsstätten der Bewohner von „Alsen" – ihre Niederlassungen hatten, begann der Wandel der Villenkolonie vom reinen Sommersitz zur ganzjährigen feinen Wohnadresse.

30 Ebd., S. 58
31 Vgl. Königlich Preußischer Minister der öffentlichen Arbeiten, S. 158

Eine interessante Kooperation in dieser Anfangszeit der Kolonie ging Wilhelm Conrad mit Heinrich Quistorp (1836–1902) ein, dem Terrainentwickler von Berlin-Westend. Dieser kaufte von Conrad Anfang der 1870er Jahre mit Bauverpflichtung das Geländedreieck Kaiserstraße, Conradstraße und Straße zum Löwen und ließ dort spekulativ Landhäuser errichten, die er an Interessenten weiterveräußerte.[32] Welche Intention Conrad mit diesem Geschäft verfolgte, lässt sich heute nicht mehr nachvollziehen. Aber auch dieser Handel verstärkte die Dynamik, die die Villenkolonie Alsen schnell zu einem der begehrtesten Wohnorte an der Peripherie von Berlin machte.

24 Lageplan des Siemens'schen Anwesens am Kleinen Wannsee, um 1890

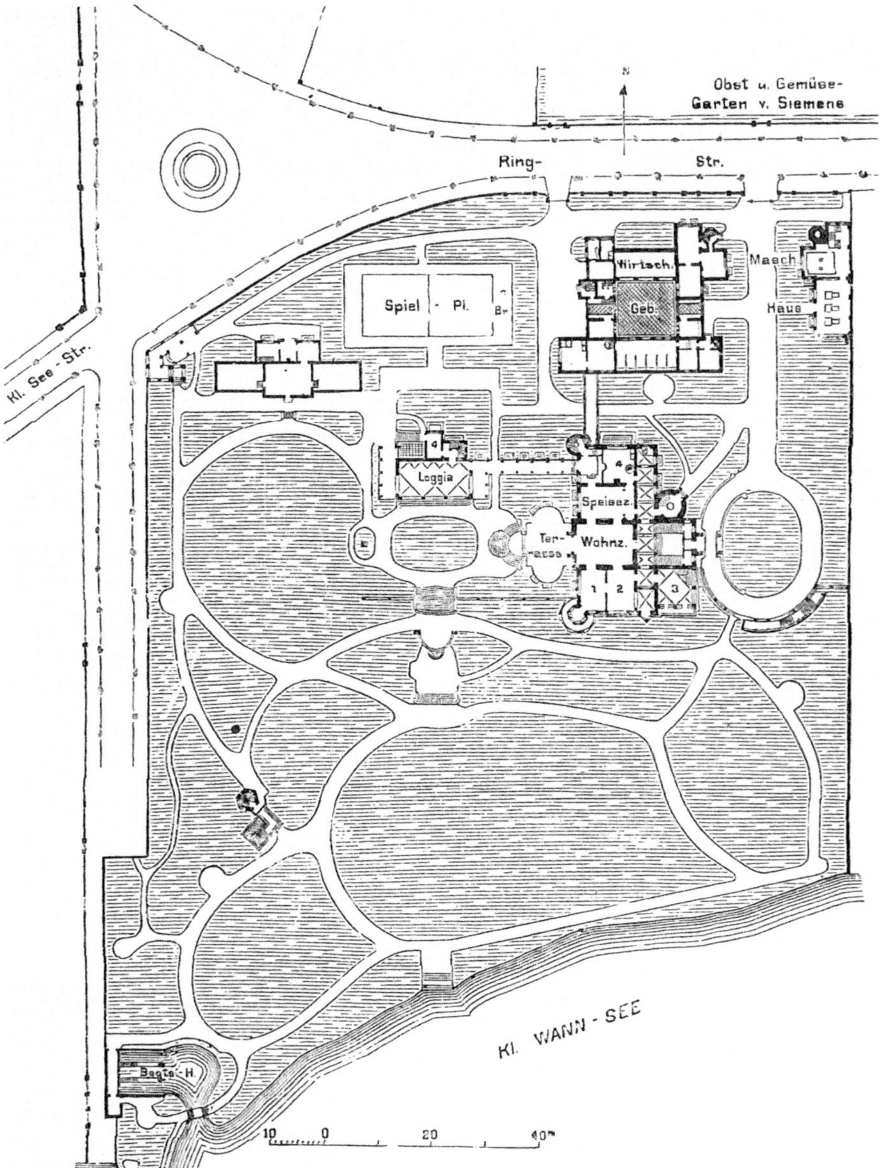

32 Vgl. Ahrends, Bruno: „Wannsee, ein Beitrag zur Baugeschichte der letzten 50 Jahre“. In: Brasch, Georg (Hg.): *Das Wannseebuch.* Wannsee 1922, S. 95 und Brasch, Georg: „Das alte Dorf Stolpe und die Entstehung der Villenkolonie Alsen“. In: Brasch, Georg (Hg.): *Das Wannseebuch.* Wannsee 1922, S. 57

25 Luftaufnahme des Siemens'schen Anwesens, Blick von Südwesten

26 Ansicht der Villa Siemens, entworfen unter Mitwirkung von Paul Hentschel in den Jahren 1886–1890

27 Blick auf das Eingangsportal der Villa Siemens mit Vorfahrt

28 Villa und Garten von Siemens, vom Kleinen Wannsee aus gesehen, Aquarell von Otto Günther-Naumburg

Ein weiterer prominenter Bewohner, Arnold von Siemens (1853–1918), der älteste Sohn des Firmengründers Werner von Siemens, erwarb sein weitläufiges Grundstück Am Kleinen Wannsee 5 im Jahr 1885. Mit der Anlegung des Gartens sowie der Errichtung der Bauten auf dem über 20.000 Quadratmeter großen Grundstück begann er im Sommer des darauffolgenden Jahres. Bis zum Jahre 1890 wurde die Villa mit Wirtschaftsgebäuden, Gewächshäusern, Chauffeurshaus und eigenem Heizkraftwerk sowie die weitläufige Gartenanlage mit Loggia, Grotte und Anlageplatz im Wesentlichen fertiggestellt. Bei der Planung der Anlage hatte Paul Hentschel (1853–1914), ein künstlerisch hochbegabter Architekturautodidakt, den seit der Schulzeit eine enge Freundschaft mit dem Bauherrn verband, maßgeblich mitgewirkt. Bei einzelnen Baulichkeiten wie der Loggia und dem Gewächshaus wurde er von seinem Bruder Walther unterstützt. Den Garten gestalteten die Bauherren, Arnold und Ellen von Siemens, die Tochter Hermann von Helmholtz' (1821–1894), unter Mitwirkung ihrer sachkundigen Gärtner weitgehend selbst.[33]

Mit der Fertigstellung des Siemens'schen Anwesens mit seinem turmgekrönten Dach erhielt die Villenkolonie Alsen nicht nur ein vom Wasser weithin sichtbares Wahrzeichen,

33 Vgl. Schäche, Wolfgang: *Das ehemalige Anwesen Arnold von Siemens' – Zur Geschichte des künftigen Standortes des Deutschen Rheuma-Forschungszentrums Berlin,* Berlin o. J. [1989], S. 28

29 Altes Seglerhaus am Großen Wannsee, Zeichnung nach 1881

30 „Wilhelm Conrad mit seinem Bootsmann und Faktotum Kleessen“ im alten Seglerhaus, Darstellung von Karl Becker

31 Blick auf das 1909/10 errichtete „Neue Seglerhaus", welches das alte Holzhaus ersetzte, Postkarte um 1911

sondern auch einen neuen gesellschaftlichen Mittelpunkt. Denn wie Georg Brasch in seinem *Wannseebuch* ausführt, waren es „Cornelie Richter, die Tochter Meyerbeers, Ellen von Siemens-Helmholtz und Eduard Arnold [...], die, jeder auf seine Weise, als Mittelpunkt eines gesellig künstlerischen Kreises die maeccenatum caritas im Rahmen vornehmster Gastlichkeit übten"[34] und so die Villenkolonie Alsen zu einem herausragenden Treffpunkt des Kunst- und Geisteslebens des Berliner Bürgertums machte.

Ein weiterer bevorzugter Zeitvertreib der Bewohner der Villenkolonie Alsen war das Segeln. Bereits 1867 hatte sich der „Segelverein der Unterhavel" mit 14 Mitgliedern zusammengefunden, zu denen auch Wilhelm Conrad, Oscar Begas und Walter Kyllmann gehörten.[35] Als sich der Segelverein im Jahre 1881 auflöste, wurde als Nachfolger der „Verein Seglerhaus am Wannsee" gegründet, der noch heute zu den renommiertesten Segelvereinen Deutschlands gehört. Im selben Jahr wurde vom neu gegründeten Verein ein am Großen Wannsee neben dem Schweden-Pavillon gelegenes Grundstück erworben und von den Architekten Hermann Ende (1829–1907) und Wilhelm Böckmann (1832–1902) eine alte Holzscheune gestiftet, die dort wiederaufgebaut wurde. Dieses erste Clubhaus entwickelte sich schnell zum „Mittelpunkt der Geselligkeit für einen großen Teil der Villenbesitzer [...], der freundschaftlich wie eine einzige große Familie zusammenhielt."[36]

34 Brasch, Georg: „Das alte Dorf Stolpe und die Entstehung der Villenkolonie Alsen". In: Brasch, Georg (Hg.): *Das Wannseebuch*. Wannsee 1922, S. 66
35 Vgl. ebd., S. 60
36 Protzen, Otto: „Der Wassersport auf dem Wannsee" In: In: Brasch, Georg (Hg.): *Das Wannseebuch*. Wannsee 1922, S. 123

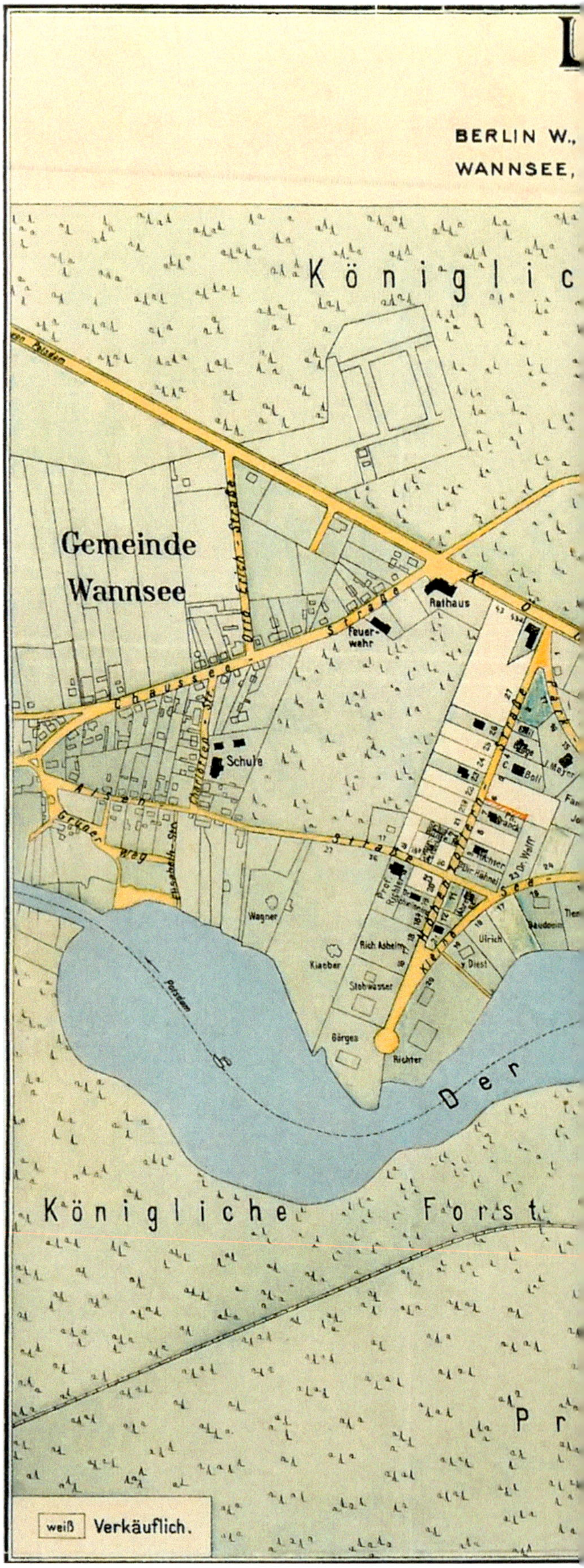

32 Lageplan der Villenkolonie Alsen nach Verkauf des Conrad'schen Grundbesitzes an die Landgesellschaft Wannsee G.m.b.H. mit Ausweisung der noch verkaufbaren Grundstücke, um 1906

dgesellschaft „Wannsee"
G.m.b.H.
Str. 24.
e 67b.
Fernsprecher: Amt Lützow 3495.
Fernsprecher: Amt Wannsee 122.
Forst
Der
große Wannsee
leine
Wannsee
liche
Forst
Karpfen-Teich
Jagdschloß Dreilinden
Chaussee
Bahnhof
Bahnhof-Straße
Friedrich Karl-Str.
Elektricitäts-Werke
Potsd. Yacht-Klub
Personenschiffahrt des Kreises Teltow
nach Potsdam - Langen See
nach Kaiser-Wilhelm Turm
Kirche
Linden-Straße
Herwarth
1:8000.

33 Grabstelle der Familie Conrad auf dem „Neuen Friedhof" der Villenkolonie Alsen in der Lindenstraße

Auch im fortgeschrittenen Alter kümmerte sich Wilhelm Conrad um den stetigen Ausbau der Infrastruktur seiner Villenkolonie. So erwarb er 1886 vom Potsdamer Forstfiskus ein zwei Morgen großes Stück Land, um den Friedhof für die Kolonie anlegen zu lassen.[37] Die trapezförmige Friedhofsanlage wurde von Johannes Otzen (1839–1911) entworfen und 1888 fertiggestellt. Vier Jahre später ließ Wilhelm Conrad auch das Elektrizitätswerk für die Villenkolonie errichten. Seine letzte große Maßnahme sollte 1889 die Stiftung der evangelischen Andreas-Kirche in der Lindenstraße sein, deren Bau nach Entwurf von Otto Stahn (1859–1930) erst im Sommer 1896 fertiggestellt werden konnte.
Im Jahr seines Todes zählte Conrads Kolonie Alsen mehr als fünfzig großzügig bebaute Anwesen. Sie hatte sich zu einem der exklusivsten Vororte Berlins entwickelt, in dem die erlesene Bewohnerschaft einen „heiteren Lebensgenuss und die großzügigste Gastfreundschaft [...] pflegte"[38]. Wilhelm Conrad starb am 24. Dezember 1899 in Berlin und wurde kurze

37 Vgl. Kampe, Norbert: „Das Leben am Wannsee". In: *Villenkolonien am Wannsee 1870–1945*. Berlin 2000, S. 21

38 Vgl. Ahrends, Bruno: „Wannsee, ein Beitrag zur Baugeschichte der letzten 50 Jahre". In: Brasch, Georg (Hg.): *Das Wannseebuch*. Wannsee 1922, S. 96

Zeit später auf dem von ihm geschaffenen Friedhof – auf dem auch etliche andere prominente Bewohner der Kolonie ihre letzte Ruhe fanden – begraben. Seinen Erben hinterließ er ein Testament, in dem die Zukunft der Villenkolonie Alsen einen besonderen Platz einnahm. So durften sie den gemeinschaftlichen Besitz in der Villenkolonie und insbesondere die „Villa Alsen" innerhalb der ersten fünf Jahre nach seinem Tod nur mit einem einstimmigen Beschluss veräußern. Die Erben Wilhelm Conrads verkauften schließlich den Großteil ihres Grundbesitzes am Wannsee mit notariellem Vertrag vom 28. März 1906 an die eigens hierfür gegründete Landgesellschaft Wannsee G.m.b.H. und gaben damit den Einfluss der Familie auf die Entwicklung der Villenkolonie auf. Wenig später geriet auch der Name Villenkolonie Alsen in Vergessenheit und ist heute aus dem kollektiven Gedächtnis der Gesellschaft vollends getilgt. Geblieben aber ist die dem heutigen Berliner Stadtteil Wannsee eingeschriebene Grundrissfigur mit ihrem immer noch reichen Garten- und Villenbestand der einstmaligen Kolonie, die sich untrennbar mit ihrem Gründer und Förderer Wilhelm Conrad verbindet.

„Sehe jeder, wo er bleibe,
Und wer steht, daß er nicht falle!“

(Johann Wolfgang von Goethe: „Beherzigung I“, 47)

VOM AUFSTIEG UND FALL EINES ARCHITEKTEN, BAUHERRN UND SPEKULANTEN JULIUS WILHELM WALTHER (1857–1917)

1 Julius Wilhelm Walther (1857–1917), Aufnahme 1915

Der Kölner Wilhelm Walther war eine der schillerndsten Gestalten des in den zwei Jahrzehnten vor dem Ersten Weltkrieg geradezu überbordenden Baugeschehens in Berlin. Als vielbeschäftigter Privatarchitekt hatte er sich in der Hauptstadt des Kaiserreiches schon während der 1890er Jahre mit einigen bemerkenswerten Bauten einen Namen machen können. Von der Zunft der Baumeister und Architekten wurden ihm deshalb schon bald viel Lob, Anerkennung und Respekt entgegengebracht. In der breiteren Öffentlichkeit galt er als ein angesehener und gefragter Baukünstler, der es vor allem im Villen- und Landhausbau virtuos verstand, eine zu Geld gekommene, aufstrebende bürgerliche Klientel gemäß ihrem Selbstverständnis und den damit verbundenen Vorstellungen von Repräsentation mit entsprechend ambitionierter Architektur zu bedienen. Das drängende Bedürfnis dieser Klientel, ihren gesellschaftlichen Aufstieg in architektonisch anspruchsvollen Formen zum Ausdruck zu bringen, veranlasste ihn letztlich, parallel zu seinen vielschichtigen Aktivitäten als entwerfender Architekt auch ins lukrative Immobiliengeschäft einzusteigen und als Bauherr tätig zu werden. Und so erwarb er vor allem in der ab 1890 im Entstehen begriffenen Villenkolonie Grunewald in sukzessiver Folge eine größere Anzahl von Grundstücken, ließ sie nach seinen Plänen und auf eigene Rechnung bebauen, um sie dann mit erheblichem Gewinn verkaufen respektive teuer vermieten zu können. Die beträchtlichen Erlöse aus diesen offenkundigen Spekulationsgeschäften sowie seine Einnahmen als Entwurfsarchitekt im Auftrag von Anderen machten ihn sehr bald zu einem reichen Mann, dessen Vermögen im 1913 erschienenen *Jahrbuch der Millionäre in der Provinz Brandenburg* mit stolzen „zwei bis drei Millionen“ und dessen Jahreseinkommen mit 100.000 Goldmark beziffert wurde![1]

Der Beginn des Ersten Weltkriegs im Jahr 1914 stellte dann aber im Hinblick auf die bis dahin so überaus günstigen Immobiliengeschäfte sowie die Auftragslage als planender Architekt einen empfindlichen Einschnitt dar, in dessen Folge Wilhelm Walther in schwierige wirtschaftliche Fahrwasser geriet. Am Ende stand seine „Atelier für Architektur und Bauausführung“ genannte Firma vor dem finanziellen Ruin, da kriegsbedingt große Aufträge weggebrochen waren und Kredite für diverse projektbezogene Vorleistungen von ihm nicht mehr bedient werden konnten. Dem nicht mehr abzuwendenden Konkurs entzog sich

1 Vgl. Martin, Rudolf (Hg.): *Jahrbuch der Millionäre in der Provinz Brandenburg*. Berlin 1913, S. 50

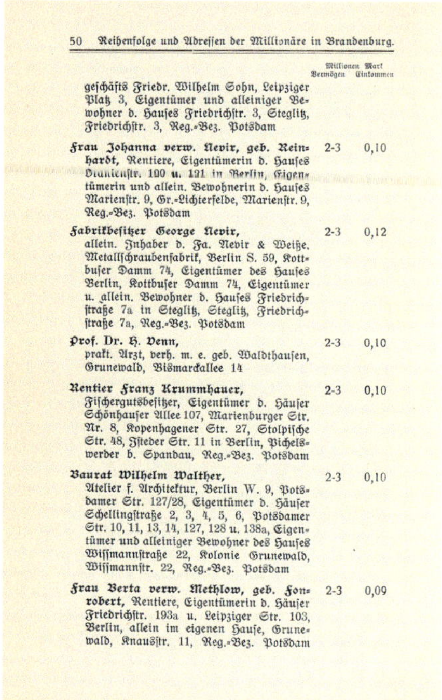
50 Reihenfolge und Adressen der Millionäre in Brandenburg.

	Millionen Mark Vermögen	Einkommen
geschäfts Friedr. Wilhelm Sohn, Leipziger Platz 3, Eigentümer und alleiniger Bewohner d. Hauses Friedrichstr. 3, Steglitz, Friedrichstr. 3, Reg.-Bez. Potsdam		
Frau Johanna verw. Nevir, geb. Reinhardt, Rentiere, Eigentümerin d. Hauses Oranienstr. 100 u. 121 in Berlin, Eigentümerin und allein. Bewohnerin d. Hauses Marienstr. 9, Gr.-Lichterfelde, Marienstr. 9, Reg.-Bez. Potsdam	2-3	0,10
Fabrikbesitzer George Nevir, allein. Inhaber d. Fa. Nevir & Weiße, Metallschraubenfabrik, Berlin S. 59, Kottbuser Damm 74, Eigentümer des Hauses Berlin, Kottbuser Damm 74, Eigentümer u. allein. Bewohner d. Hauses Friedrichstraße 7a in Steglitz, Steglitz, Friedrichstraße 7a, Reg.-Bez. Potsdam	2-3	0,12
Prof. Dr. H. Venn, prakt. Arzt, verh. m. e. geb. Waldthausen, Grunewald, Bismarckallee 14	2-3	0,10
Rentier Franz Krummhauer, Fischergutsbesitzer, Eigentümer d. Häuser Schönhauser Allee 107, Marienburger Str. Nr. 8, Kopenhagener Str. 27, Stolpische Str. 48, Isteder Str. 11 in Berlin, Pichelswerder b. Spandau, Reg.-Bez. Potsdam	2-3	0,10
Baurat Wilhelm Walther, Atelier f. Architektur, Berlin W. 9, Potsdamer Str. 127/28, Eigentümer d. Häuser Schellingstraße 2, 3, 4, 5, 6, Potsdamer Str. 10, 11, 13, 14, 127, 128 u. 138a, Eigentümer und alleiniger Bewohner des Hauses Wissmannstraße 22, Kolonie Grunewald, Wissmannstr. 22, Reg.-Bez. Potsdam	2-3	0,10
Frau Berta verw. Methlow, geb. Fonrobert, Rentiere, Eigentümerin d. Häuser Friedrichstr. 193a u. Leipziger Str. 103, Berlin, allein im eigenen Hause, Grunewald, Knausstr. 11, Reg.-Bez. Potsdam	2-3	0,09

2 Einband des *Jahrbuches der Millionäre* mit Eintragung des Vermögens und Einkommens von Wilhelm Walther, 1913

Wilhelm Walther, auf dem als alleiniger Gesellschafter seiner Firma die volle Verantwortung lastete, deshalb im Februar 1917 durch Selbsttötung. Seine in dieser Zeit – zumal als Offizier – als „unehrenhaft“ empfundenen Beweggründe für den Freitod hatten schließlich zur Konsequenz, dass sein Ableben in der einschlägigen Presse unerwähnt blieb und ihm – wie bei einer Persönlichkeit seines Ranges ansonsten üblich – auch kein angemessener Nachruf zuteil wurde.[2]

Dementsprechend geriet der zu Lebzeiten allseits bekannte „Königliche Baurat“, zu dem Wilhelm Walther im Jahre 1907 ernannt worden war, sehr schnell in Vergessenheit. Und obschon eine beträchtliche Anzahl seiner Bauten auf die Gegenwart überkommen sind – allein 15 Gebäude sind in der Denkmalliste des Landes Berlin verzeichnet –, blieb sein Werk bis heute aus dem baugeschichtlichen Diskurs, der sich im Besonderen mit den Strömungen des Historismus am Vorabend des 20. Jahrhunderts beschäftigt, faktisch ausgeklammert. Blickt man auf die vergangenen 100 Jahre seit seinem Tod zurück, so lässt sich lediglich eine einzige (unveröffentlicht gebliebene) wissenschaftliche Schrift auffinden, die sich dezidiert mit dem architektonischen Werk von Wilhelm Walther auseinandersetzt. Es handelt sich dabei um eine Magisterarbeit des Jahres 1975, die Andreas Bekiers am Kunsthistorischen Institut der Technischen Universität Berlin (TUB) anfertigte und die sich der Baugeschichte des zwischen 1893 und 1913 errichteten, raumgreifenden Verwaltungskomplexes der „Victoria zu Berlin, Versicherungs-Actien-Gesellschaft“ – dem Hauptwerk des Architekten – widmete. Ansonsten begegnet der Name Wilhelm Walther allenfalls in einigen architekturbezogenen lexikalischen Werken, wobei er selbst dort nicht selten mit dem für die Reichspostverwaltung tätigen „Geheimen Baurat und vortragenden Rat“ Wilhelm Walter (1850–1914) verwechselt wird.[3]

2 Vgl. Bekiers, Andreas: *Das Verwaltungsgebäude der „Victoria zu Berlin, Versicherungs-Actien-Gesellschaft“. Ein Werk des Architekten Wilhelm Walther.* Magisterarbeit am Kunsthistorischen Institut der Technischen Universität Berlin, 1975 (Maschinenschrift), S. 12f.

3 Vgl. Cullen, Michael S.: „Architektenverzeichnis“. In: Ribbe, Wolfgang/Schäche, Wolfgang (Hg.): *Baumeister – Architekten – Stadtplaner. Biographien zur baulichen Entwicklung Berlins.* Berlin 1987, S. 662

Insofern erscheint es geboten, seine Vita in dem hier zur Verhandlung stehenden inhaltlichen Zusammenhang zu rekonstruieren und damit einen völlig in Vergessenheit geratenen, herausragenden wie gleichermaßen umstrittenen Vertreter der „Wilhelminischen Architektur“ in den Kontext der Baugeschichte zurückzuholen und in seiner bewegten Geschichte als Architekt, Bauherr und Spekulant wieder greifbar zu machen.

Julius Wilhelm Walther wurde am 25. März 1857 als Sohn des Civil-Ingenieurs und Fabrikbesitzers Wilhelm Heinrich Walther[4] und seiner Ehefrau Augusta Alwina te Kloot in Köln am Rhein geboren. „Evangelisch getauft und confirmiert“[5], besuchte er nach der Gemeindeschule das Städtische Realgymnasium in der Kreuzgasse in Köln und legte dort im Juli 1876 die Reifeprüfung ab. Zum Wintersemester desselben Jahres nahm er dann an der Technischen Hochschule in Aachen (heute: RWTH Aachen) das Architekturstudium auf und wechselte schließlich nach zwei Semestern nach Berlin. Hier besuchte er zunächst die Bauakademie und nach deren Zusammenlegung mit der Gewerbeakademie die daraus hervorgegangene Technische Hochschule Charlottenburg (heute: Technische Universität Berlin). Seine Lehrer waren dort der ebenfalls aus Köln stammende Julius Raschdorff (1823–1914), der mit Friedrich Hitzig und Richard Lucae das Hauptgebäude der Technischen Hochschule entwarf und nach dessen Plänen zwischen 1892 und 1905 der monumentale Berliner Dom errichtet wurde, Hermann Ende (1829–1907), welcher – mit Wilhelm Böckmann seit 1859 assoziiert – zu den einflussreichsten und meistbeschäftigten Architekten Berlins zählte, sowie Karl Schäfer (1844–1908), der sich im Besonderen mit der Wiederherstellung historischer Gebäude auseinandersetzte und für die Renovierung des Friedrichsbaus des Heidelberger Schlosses verantwortlich zeichnete. Bevor Wilhelm Walther dann im Herbst 1880 sein Staatsexamen im Hochbaufach machte und zum Regierungsbauführer ernannt wurde, unternahm er 1879 noch eine ausgedehnte Studienreise nach Italien, die ihn auch nach Rom führte, wo er sich eingehend mit den Hinterlassenschaften der Antike sowie den Villen und Palazzi der Renaissance und des Barocks beschäftigte.

Nach erfolgreichem Abschluss seines Studiums trat Wilhelm Walther dann in den Staatsdienst ein, um sich nun auch in der praktischen Arbeit des Architekten zu bewähren. Seine erste Station war hierbei Leipzig, wo er bei Hugo Licht (1841–1923), der seit 1879 die Leitung des dortigen Hochbauamtes innehatte, von Ende 1880 bis Oktober 1881 tätig war. Licht hatte dem begabten Bau-Eleven während dieser Zeit die Projektierung und Ausführung der Camposantoanlage des neuen Johannisfriedhofs übertragen.

Der herausfordernden Arbeit in Leipzig folgte bis Herbst 1882 der obligatorische Militärdienst. Ihn absolvierte Wilhelm Walther beim Pionierbataillon 7 in Deutz, dem er bis zum Ende seines Lebens als Offizier verbunden blieb. Anschließend ging er zur Eisenbahn-Direction Köln, bei der er unter Leitung des Regierungsbaumeisters Schellen das neue Empfangsgebäude des Bahnhofs von Trier projektierte. 1883 erfolgte schließlich die Versetzung von Köln nach Trier, um dort die örtliche Bauleitung des zuvor geplanten Bahnhofempfangsgebäudes zu übernehmen. In Trier legte er nach Fertigstellung des ersten Bauabschnitts im Juni 1885 dann auch seine zweite Staatsprüfung ab und wurde zum Regierungs-Baumeister ernannt. In dieser Position blieb er noch bis zur Vollendung des aufwendigen Bahnhofsbaus in den Diensten der dortigen Eisenbahnverwaltung, ehe er zum

4 Wilhelm Heinrich Walther begründete 1872 zusammen mit dem Kaufmann Bernhard Harperath die in Köln-Kalk, später dann in Köln-Delbrück gelegene Dampfkesselfabrik Walther & Cie.

5 Handgeschriebener Lebenslauf von Julius Wilhelm Walther, der seinem Aufnahmegesuch an den Architekten-Verein zu Berlin vom 23. Mai 1884 beigelegt ist.

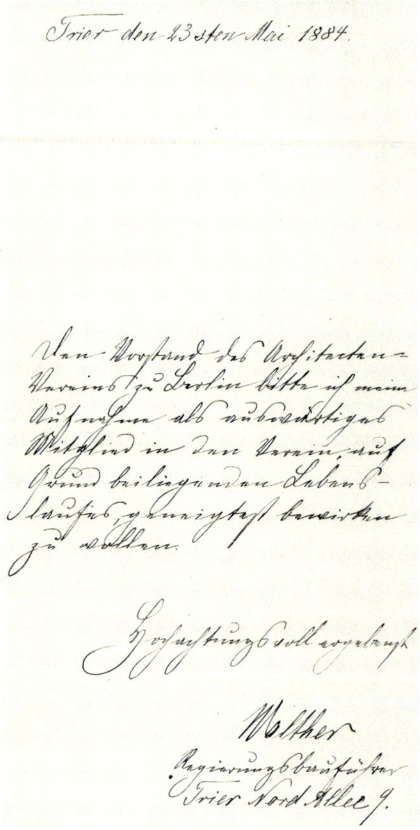

Trier den 23sten Mai 1884.

Den Vorstand des Architekten-Vereins zu Berlin bitte ich meine Aufnahme als auswärtiges Mitglied in den Verein, auf Grund beiliegenden Lebenslaufs, geneigtest bewirken zu wollen.

Hochachtungsvoll ergebenst

Walther
Regierungsbauführer
Trier Nord Allee 9.

3 Handgeschriebener Antrag Wilhelm Walthers um Aufnahme in den Architekten-Verein zu Berlin, 23. Mai 1884

4 „Wohnhaus Dr. phil. G. A. Freund" in Berlin-Mitte, Unter den Linden 69, erbaut 1889–1890

Ende des Jahres 1886 nach Köln zurückkehrte. Wie lange er sich in der Domstadt aufhielt und welcher Tätigkeit er hier nachging, lässt sich nicht mehr genau rekonstruieren. Als sicher gilt indes, dass er spätestens seit der Jahreswende 1888/89 in Berlin lebte und sich dort als Privatarchitekt niedergelassen hatte. Die Entscheidung, seinen Lebensmittelpunkt nach Berlin zu verlegen und in der prosperierenden Hauptstadt als Architekt zu arbeiten, muss sich schon in Trier vorbereitet haben, denn von dort aus stellte er in einem formellen Schreiben vom 23. Mai 1884 den Antrag, in den ehrwürdigen Architekten-Verein zu Berlin aufgenommen zu werden. Seinem Antrag wurde schließlich stattgegeben, die Aufnahme erfolgte zum 7. Juli 1884.[6] Die Mitgliedschaft im Architekten-Verein, der zu dieser Zeit wichtigsten Standesvertretung für Bauschaffende, bot nicht nur ausgezeichnete Kontakte, sondern bildete die denkbar beste Voraussetzung, um sich als Privatarchitekt im Baugeschehen der Stadt etablieren zu können. Und so verwundert es kaum, dass Wilhelm Walther schon bald nach seinem Umzug nach Berlin[7] mit einer ersten bedeutenden Bauaufgabe eines finanziell äußerst potenten Auftraggebers betraut wurde. Es galt hierbei für den Doktor der Philosophie G. A. Freund am Prachtboulevard der Stadt, der Straße Unter den Linden, ein Wohn- und Geschäftshaus zu errichten. Wilhelm Walther setzte seinen Entwurf auf dem Grundstück Nummer 69 entsprechend den eigenwilligen Wünschen des exzentrischen Bauherrn in den Jahren 1889/90 souverän um, sodass er schon zwei Jahre später von diesem mit einem weiteren Auftrag befasst werden sollte. Bei dem Folgeauftrag handelte es sich um ein aus mehreren Bauten bestehendes schlossartiges Anwesen „größten Maßstabes"[8], welches von ihm dann zwischen 1892 und 1896 an der Georg-Wilhelm-Straße 7–11 in Wilmersdorf realisiert wurde.

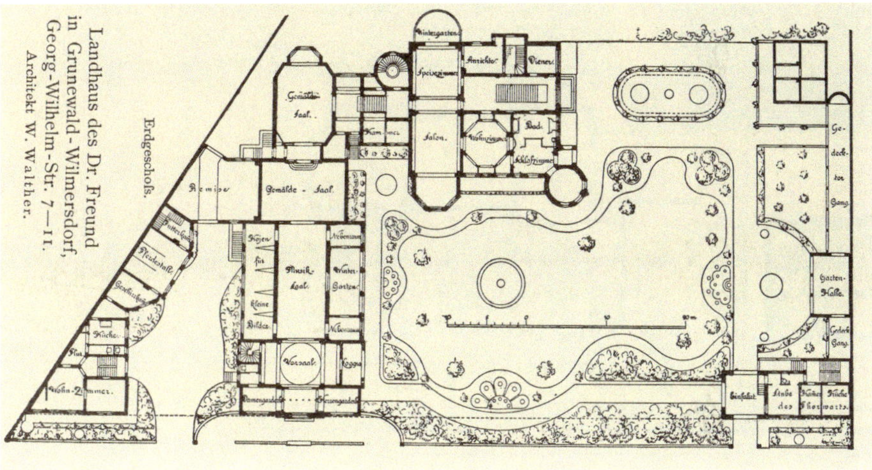

5 Lageplanausschnitt mit Erdgeschoss-Grundriss des „Landhauses Dr. phil. G. A. Freund" in Grunewald-Wilmersdorf, Georg-Wilhelm-Straße 7–11, erbaut 1892–1896

Noch bevor er sich jedoch der Bearbeitung dieses gleichermaßen anspruchsvollen zweiten Bauprojekts für Dr. Freund widmete, waren ihm zwischenzeitlich noch eine Reihe anderer Bauvorhaben anvertraut worden, die er in kürzester Zeit zu bewerkstelligen wusste. Zwei dieser Projekte sind dabei im Besonderen hervorzuheben, da sie für Wilhelm Walthers Berufsweg in unterschiedlichem Maße bestimmend wurden. So verschaffte ihm der Bau des sogenannten Kaisersaales für die Unions-Brauerei an der Hasenheide in Berlin-Kreuzberg Zugang zu Auftraggebern des Brauerei- und Gaststättengewerbes, die ihn fortan bis über die Jahrhundertwende mit einschlägigen Bauaufgaben beschäftigten, und seinem

6 Ebd., handschriftlicher Vermerk auf dem Aufnahmeantrag
7 Vgl. Bekiers, Andreas: *Das Verwaltungsgebäude der „Victoria zu Berlin"*... (wie Anm. 2), S. 4
8 *Berlin und seine Bauten*. Bearbeitet und herausgegeben vom Architekten-Verein zu Berlin und der Vereinigung Berliner Architekten, III. Bd.: Der Hochbau/Privatbauten. Berlin 1896, S. 155

6 Landhaus für den Major a.D. Paul von Neumann in Grunewald, Boothstraße 22 (später: Humboldtstraße), erbaut 1890–1891

Architekturatelier beträchtliche Honorare einbrachten.[9] Sorgten die Folgeprojekte des „Kaisersaales“damit also für solide, permanente Einnahmen, bewirkte der ebenfalls im Jahre 1890 erfolgte Auftrag, für einen gewissen Major a. D. Paul von Neumann in der Boothstraße

9 So baute Wilhelm Walther unter anderem in den Jahren 1892–95 für die Schloßbrauerei Schöneberg in der Dominicusstraße Werkstattgebäude, einen zentralen Pferdestall für 140 Pferde sowie einen Gärkeller und im Jahre 1896 für das Central-Hotel am Bahnhof Friedrichstraße, in dem sich auch der legendäre „Wintergarten“ befand, das „Restaurant zum Heidelberger“. Ihm folgten im selben Jahr die Errichtung des sogenannten Weißbierpavillons auf der Berliner Gewerbeausstellung und zwei Jahre später der Bau der Mälzerei der Schloßbrauerei Schöneberg in der Steinstraße in Lichtenrade. Kurz vor der Jahrhundertwende betraute man ihn schließlich mit dem durchgreifenden Umbau des Restaurationsbetriebs im damals berühmten Kroll'schen Etablissement (der späteren Krolloper), welches dem Reichstagsgebäude am Königsplatz gegenüberstand. Sein entwurfliches Engagement auf dem Sektor des Brauerei- und Gaststättenwesens veranlassten den Architekten-Verein zu Berlin, dessen Mitglied er war, ihn als Autor mit dem entsprechenden Unterkapitel „Bierbrauereien“ in der Ausgabe „Berlin und seine Bauten“ von 1896 zu befassen. Der Beitrag stellt im übrigen seine einzige publizistische Einlassung zu einem architektonischen Thema dar. Vgl. *Berlin und seine Bauten.* Bearbeitet und herausgegeben vom Architekten-Verein zu Berlin und der Vereinigung Berliner Architekten, I. Bd.: *Einleitendes/Ingenieurwesen.* Berlin 1896, S. 644ff.

7 Lageplan der „Villenkolonie Grunewald“ mit Parzellierung und Bebauung, 1896

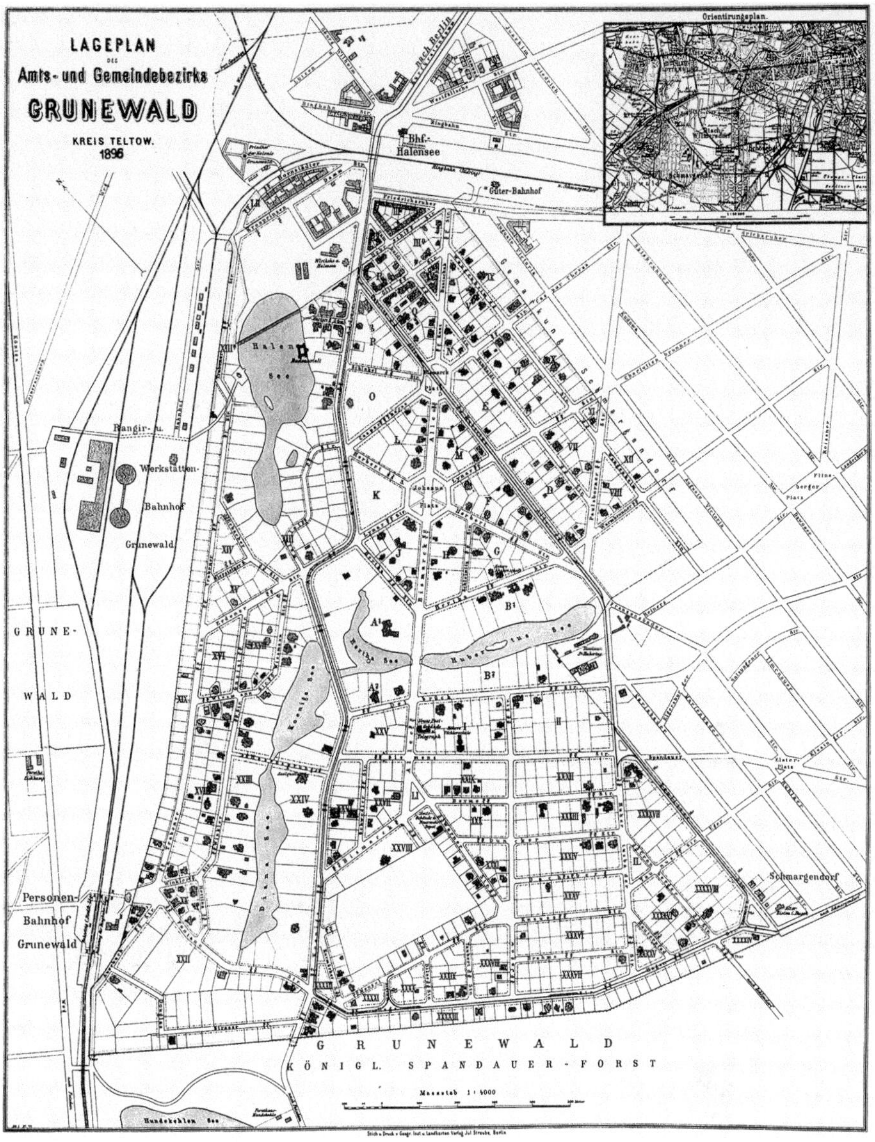

(heute: Humboldtstraße) im Grunewald ein opulentes Landhaus zu bauen, eine folgenschwere Weichenstellung für Wilhelm Walthers berufliche Tätigkeiten, die ihm in letzter Konsequenz zum Verhängnis werden sollte. Denn der Bau des Landhauses richtete seine Aufmerksamkeit auf die noch junge „Villenkolonie Grunewald“, in der die Boothstraße gelegen war und wo nach der Anlegung und dem Ausbau der Straßen sowie der Parzellierung der Bauflächen gerade erste großzügige Wohnbauten in parkartigen Gärten entstanden. Angesichts der herausragenden Lagegunst der „Kolonie“ und ihrer attraktiven Grundstücke erkannte Wilhelm Walther sehr schnell das dortige Entwicklungspotenzial und entschloss sich, parallel zu seiner Arbeit als planender sowie bauausführender Architekt hier nun auch mit Vehemenz ins einträgliche Immobiliengeschäft einzusteigen. Allzu verlockend erschien

8 Landhaus von Wilhelm Walther in Grunewald, Wissmannstraße 13 (heute: 11), erbaut 1891–1892

ihm der Gedanke, durch den Ankauf von noch unbebauten, preisgünstigen Parzellen,[10] deren spekulative Bebauung und umgehende Wiederveräußerung einen maximalen Gewinn erzielen zu können.

In der Tat war die 234 Hektar umfassende „Villenkolonie Grunewald" an der südwestlichen Peripherie von Charlottenburg in den 1890er Jahren das begehrteste Spekulationsterrain der Reichshauptstadt, das neben einer aufstrebenden bürgerlichen Klientel auch so manche zwielichtige Gestalt wie magisch anzog. Der Berliner Privatdozent Paul Voigt beschrieb in einer zeitgenössischen Studie die dortigen Verhältnisse folgendermaßen: „In der Kolonie

10 Die Kurfürstendamm-Gesellschaft, die das Gebiet der „Kolonie Grunewald" arrondiert und baufähig gemacht hatte, verkaufte den Quadratmeter Bauland zu Preisen von „anfänglich 8 Mark, später steigend, im allgemeinen mit 10 bis 17 Mark". Vgl. Voigt, Paul, zitiert in: Hegemann, Werner: *Das steinerne Berlin. Geschichte der größten Mietskasernenstadt der Welt.* Berlin/Frankfurt am Main/Wien 1963 (Nachdruck von 1930), S. 274

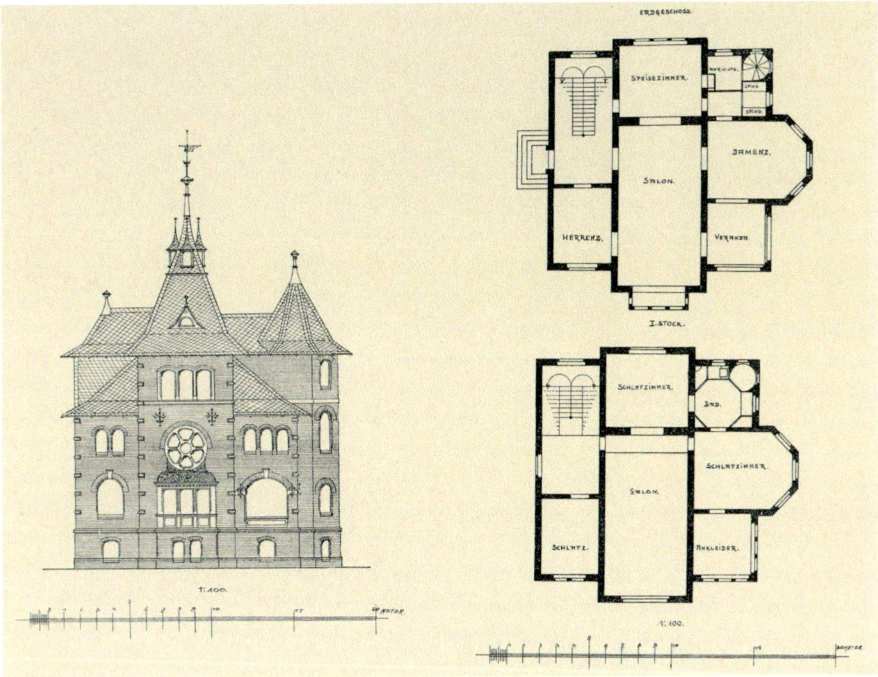

9 Landhaus von Wilhelm Walther, Wissmannstraße 13 (heute: 11), Zeichnung der Straßenfront sowie der Grundrisse des Erdgeschosses und des ersten Obergeschosses

Grunewald spekuliert jetzt beinahe alles: Es gibt hier kaum eine populärere Erwerbstätigkeit. Wenn auch gelegentlich in den Salons der Grunewaldvillen die theoretische Frage nach der ethischen Berechtigung der Terrainspekulation aufgeworfen wird, so steht doch ihre praktische Bejahung längst außer Zweifel. Der Terrainbesitz gilt als die solideste und einträglichste Sparkasse, der man seine Kapitalien zuführen kann. Angehörige aller Berufe haben eine größere oder kleinere Anzahl Baustellen zum Zwecke gewinnreicher Wiederveräußerung erworben. Neben den erwerbs- und gewohnheitsmäßigen Spekulanten haben wir hier Amateurspekulanten in selten großer Zahl, die der Terrainspekulation im Grunewald ihr eigentümliches Gepräge verleihen. Neben verschiedenen Fabrikanten, Kaufleuten und Bankiers, einzelnen Handwerkern, zahlreichen Architekten und Ingenieuren, Maurern und Zimmermeistern finden wir hier Beamte der verschiedensten Rangklassen vom Wirklichen Geheimen Oberregierungsrat bis zum Postsekretär und Hauptkassenbuchhalter. (…) Sogar einige Pfarrer haben es nicht verschmäht, sich durch den Besitz mehrerer Baustellen die Sorge für den anderen Tag in wirkungsvoller Weise zu erleichtern."[11]

Von diesem allgemein um sich greifenden Spekulationsfieber musste auch Wilhelm Walther erfasst worden sein, denn er kaufte, noch ehe das Landhaus des Majors von Neumann fertiggestellt war, für seine eigenen Zwecke das Grundstück Wissmannstraße 13 (heute: Nr. 11) sowie bis Mitte der 1890er Jahre die ebenfalls in der Wissmannstraße gelegenen unbebauten Parzellen Nr. 7, 9, 11, 20, 22 sowie Winklerstraße 1 und 16.

Auf dem für ihn selbst vorgesehenen Grundstück, welches 1891 seinen ersten Grunderwerb in der Villenkolonie Grunewald darstellte, errichtete er schließlich ein architektonisch gediegenes villenartiges Landhaus, das er nach dessen Fertigstellung schon im folgenden Jahr bezog und dort auch sein Architekturatelier einrichtete. Vordem befanden sich sowohl die Wohnung als auch das Büro von Wilhelm Walther in einem Mietshaus in der Spenerstraße 8

11 Voigt, Paul, zitiert in: Hegemann, Werner: *Das steinerne Berlin. Geschichte der größten Mietskasernenstadt der Welt.* Berlin/Frankfurt am Main/Wien 1963 (Nachdruck von 1930), S. 275

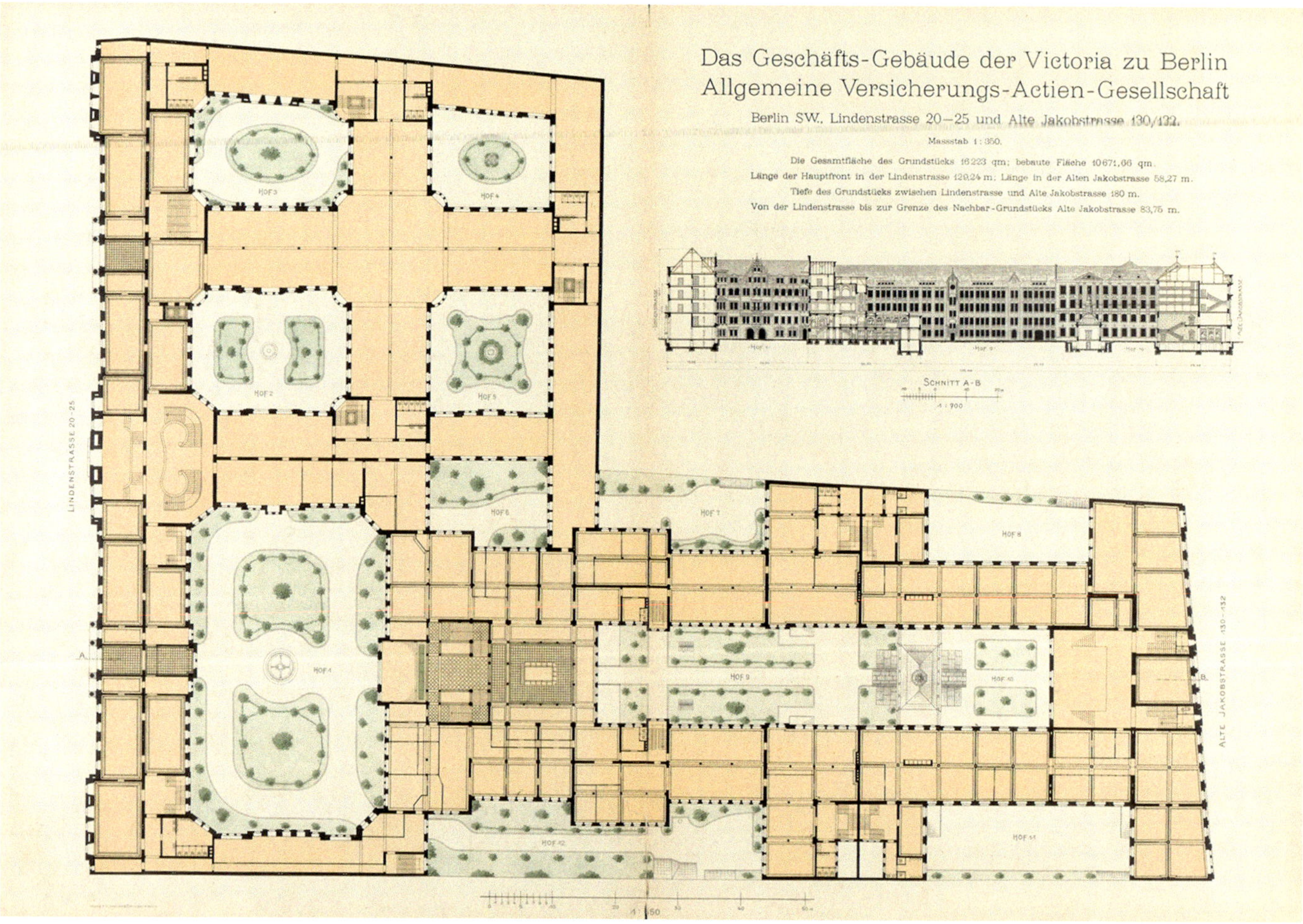

10 Die Verwaltungszentrale der „Victoria zu Berlin, Versicherungs-Actien-Gesellschaft in Berlin-Kreuzberg", erbaut in sechs Bauabschnitten zwischen 1893 und 1913

in Berlin-Moabit. Nun aber wohnte und arbeitete der lebenslang ledig gebliebene Architekt in der „Kolonie Grunewald", die bis zu seinem Tode auch sein Lebensmittelpunkt bleiben sollte. Denn die Entscheidung, dort ansässig zu werden und zu bleiben, war – neben dem Motiv, in einem ihm angemessen erscheinenden Umfeld zu leben – nicht zuletzt auch von der ökonomischen Prämisse bestimmt, hier faktisch keine nennenswerten Steuern zahlen zu müssen. In der Tat bestand einer der wesentlichen Spekulationsanreize der Villenkolonien darin, extreme Steuererlässe zu erhalten, wenn man dort seinen Wohnsitz nahm. Werner Hegemann bemerkte hierzu in seinem 1930 herausgegebenen, denkwürdigen Buch *Das steinerne Berlin – Geschichte der größten Mietskasernenstadt der Welt* mit der ihm eigenen Polemik: „Die hohen Spekulationsgewinne der Pastoren und Geheimen Räte erklärten sich zu einem wesentlichen Teil aus der Steuerhinterziehung, die einem Berliner vor dem Krieg gesetzlich erlaubt war, wenn er seinen Wohnort in einem der reichen Vororte und besonders, wenn er ihn in der ‚Kolonie' Grunewald wählte. Einer der Berichterstatter auf der Generalversammlung des Vereins für Sozialpolitik 1911 stellte fest, daß der Besitzer eines bestimmten Vermögens bei einem Umzug […] aus dem alten Berlin nach ‚Kolonie' Grunewald eine Villa im Wert von mehreren 100.000 Mark infolge der geringeren Steuern, die er in Zukunft zu zahlen hat, sozusagen ‚gratis' erwerben kann."[12]

12 Hegemann, Werner: *Das steinerne Berlin* … (wie Anm. 11), S. 275

11 „Victoria-Versicherung", erstes Gebäude für die Hauptdirektion im Bereich des 1. Hofes, erbaut 1893–1895

Vor diesem Hintergrund wurde Wilhelm Walther ab Sommer 1892 zu einem „überzeugten Grunewalder", der mit dem Bezug seines Wohn- und Atelierhauses in der Wissmannstraße 13 das für ihn „Gute mit dem Nützlichen" zu verbinden verstand. Von hier aus koordinierte und lenkte er nun seine vielfältigen geschäftlichen Aktivitäten, die im Verlauf der 1890er Jahre enorme Ausmaße annahmen. Der Fokus lag hierbei im Wesentlichen weiterhin auf dem Villen- und Landhausbau, den er in Grunewald in der stetigen Kombination von spekulativen Bauvorhaben auf eigenen Parzellen und der Entwurfsarbeit sowie Bauausführung in fremdem Auftrag bewerkstelligte. So wurden allein hier in den wenigen Jahren bis zur Jahrhundertwende auf zum Teil großzügig geschnittenen Grundstücken von ihm neun aufwendige Bauprojekte realisiert. Hinzu kamen im selben Zeitraum außerhalb des Grunewalds zwei weitere, in Größe und Ausstattung gleichermaßen anspruchsvolle Villenbauten im Tiergartenviertel, dem ältesten und gediegensten Villenviertel Berlins, sowie in der zu Charlottenburg gehörenden Villenkolonie Westend und ein mehrflügeliges Wohn- und Atelierhaus in Wilmersdorf.[13]

13 Bei den beiden Wohnbauten handelte es sich um die 1893/94 in der Rauchstraße 22 im Tiergartenviertel errichtete Villa für den Bankier Koppel sowie um ein 1895/96 entstandenes villenartiges Wohngebäude in der Lindenallee 16/Ecke Rüsternallee 9 in Westend. Das Atelier- und Wohnhaus „Zum Bieber" wurde in den Jahren 1893/94 in der Durlacher Straße 15 in Wilmersdorf erbaut. Bauherren waren die Bildhauer Carl und Richard Bieber, die Wilhelm Walther bei verschiedenen Bauvorhaben zur Fertigung von plastischem Dekor und Schmuckwerk hinzugezogen hatte. Während die Gebäudeanlage im Zweiten Weltkrieg in den oberen Etagen zerstört und in vereinfachter Form wieder aufgebaut wurde, ist das vom Architekten in Zusammenarbeit mit den Bildhauern im Erdgeschoss des Vorderhauses eingerichtete Restaurant „Bieberbau" noch erhalten und genießt Denkmalschutz. Auch das prächtige Wohnhaus im Westend ist als Baudenkmal in der Berliner Denkmalliste verzeichnet. Hingegen ist der opulente Bau Rauchstraße 22 wie das Atelier- und Wohnhaus in Wilmersdorf den Bomben des Zweiten Weltkriegs zum Opfer gefallen, seine Spuren sind restlos getilgt worden.

12 „Victoria-Versicherung", Gebäuderiegel an der Alten Jacobstraße, erbaut 1902–1904

Der mit Abstand größte Auftrag aber, der in diesem Jahr zustande kam und der Wilhelm Walther von 1893 bis 1913 kontinuierlich beschäftigen sollte, war der Bau der Verwaltungszentrale der „Victoria zu Berlin, Versicherung-Actien-Gesellschaft". In sechs Bauabschnitten errichtet, vereinnahmte der in der südlichen Friedrichstadt zwischen Lindenstraße und Alter Jacobstraße in Berlin-Kreuzberg gelegene Verwaltungskomplex im Endausbau eine Blockfläche von mehr als 16.000 Quadratmetern und umschloss mit seinen mächtigen Gebäuderiegeln dabei zwölf Innenhöfe. Alle Fassaden – auch die der Innenhöfe – waren in Naturstein ausgeführt, wobei jeder Hof über eine individuelle architektonische Gestaltung verfügte, die sich in historischer Aneignung der Motivik und strukturellen Charakteristika der großen abendländischen Stilepochen bediente. Die Straßenfassaden an der Lindenstraße mit einer Frontlänge von etwa 130 Metern und an der Alten Jacobstraße mit knapp 60 Metern zielten mit ihrem reichen plastischen Schmuckwerk und ihrer Schlössern und Stadtpalästen entlehnten Gliederung hierbei im Besonderen auf monumentale Wirkung sowie in ihrer Größe und massiven Gestalt auf stadträumliche Dominanz. Selbst die kriegsbedingt stark

13 „Victoria-Versicherung", Gebäuderiegel an der Lindenstraße, erbaut in drei Bauabschnitten 1906–1913

14 Wohn- und Geschäftshaus für Carl Nickel, Fontanestraße 2/Ecke Winkler Straße 28 in Grunewald, erbaut 1894–1895

dezimierte und nurmehr als Torso auf die Gegenwart überkommene Gebäudeanlage lässt noch heute ihre einstige architektonische Wirkungsmächtigkeit erahnen. Nicht zuletzt galt die „Victoria-Versicherung" schon zu Wilhelm Walthers Lebzeiten als dessen „Meisterwerk", das in seiner gestalterischen Vielschichtigkeit gleichsam die Quintessenz seines architektonischen Schaffens verkörperte.

Die von Walther in Grunewald realisierten Bauprojekte des Zeitraums zwischen 1893 und 1900 kennzeichnet aufgrund ihres spekulativen Charakters hingegen vor allem die gestalterische Intention, in ihrem architektonischen Duktus jeweils individuell und einzigartig zu sein, um sich von den anderen Neubauten der Kolonie deutlich abzuheben. Obschon den Gebäuden dementsprechend keine gleichermaßen identifizierbare Architektursprache zugrunde lag, an deren formalen Ausdrucksmitteln man die „Hand des Architekten" erkennen könnte, verband sie trotz signifikanter Verschiedenheit das ihnen innewohnende Prinzip des Eklektischen, wobei das Dekor von Projekt zu Projekt stetig vielschichtiger wurde. Bezogen die beiden frühen Bauten in der Boothstraße und in der Wissmannstraße ihre formale Gestalt im Wesentlichen noch aus der materialbezogenen Handwerklichkeit des Sichtmauerwerks sowie dem raumbildenden Arrangement der Bauglieder und offenbarten sich damit als exemplarische Beispiele der um 1890 für die Vororte Berlins typischen Landhausarchitektur, brachen die folgenden Bauten mit diesem Prinzip und bedienten sich stattdessen mehr und mehr des applizierten Dekors sowie des plastischen Schmuckwerkes. Nicht zuletzt schien Wilhelm Walther hierbei von der Überzeugung geleitet worden zu sein, der nach Grunewald drängenden Käuferschaft, die hier das Besondere und Außergewöhnliche suchte, damit am ehesten gerecht werden zu können.

So suchte sich Wilhelm Walther bereits mit dem 1894/95 in der Fontanestraße 2/Ecke Winklerstraße 28 für den Bauherrn Carl Nickel errichteten Wohnhaus, welches aufgrund seiner Nähe zum Bahnhof Grunewald im Souterrain über einige Ladengeschäfte verfügte sowie im Eckbereich über eine Konditorei, formal mit motivischen Akzenten von dem zu dieser Zeit in Grunewald noch üblichen Landhaustypus deutlich abzugrenzen: unter anderem wies das Haus einen gesprengten Ziergiebel und eine mit pittoresken Mansardfenstern und Turmaufbauten gegliederte Dachlandschaft auf. Und auch bei dem darauffolgenden Bauvorhaben, dem 1895 entstandenen Wohnhaus in der Kunz-Buntschuh-Straße 6, welches das kleinste seiner Grunewalder Spekulationsobjekte war, entwickelte er eine individuelle Entwurfslösung, die keinem vorgegebenen typologischen Muster entsprach. Auf einer

15 Landhaus Kunz-Buntschuh-Straße 6 in Grunewald, erbaut 1895

16 „Villa Dr. Gottfried Kemmann" in Grunewald, Wernerstraße 12, erbaut 1895

17 Villa für den Hauptmann a.D. Maximilian Hoehne in Grunewald, Bismarckallee 9, erbaut 1896

kompakten Grundrissfigur, die dem Zuschnitt der Parzelle folgte, sah er einen aufgesockelten, zweigeschossigen Putzbau mit Fachwerkerkern vor, der mit einem mehrfach gewinkelten, weit überhängenden Schieferdach überfangen wurde. Nach Fertigstellung wurde das Haus zunächst an den Grubenvorsteher und späteren Bergwerkbesitzer F. Beinhauer vermietet, dem es Wilhelm Walther kurz vor der Jahrhundertwende – nachdem der Bodenwert des Grundstücks um ein Mehrfaches gestiegen war – dann schließlich auch veräußerte.

Noch ehe die Bauarbeiten an dem Haus an der Kunz-Buntschuh-Straße beendet wurden, kam es zu einer weiteren lukrativen Beauftragung des Architekten. Hierbei galt es für den

18 Mietvillen in der Winklerstraße 1/Ecke Wissmannstraße 20/22, erbaut 1896–1897

19 Ansicht der Villa Wissmannstraße 22 in Grunewald, in der Wilhelm Walther seit 1898 wohnte und arbeitete, Aufnahme 2017

Geheimen Regierungsrat Dr. Gottfried Kemmann auf dem mehr als 1000 Quadratmeter umfassenden Grundstück Wernerstraße 12 ein Wohnhaus zu errichten, das sich in Typus und formalem Duktus an französischer Villenarchitektur orientieren sollte.[14] Auch dieser Herausforderung wusste Wilhelm Walther mit Phantasie und Kreativität zu begegnen, wobei sich sein dann noch vor Jahresfrist 1895 realisierter Entwurf für das Bauen in der prosperierenden „Kolonie" durchaus als ein Novum offenbarte und den zu dieser Zeit einsetzenden Typuswechsel vom „Landhaus im Garten" zur repräsentativen Villa markierte. Auch das ein Jahr später errichtete großzügige Wohnhaus für den Hauptmann a. D. Maximilian Hoehne in der Bismarckallee 9 entsprach sowohl in seiner Grundrissdisposition als auch im Gestus der Gebäudefigur, die selbstbewusst zur Straße ausgerichtet war, dem auf sichtbare Präsenz und Repräsentation bedachten Typus einer Villa.

In den Jahren 1896/97 kam es dann zum Bau seines bis dahin aufwendigsten Projektes in Grunewald. Auf den von ihm schon zuvor erworbenen, flächenmäßig zusammenhängenden Parzellen Winklerstraße 1 und Wissmannstraße 20/22 ließ er nach eigenen Plänen ein beeindruckendes Architekturensemble von drei nahezu gleich großen Mietvillen[15] errichten,

14 Vgl. Wohnhaus Kemmann in der Wernerstraße, in: *Centralblatt der Bauverwaltung,* 11. Jg., 1901, S. 471f.

15 Die „Mietvilla" war ein besonderes Modell des Spekulationsgeschäfts, das in der zweiten Hälfte der 1890er Jahre in den Vorortkolonien – zumal im Grunewald – aufkam und als Reflex der Immobilien- und Baubranche auf den stärker gewordenen Trend, sich hier in ortsangemessener Weise niederlassen zu wollen, gesehen werden muss. Denn da es zunehmend schwieriger und teurer geworden war, unbebaute Parzellen zu erwerben, die man noch selbst bebauen lassen konnte, stellte die „Mietvilla" für die in die Vorortkolonien drängende Klientel eine scheinbare Alternative zum Hausbau in eigener Sache dar. Ihr Konzept suchte dabei die komfortabel ausgestaltete Großwohnung auf der Etage, die zur Miete zu haben war, mit der prestigeträchtigen äußeren Form einer „Villa in der Natur" zu verbinden.

20 Wilhelm Walthers Entwurfszeichnung für das Grundstück Winklerstraße 4 in Grunewald, um 1898

welche in ihrer exponierten Gebäudekonstellation bis heute den dortigen Straßenraum dominieren. Die kontextliche Wirkung beruht vor allem auf den durchgängig weißen Oberflächen der Bauten, wobei die mit Stuckelementen modellierten Fassaden der viergeschossigen Gebäude – bestehend aus einem Sockelgeschoss, zwei gleichwertigen Obergeschossen und einem großzügig ausgebauten Dachgeschoss – dabei die Formen und Motive ihres reichen plastischen Schmuckwerkes variieren. Unmittelbar nach Fertigstellung der Gebäude und Herrichtung der sie rahmenden Gärten konnten die Obergeschosse sowie das Dachgeschoss der Häuser Winklerstraße 1 und Wissmannstraße 20 sofort vermietet werden, während im Sockelgeschoss die Wohnungen für das Personal, wie den Pförtner, den Hausmeister und den Gärtner, eingerichtet wurden. Das Haus Wissmannstraße 22 blieb hingegen für Wilhelm Walther selbst vorbehalten. Hierhin verlagerte er im Jahre 1898 sowohl seinen Wohnsitz als auch sein durch die Ausweitung seiner geschäftlichen Aktivitäten deutlich in Größe und Mitarbeiterzahl gewachsenes „Atelier für Architektur und Bauausführung“. Das nur wenige Schritte entfernte bisherige Domizil in der Wissmannstraße 13 hatte er einschließlich des auf der benachbarten Parzelle Nummer 11 befindlichen Hausgartens kurz, nachdem der Umzug vollzogen war, verkauft. Zudem veräußerte er wenig später die ihm ebenfalls gehörenden Parzellen Wissmannstraße 7, 9, 19 und 24 mit erheblichem Gewinn an zahlungskräftige Bauherren, ohne sie selbst beplant zu haben.
Für die gleichfalls zu seinem Grundbesitz zählende Parzelle Winklerstraße 4, die dem exponierten Mietvillenensemble an der Ecke zur Wissmannstraße unmittelbar gegenüberliegt, lag indes eine baufähige Planung von ihm vor, die jedoch nicht realisiert wurde. Die Gründe für das Scheitern dieses Projektes, welches Wilhelm Walther nicht zuletzt aus künstlerischen Erwägungen außerordentlich wichtig gewesen sein muss, sind nicht bekannt. Zu vermuten ist, dass es wegen der aufwendigen Entwurfsplanung mit dem potenziellen Käufer von Haus und Grundstück zu einem Streit gekommen war, in dem sich der Architekt mit seinen als

21 Doppelvilla des Eisenbahnunternehmers Carl Holmgren, Hubertusallee 31/33 in Grunewald, erbaut 1898/99

überambitioniert empfundenen Vorstellungen nicht durchzusetzen vermochte. Ein in der Zeitschrift *Berliner Architekturwelt* veröffentlichtes Schaubild[16] offenbart den manifestativen Charakter des Villenentwurfs. Er war nicht allein als zeichnerische Darstellung eines repräsentativen Wohnhauses zu verstehen, sondern – im ideellen Sinn – als bauliche Vergegenständlichung der Synthese von Natur und Architektur.

Das Scheitern des Projekts in der Winklerstraße hinderte Wilhelm Walther nicht daran, neben den außerhalb des Grunewalds laufenden Projekten auch in der „Kolonie" weiterhin aktiv zu bleiben. Und so kam es schon kurz danach zur Bearbeitung einer weiteren Bauaufgabe, mit der ihn der Eisenbahnunternehmer Carl Holmgren beauftragte. Für die Grundstücke Hubertusallee 31/33, die der Unternehmer zuvor erworben hatte, war für ihn und seine zwei Söhne eine Doppelvilla zu konzipieren. Die kleinere der beiden großzügig vorzusehenden Hauseinheiten sollte für Carl Holmgren bestimmt sein, die Größere für seine Söhne. Der Entwurf sah dementsprechend zwei zusammenhängende und in die Bauflucht gestellte Gebäude vor, die in der Geschossigkeit, der Dachausbildung und der

16 Vgl. *Berliner Architekturwelt*, 1. Jg., 1899, S. 92

22 Großvilla für Reinhard Steffens in Wilmersdorf, Kaiserallee 90/91 (heute: Bundesallee 184/185), erbaut 1900/01

Materialität aufeinander Bezug nahmen, in ihren architektonischen Ausdrucksmitteln jedoch unterschieden waren. 1898 begannen die Bauarbeiten an der Doppelvilla und folgt man den Adressbucheintragungen der „Kolonie Grunewald", müssen beide Hauseinheiten noch vor der Jahrhundertwende fertiggestellt und bezogen worden sein.

Der Aufbruch in das neue Jahrhundert war bei Wilhelm Walther neben seiner vielschichtigen Arbeit als planender Architekt von einer gezielten Ausweitung seiner Immobiliengeschäfte und Bauherrentätigkeit geprägt. Diese blieben nun nicht mehr allein auf die „Villenkolonie Grunewald" beschränkt, sondern bezogen auch zentrale Stadtbereiche von Berlin mit ein. Im Besonderen galten seine Aktivitäten dem Umfeld des Potsdamer Platzes sowie dem nördlich des Landwehrkanals gelegenen Abschnitt der Potsdamer Straße. Den Auftakt bildete allerdings ein Bauauftrag in Wilmersdorf. Für das parkartige Grundstück Kaiserallee 90/91 (heute: Bundesallee 184/185) hatte Wilhelm Walther eine hochherrschaftliche Villa zu planen. Bauherr war Reinhard Steffens, Mitgesellschafter einer Firma für Eisenkonstruktionen,

23 „Rolandhaus", Straßenansicht der Gebäudeanlage an der Potsdamer Straße, erbaut 1901/02

die zuvor bereits zu einigen Bauausführungen des Architekten hinzugezogen worden war. Der stolze und in den Materialien edle Villenbau wurde in einem Zug zwischen Juni 1900 und Oktober 1901 errichtet. Auf einer Anhöhe über der Straße gelegen, setzte er mit seinem stattlichen Volumen einen stadtraumbeherrschenden architektonischen Akzent. Bezogen auf seine dominante Erscheinung wurde dementsprechend in einer zeitgenössischen Betrachtung des Baus angemerkt, dass „die zur Verfügung gestandenen Mittel (…) jene vornehme Abmessungen [erlaubten], welche allein schon dem Gebäude das Übergewicht über die gesamte Nachbarschaft sichern mussten."[17]

In den Jahren 1901/02 kam es dann schließlich zur baulichen Umsetzung eines ersten Großprojekts in der oberen Potsdamer Straße, welches Wilhelm Walther einmal mehr als Bauherr auf eigene Rechnung durchführte. Auf den zuvor von ihm erworbenen Grundstücken Potsdamer Straße 127/28 (später: Nr. 31) ließ er nach seinen Plänen ein fünfgeschossiges Geschäftshaus erbauen. Mit dem als „Rolandhaus" bezeichneten Gebäude betrat er gleichsam

17 *Berliner Architekturwelt*, 4. Jg., 1902, S. 361f.

24 „Rolandhaus", Blick in einen der Gasträume des Groß-Cafés „Roland von Berlin", Aufnahme um 1903

typologisches Neuland, denn er hatte sich entwurflich niemals vordem mit dem Typus des großstädtischen Geschäftshauses auseinandergesetzt. Mit der mehrflügeligen, tief in den Block greifenden Gebäudeanlage, deren imposante Straßenfassade „durch zehn aus rotem Sandstein gefertigte Wandpfeiler, die durch sämtliche Geschosse führten"[18], gegliedert war, gelang ihm jedoch ein architektonisch überzeugendes Werk, welches den Charakter der Potsdamer Straße in diesem Abschnitt grundlegend und nachhaltig verändern sollte.
Der sich schnell abzeichnende wirtschaftliche Erfolg des „Rolandhauses" mit dem das Erdgeschoss und das erste Obergeschoss vereinnahmenden „Café Roland von Berlin" beflügelte Wilhelm Walther, im unmittelbaren Anschluss an dessen Fertigstellung und Vermietung ein zweites Großprojekt vergleichbarer Art in Angriff zu nehmen. So plante er für das dem ersten Geschäftshaus schräg gegenüberliegende Doppelgrundstück Potsdamer Straße 10/11 (später: Nr. 24), das er neben einigen weiteren Grundstücken im Umfeld des Potsdamer Platzes zwischenzeitlich gekauft hatte, das Geschäftshaus „Alt-Bayern". Die 1903/04 in weniger als elf Monaten errichtete fünfgeschossige Gebäudeanlage folgte dabei in strukturellem Aufbau und grundrisslicher Disposition dem Konzept, das dem „Rolandhaus" zugrunde lag, wobei es dessen Größe und Nutzfläche noch weit übertraf. So gruppierten sich die in der Tiefe der polygonalen Grundstücksfläche befindlichen Gebäudetrakte um zwei zentrale Innenhöfe und bildeten an den Parzellenrändern durch die Dichte der Überbauung noch fünf kleinere Lichthöfe aus. Die ganz in Naturstein gefasste straßenseitige Fassade des Hauptgebäudes erhielt ihre Gliederung dabei durch eine in Basaltlava ausgeführte kolossale Pfeilerstellung. Ihr achsensymmetrischer Aufbau wurde durch die sechs- bzw. achtteilig untergliederten Fensterbänder, die zwischen den Pfeilern eingespannt waren, sowie den die

18 Bekiers, Andreas: *Das Verwaltungsgebäude der „Victoria zu Berlin"* … (wie Anm. 2), S. 9

25 Geschäftshaus „Alt-Bayern", Straßenansicht der Gebäudeanlage an der Potsdamer Straße, erbaut 1903/04

26 Gebäudeanlage „Alt-Bayern", Blick in den ersten Innenhof mit dem St. Georgsbrunnen, um 1920

drei mittleren Achsen überhöhenden und mit reichem plastischem Schmuck ausgestatteten, dynamisch anmutenden Segmentgiebel signifikant zum Ausdruck gebracht. Funktional befanden sich im Erdgeschoss und im ersten Obergeschoss – vergleichbar dem „Café Roland von Berlin" – die unterschiedlichen Einrichtungen des Bierpalastes „Alt-Bayern", der dem Haus auch den Namen gab, während in den übrigen Geschossen ausschließlich Büroflächen angeordnet waren. Die Hauptattraktion des „Alt-Bayern" stellte der an Ausstattung und Größe herausragende „Minnesängersaal" dar, der von einer prächtigen Flachkuppel überwölbt wurde, die in Mosaikbildnissen eine Reihe deutscher Minnesänger zeigte, die von der berühmten Berliner Mosaikwerkstatt von Puhl & Wagner ausgeführt wurden. Sowohl der Entwurf der komplexen Gebäudeanlage als auch der reiche bildnerische Schmuck und das Interieur gingen – wie beim „Rolandhaus" – direkt auf Wilhelm Walther zurück. Er war es auch, dem die Idee und der detaillierte Entwurf für den im ersten Hof der Gebäudeanlage

27 Bierpalast in der Gebäudeanlage „Alt-Bayern", Blick in den „Minnesängersaal"

aufgestellten St.-Georgsbrunnen zuzuschreiben ist, den man neben einigen Mosaikarbeiten des „Minnesängersaals" aus der teilzerstörten, aber aufbaufähigen Gebäudeanlage, die Mitte der 1970er Jahre zugunsten der Westtangente abgerissen wurde, geborgen und vor der Zerstörung bewahrt hatte.[19]

Schon vor der Errichtung des Geschäftshauses „Alt-Bayern" waren nach Plänen Wilhelm Walthers in den Jahren 1902/03 zwei weitere Mietvillen in der bis dahin noch wenig bebauten Trabener Straße in der „Villenkolonie Grunewald" entstanden. Der Zeitpunkt hatte sich als außerordentlich günstig erwiesen, nun auch seine dort an der Bahntrasse gelegenen Parzellen zu verwerten, denn der massive „Zug in den Grunewald" hielt nach wie vor an. Und so gerieten angesichts des immer knapper werdenden Angebots unbebauter Grundstücke auch Randlagen wie die an der Trabener Straße in den Fokus von Spekulationsinteressen und wirtschaftlichen Begehrlichkeiten.

Die beiden auf den Grundstücken Trabener Straße 21 bis 25 nebeneinander errichteten, nahezu identischen Mietvillen sind in ihrer bis heute weitgehend in der Originalsubstanz bewahrten schlossartigen Anmut und dekorativen Opulenz dabei als typische Wilhelm-Walther-Bauten zu begreifen. „Breitgelagert von der Straße zurückversetzt präsentieren sie sich in [...] reichem Stuckgewand. [...] Auffallend an den mit einem Sockelgeschoss, zwei

19 Die monumentale Brunnenanlage befindet sich heute in Charlottenburg. Sie wurde 1980 auf dem zwischen Giesebrechtstraße und Mommsenstraße gelegenen Hindemithplatz aufgestellt. Die geborgenen Mosaikbildnisse des Minnesängersaals sind 1978 in den Verteilerbereichen des U-Bahnhofs Richard-Wagner-Platz angebracht worden.

28 Lageplan der „Villenkolonie Grunewald“, Bebauungszustand von 1904

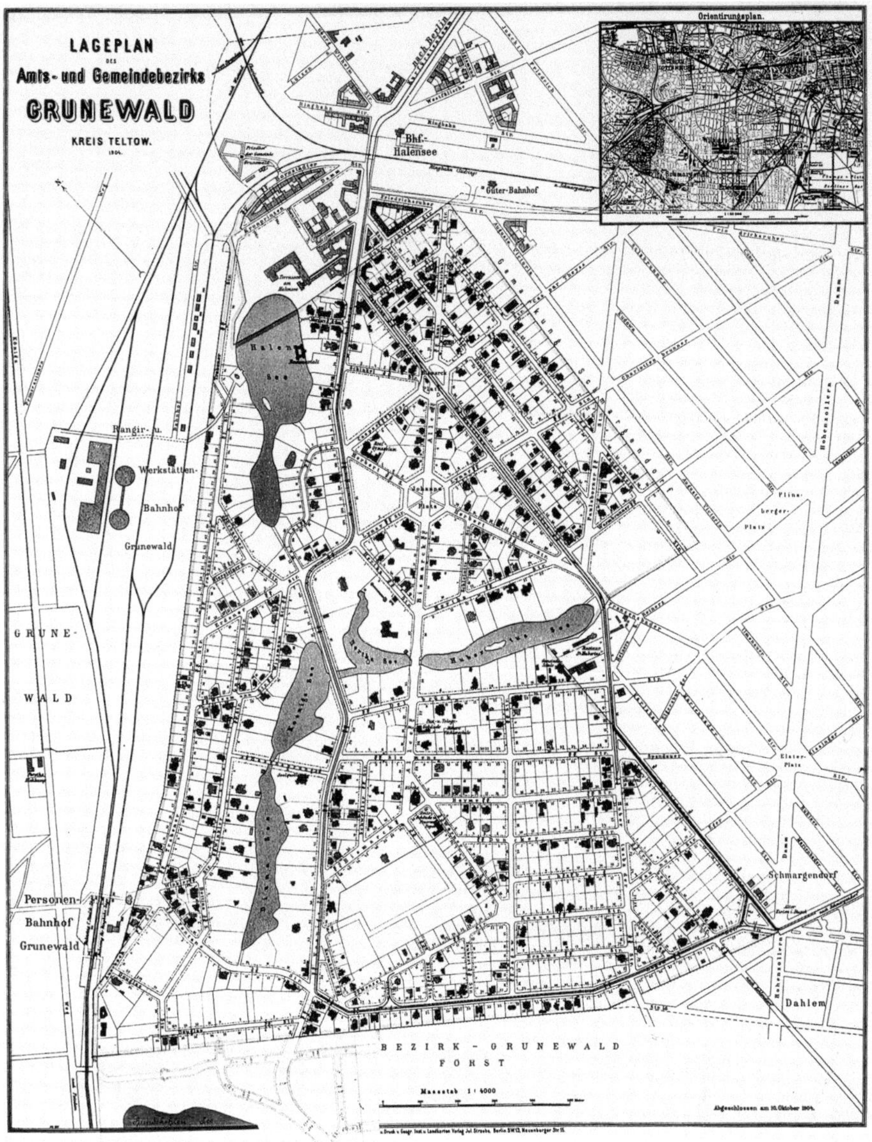

gleichwertigen Ober- und einem Mansardgeschoss ausgestatteten Wohnhäusern ist die starke Durchfensterung der beiden Hauptgeschosse, die eher an zeitgenössische Prunkhotels als an Wohnhäuser erinnern. [...] Der Wohnungszuschnitt war selbst für Grunewalder Verhältnisse ungewöhnlich großzügig. Pro Etage gab es nur zwei Wohnungen, deren je vier Wohn- und Schlafräume der Straße, die untergeordneten Räumlichkeiten dem Bahngelände zugewandt waren. Dazwischen lagen, lediglich durch eine Säulenstellung getrennt, Saal und Diele mit einer Gesamtgröße von 65 Quadratmetern.“[20]

Zeitlich nahezu parallel zu den Bauvorhaben in der Trabener Straße wurde 1902 von Wilhelm Walther auf dem Grundstück Wissmannstraße 7 zudem eine hochherrschaftliche Villa für den Bankdirektor und nachmaligen Gutsbesitzer Ludwig Roland-Lücke geplant und

20 Senatsverwaltung für Stadtentwicklung und Umweltschutz Berlin (Hg.): *Baudenkmale in Berlin. Bezirk Wilmersdorf, Ortsteil Grunewald.* Denkmaltopographie Bundesrepublik Deutschland. Berlin 1993, S. 140

29 Mietvilla Trabener Straße 25, Ansicht der Straßenfront, erbaut 1902/03

30 Villa für den Bankdirektor und nachmaligen Gutsbesitzer Ludwig Roland-Lücke, erbaut 1902/03

gebaut, wobei sich sowohl das Baugrundstück als auch die als Garten genutzte Nachbarparzelle Wissmannstraße 9, wie schon erwähnt, noch bis kurz vor der Jahrhundertwende in seinem Besitz befunden hatten. Der heute nicht mehr existente Villenbau verfügte über ein Sockelgeschoss, ein Hauptgeschoss sowie ein großzügig ausgebautes Mansardgeschoss. Sein achsensymmetrischer Aufbau wurde an der straßenseitigen Fassade durch einen über alle Geschosse führenden, kräftig herausgezogenen Mittelrisalit akzentuiert, der im Hauptgeschoss eine offene, balkonartige Loggia ausbildete, die von einer mit zwei Karyatiden geschmückten Mansarde bekrönt war.

Der Bau der Villa Wissmannstraße 9 sollte dann für mehr als zehn Jahre das letzte Projekt bleiben, welches Wilhelm Walther in Grunewald durchführte. Denn nach Abwicklung der

31 Geschäftshaus Köthener Straße 32 in Berlin-Kreuzberg, erbaut 1907/08

bis Anfang 1904 andauernden Arbeiten für das auf eigene Rechnung realisierte Geschäftshaus „Alt-Bayern“ in der Potsdamer Straße konzentrierte sich seine Tätigkeit in den folgenden Jahren nun ausschließlich auf Bauaufgaben, die man ihm als Architekt in Auftrag gab, wobei drei im Besonderen hervorzuheben sind. So entstand in den Jahren 1905/06 nach seinen Plänen der in seinen Dimensionen beeindruckende Fabrikkomplex der Deutschen Gasglühlicht AG (später: Osram) an der Ehrenbergstraße in Friedrichshain. Und schon zwei Jahre später konnte in Kreuzberg das ebenfalls von ihm konzipierte Geschäftshaus Köthener Straße 32 fertiggestellt werden. Ihm folgte schließlich 1909/10 der Bau der Verwaltungszentrale der Wohlfahrt G.m.b.H. an der Straße am Karlsbad 13 in Tiergarten.

32 Verwaltungsgebäude der Wohlfahrt G.m.b.H. in Berlin-Tiergarten, Am Karlsbad 13, erbaut 1909/10

Erst 1912 ist Wilhelm Walther wieder als Bauherr in eigener Sache in der „Kolonie Grunewald“ tätig geworden. Auf den ihm gehörenden Grundstücken Trabener Straße 27/27a ließ er in unmittelbarer räumlicher Beziehung zu seinen opulenten Mietvillen von 1902/03 ein stattliches Doppelwohnhaus errichten, welches deren Viergeschossigkeit und die damit verbundene Gliederung in ein Sockelgeschoss, zwei Hauptgeschosse und ein Dachgeschoss übernahm, sich ansonsten aber in seiner vergleichsweise sachlich-zurückhaltenden Fassadengestaltung deutlich von diesen abhob.

Markierte der Bau des Doppelhauses in der Trabener Straße den Wiedereinstieg in das auf Spekulation ausgerichtete Bauherrengeschäft, stellte das anschließende Projekt in jeder Beziehung die bis dahin größte Herausforderung dar, der sich Wilhelm Walther im Rahmen seiner vielschichtigen Aktivitäten in der „Villenkolonie Grunewald“ ausgesetzt sah. Denn es galt, für ein Mitglied der russischen Zarenfamilie ein seinem gesellschaftlichen Stand gemäßes Domizil zu schaffen. Und er nahm sich der ambitionierten Aufgabe mit seiner ganzen

33 Doppelwohnhaus Trabener Straße 27/27a, Blick gegen die Haushälfte Trabener Straße 27, erbaut 1912/13

Kraft und Entschlossenheit an. In dem sicheren Gefühl, eine hochgestellte Persönlichkeit zum Klienten zu haben, ging er ins volle finanzielle Risiko und erwarb für den vorzusehenden Bau ein weiträumiges Grundstück in bester Lage. Schon kurze Zeit später begannen auf dem zwischen Herthasee und Delbrückstraße gelegenen Doppelgrundstück Koenigsallee 20/20a die Bauarbeiten an der in Größe und Ausstattung allenfalls mit Schlossanlagen zu vergleichenden Großvilla mit einem auch für Grunewalder Verhältnisse alle Maßstäbe sprengenden Raumprogramm. Bis zum Sommer 1914 konnte die mächtige Gebäudeanlage einschließlich des Gartens dann in ihrem inneren Aufbau und ihrer äußeren Gestalt

34 Großvilla Koenigsallee 20/20a, Ansicht von der Koenigsallee, Aufnahme um 1993

fertiggestellt werden. Allein die repräsentativen Raumfolgen im Hauptgeschoss waren in Teilen noch nicht ausgebaut und mit dem vorgesehenen wandfesten Interieur ausgestattet, als es zu einer Bauunterbrechung kam, da Wilhelm Walther bei Ausbruch des Ersten Weltkriegs zu den Garde-Landwehr-Pionieren an die Front beordert wurde. Durch seinen Kriegseinsatz, der wahrscheinlich bis weit in das Jahr 1916 andauerte, konnte er nur noch in sehr eingeschränktem Maße seinen vielfältigen geschäftlichen Aufgaben nachkommen und geriet so in arge wirtschaftliche Schwierigkeiten. Zudem waren kriegsbedingt einige Auslandsaufträge, wie der Bau eines Schlosses in Bulgarien, in dessen Planung er bereits große Summen investiert hatte, weggebrochen.[21] Die Lage spitzte sich dann zum Jahreswechsel 1916/17 in dramatischer Weise zu, da seitens des zukünftigen Nutzers der Großvilla die erwarteten Zahlungen zum Ausgleich der erheblichen finanziellen Vorleistungen ausgeblieben waren und die Gläubiger Wilhelm Walther massiv zur Rückzahlung der hierfür in Anspruch genommenen Kredite drängten. Die durch seine Spekulationsgeschäfte verursachten Schulden hatten inzwischen eine Größenordnung in Millionenhöhe erreicht und ihn in

21 Vgl. Bekiers, Andreas: *Das Verwaltungsgebäude der „Victoria zu Berlin"* … (wie Anm. 2), S. 12

35 Großvilla Koenigsallee 20/20a, Ansicht der Gartenseite, erbaut 1912–1919

den wirtschaftlichen Ruin getrieben. Im Angesicht dieser scheinbar ausweglosen Lage nahm er sich am 6. Februar 1917, kurz vor Vollendung seines 60. Lebensjahres, in dem baulich unvollendet gebliebenen Ballsaal seines letzten Bauwerkes in der Koengisallee das Leben, indem er sich erschoss.

36 Großvilla Koenigsallee 20/20a, Blick gegen das von Wilhelm Walther im Hinblick auf den potenziellen Nutzer gestaltete Wappenschild des zaristischen Doppeladlers mit Krone, Schwert und Reichsapfel am Balkon über der rückwärtigen Terrasse, Aufnahme 2017

„Ich habe eine aufrichtige und innige Liebe zu meinem Berlin. Ob ich jemals die Erfolge erzielt hätte, die mir mein Leben gegeben hat, wenn ich nicht mein Berliner Gemüt, meinen Berliner Humor, mein sonniges Elternhaus und meine Häuslichkeit gehabt hätte, das weiß ich nicht. Was ich geleistet habe und was ich nicht geleistet habe und was ich geworden bin, das danke ich in erster Linie der Heimat, die ich in Berlin gefunden habe."

(Georg Haberland: *Aus meinem Leben*, 1931)

„KÖNIG DER BERLINER BAUSPEKULANTEN“ GEORG HABERLAND (1861–1933)

1 Georg Haberland (1861–1933)

Ganz ohne Frage zählte Georg Haberland zu den herausragenden Protagonisten des Berliner Baugeschehens in den prosperierenden Jahrzehnten vor und nach der Jahrhundertwende. Als Generaldirektor der von seinem Vater, Salomon Haberland (1836–1914), gegründeten Berlinischen Boden-Gesellschaft (BBG) hatte er auf dem Bausektor – zumal im Wohnungsbau – Enormes bewegt und damit einen bedeutenden Beitrag zur Entwicklung der Stadt geleistet, als sie mit Vehemenz zur Weltstadt gedieh. Schon bald nach 1900 galt er deshalb als der „König der Berliner Bauspekulanten“, was er jedoch weit von sich wies, da er sich nicht als ein solcher begriff. Wie kaum ein anderer in dieser von Aufbruchsstimmung und dynamischem Unternehmergeist erfüllten Zeit schuf er die planerischen, baulichen und infrastrukturellen Voraussetzungen für die Entstehung ganzer Stadtteile und sorgte für deren systematische Bebauung.

Deshalb verwundert es kaum, dass ihm noch während seiner aktiven Zeiten der mehr als 40-jährigen unermüdlichen Tätigkeit für die BBG die ansonsten kritische Berliner Presse anlässlich seines 70. Geburtstages im Jahre 1931 nicht nur die üblichen, wohlmeinenden Glückwünsche aussprach, sondern in ausführlichen Beiträgen seine großen Verdienste in der Wohnungsversorgung hervorhob und sein nachhaltiges Wirken für die städtebauliche Entwicklung der deutschen Hauptstadt würdigte. Denn in der Tat vermochte er mit seinen raumgreifenden Großprojekten sowohl im Städtebau als auch in der Architektur neue Maßstäbe zu setzen, die in ihrer Zeit als beispielhaft und vorbildlich angesehen wurden. Er prägte damit vor allem den neuen westlichen Stadtgebieten seinen spezifischen baulichen Stempel auf, wobei die signifikanten Spuren seines kaum überschaubaren Schaffens noch bis heute im städtischen Aufriss wahrnehmbar sind. Dementsprechend waren die Beschreibungen der Leistungen Haberlands mit etlichen Superlativen versehen, indem man ihn, den „Kgl. Preußischen Kommerzienrat“, unter anderem als den „Pionier des westlichen Berlins“ bezeichnete, beziehungsweise als den „wohl bekanntesten Grundstücksfachmann der Stadt“ sowie als den Bauunternehmer herausstellte, unter dessen „Leitung [...] ganze Stadtteile aus dem Boden [wuchsen]“ und der mit der Gartenstadt rings um den Rüdesheimer Platz in Wilmersdorf „einen der schönsten Stadtteile Berlins“ Realität werden ließ.[1]

1 Vgl. „Chronik von 1931“. In: Christoffel, Udo (Hg.): *Berlin-Wilmersdorf. Die Jahre 1920 bis 1945.* Berlin 1985, S. 239f.

Die Entwickelung des bayerischen Viertels

mit
besonderer Beleuchtung
der letzten kommunalen
Vorgänge in Schöneberg

Von

Georg Haberland

Königl. Bibliothek Berlin

Berlin 1909
Druck von Paß & Garleb G. m. b. H.

2 Georg Haberland, Titelblatt der Publikation *Die Entwicklung des bayerischen Viertels mit besonderer Beleuchtung der letzten kommunalen Vorgänge in Schöneberg,* Berlin 1909

3 Salomon Haberland (1836–1914)

Seine mutigen und wirtschaftlich wohldurchdachten geschäftlichen Aktivitäten auf dem Immobilien- und Bausektor gingen dabei stets mit einem gleichermaßen von Überzeugung und Leidenschaft getragenen gesellschaftspolitischen Engagement einher. Als einflussreicher Unternehmer und anerkannter Fachmann des Terraingeschafts sowie der Baubranche war er dementsprechend auch auf verschiedenen Ebenen in der Kommunalpolitik tätig,[2] wo man ihn seitens der Stadt- und Kommunalverwaltungen bei spezifischen Fragestellungen zum Wohnungsbau und der Stadtentwicklung gleichermaßen als kompetenten Ansprechpartner schätzte. Hier wie dort trat Georg Haberland, der keiner Partei angehörte, als „freisinniger Individualist" mit gewichtiger Stimme dabei stets für die Belange des im Terrain- und Baugeschäft tätigen Unternehmertums ein. Und dies tat er in Wort und in Schrift. Denn seinen über Jahrzehnte währenden Karriereweg kennzeichnete neben der politischen Arbeit in den Stadt- und Kommunalversammlungen sowie dem unternehmerischen Wirken in Interessensverbänden und entsprechenden Vereinigungen ein umfangreiches publizistisches Werk, in dem er zu allen wesentlichen Aspekten der Immobilienwirtschaft, der Terrainentwicklung, des Wohnungsbaus und der Wohnungsversorgung sowie des damit verbundenen Kredit-, Zins- und Steuerwesens in dezidierter Form Stellung bezog.[3] Die Triebkräfte waren hierbei auf allen Feldern seines komplexen Handelns das wirtschaftliche Interesse eines freien Unternehmergeistes und der damit verbundene geschäftliche Erfolg. Die brennenden sozialen Fragen, die sich in dieser Zeit mit der Schaffung von Wohnraum verbanden, nahm er aufmerksam zur Kenntnis, sie schienen jedoch für ihn nur eine nachgeordnete Rolle zu spielen.

Vor diesem Hintergrund stellt sich angesichts der Tatsache, dass dieser bedeutende Bauunternehmer aus dem kollektiven Gedächtnis Berlins faktisch ausgeblendet ist und nur noch sehr wenige Kenner der Stadtgeschichte den historisch bedeutungslosen Haberlandweg[4] im entlegenen Staaken in Berlin-Spandau – dem einzigen Ort in der Stadt, an dem sein Name in Erinnerung gerufen wird – mit Georg Haberland inhaltlich in Verbindung zu bringen wissen, die berechtigte Frage, was seinen beruflichen Lebensweg bestimmte und seine einstmalige, große Bedeutung für die baulich-räumliche Entwicklung der Stadt ausmachte. Wer also war dieser Mann?

2 Georg Haberland war unter anderem Gründer des Bezirksvereins der Berliner Ortsteile, mit dem er in Zusammenarbeit mit dem Haus- und Grundbesitzerverein Schöneberg in den ersten Jahren nach 1900 maßgeblich Einfluss auf die Schöneberger Kommunalpolitik nahm. Des Weiteren saß er bis 1910 als Mandatsträger in der Berliner Stadtverordnetenversammlung und danach in der Gemeindevertretung von Wilmersdorf. Seit 1911 gehörte er als Vertreter des Kreises Teltow der Delegiertenversammlung des Zweckverbandes von Groß-Berlin an.
Als Unternehmer war er bereits seit 1901 Mitglied der „Gesellschaft der Freunde", einer jüdischen Vereinigung der Berliner Wirtschafts- und Finanzelite, der unter anderem auch Max Liebermann, Gerson Bleichröder sowie Emil und Walter Rathenau angehörten. Schließlich galt er als eines der prominentesten Mitglieder des 1912 gegründeten „Verbandes zum Schutze des deutschen Grundbesitzes und Realkredits".

3 Georg Haberland publizierte unter anderem folgende Schriften: *Groß Berlin. Ein Beitrag zur Eingemeindungsfrage* (Berlin 1904), *Die Wertzuwachssteuer. Kritische Betrachtungen* (Berlin 1910), *Der Einfluß des Privatkapitals auf die bauliche Entwicklung Groß-Berlins* (Berlin 1913), *Wie kommen wir aus der Wohnungsnot heraus? Ein dringender Appell an die Reichs- und Staatsregierung* (Berlin 1919), *Die Geschichte der Berlinischen Boden-Gesellschaft* (Berlin 1921) sowie *40 Jahre Berlinische Boden-Gesellschaft. Ein Bild der Groß-Berliner Wohnungsversorgung und die Tätigkeit der Gesellschaft vor, während und nach der Kriegszeit, 1890–1930* (Berlin 1930).

4 Der in Staaken befindliche Haberlandweg erhielt am 1. August 1965 seinen Namen. Er verläuft zwischen sbütteler Damm und der Südekumzeile und ist Georg Haberland gewidmet. Hingegen wurde die im Bayerischen Viertel in Schöneberg gelegene Haberlandstraße bereits 1906 nach seinem Vater Salomon Haberland benannt. 1938 erfolgte ihre Umbenennung durch die Nationalsozialisten. Ein Teil der Straße hieß fortan Nördlinger Straße, der andere Teil Treuchtlinger Straße. Erst 1996 kam es schließlich zur Rückbenennung des Nördlinger Straße genannten Straßenabschnitts in Haberlandstraße.

Georg Haberland wurde am 14. August 1861 als Sohn des Textilkaufmanns Salomon Haberland (1836–1914) und seiner Frau Olga in Wittstock an der Dosse (Brandenburg) geboren, wo die Eltern gemeinsam eine Werkstatt für Tuchwaren betrieben. Die Tuchherstellung ergänzten sie im Jahr der Geburt ihres Sohnes um ein Manufakturwarengeschäft, in dem vornehmlich die selbst produzierten Tuchwaren beziehungsweise Rahmentücher verkauft wurden. Der sich schon sehr bald einstellende geschäftliche Erfolg bewog die Haberlands schließlich 1866 nach Berlin zu ziehen, das sich zu diesem Zeitpunkt schon im frühen wirtschaftlichen „Gründerfieber" befand und dementsprechend unzählige Menschen aus den

4 Firmensignet der Berlinischen Boden-Gesellschaft (BBG)

5 Georg Haberland, Aufnahme anlässlich seines 70. Geburtstags am 14. August 1931

Provinzen anzog. So kam Sohn Georg schon im zarten Kindesalter von fünf Jahren mit seinen Eltern in die „große Stadt", die für ihn zum Lebensmittelpunkt wurde und zu deren metropolitaner Entwicklung er bis zu seinem Lebensende einen entscheidenden Beitrag leisten sollte.

Die Familie zog zunächst an den Grünen Weg Nummer 9 (heute: Singerstraße, im Abschnitt, der zu Berlin-Mitte gehört), wo der Vater mit einem Kompagnon namens Schwendy eine kleine Schal- und Tücherfabrik eröffnete, ehe er in bester Lage am Neuen Markt, mit Blick auf die Marienkirche, ein Textilgeschäft einrichtete und dort auch mit der Familie für einen längeren Zeitabschnitt wohnhaft war.[5] Hier wuchs Sohn Georg in einem wohlbehüteten Elternhaus auf und verbrachte seine Schulzeit. Der allgemeinbildenden Schule folgte schließlich eine gründliche und solide kaufmännische Lehre, die er, dem väterlichen Vorbild entsprechend, in der Textilbranche absolvierte. Ihr schloss sich dann eine weiterführende Ausbildung an der damals angesehenen Web- und Handelsschule in Meerane (Sachsen) an. Dort konnte er seine während der kaufmännischen Lehre in Berlin

5 Vgl. Haberland, Georg: *Aus meinem Leben. Zur Vollendung des 70.Lebensjahres. Für meine Freunde und Bekannten.* O.O. (Berlin), o. J. (1931), S. 195. Haberland gibt hier die Adresse mit Papenstraße 9 an. Sie führte von der Klosterstraße bis zur Spandauer Straße. Ihr heutiger Name ist Karl-Liebknecht-Straße.

6 Verwaltungsgebäude der Berlinischen Boden-Gesellschaft (BBG) in der Mohrenstraße/Ecke Charlottenstraße in Berlin-Mitte, erbaut nach Plänen von Wilhelm Cremer und Richard Wolffenstein, 1906/07

angeeigneten Kenntnisse im Textilgeschäft, in dem er seine berufliche Perspektive sah, trefflich vertiefen.

Bereits Ende der 1870er Jahre drängte es ihn dann in die berufliche Praxis. Er wollte nun endlich eigene geschäftliche Erfahrungen machen und bekam mit Hilfe des Vaters eine gut dotierte Anstellung bei einem nicht mehr näher bekannten (deutschen) Textilhandelshaus, welches unter anderem auch im mittelenglischen Bradford ansässig war. Als Handelsvertreter des Bradforder Unternehmens bewegte sich Georg Haberland damit von Beginn seiner Tätigkeit an auf internationalem Terrain. Denn er bereiste in den folgenden acht Jahren die Niederlande, Belgien, Dänemark, Norwegen, Schweden und die Schweiz sowie ab Mitte der 1880er Jahre vornehmlich Italien. Im Zuge seiner intensiven Reiseaktivitäten konnte er auf den unterschiedlichsten Ebenen des Textilgeschäftes weitere fachliche Kenntnisse erwerben und reiche Erfahrungen sammeln sowie darüber hinaus sein „welt- und sprachgewandtes Talent" entdecken und zielgerichtet entwickeln, was ihm in den späteren Zeiten als Immobilien- und Bauunternehmer dann von großem Nutzen sein sollte.

Als Georg Haberland am Ende der 1880er Jahre nach Berlin zurückkehrte, um in den väterlichen Betrieb einzutreten, hatten sich dessen Geschäfte inzwischen jedoch grundlegend verändert. Nun war es nicht mehr der ihm bestens vertraute Handel mit Textilien und Tuchwaren, mit dem sich der Vater beschäftigte und Geld verdiente, sondern das in diesen wirtschaftlichen Aufbruchsjahren umso einträglicher gewordene Terraingeschäft.

Denn Salomon Haberland hatte sein mit dem gewinnbringenden Textilhandel während der 1870er Jahre erwirtschaftetes Vermögen bereits 1880 in großem Maßstab in das Geschäft mit Immobilien investiert, das während dieser Zeit in der expandierenden Hauptstadt des Reiches geradezu boomte. In kluger Voraussicht der damit verbundenen Möglichkeiten hatte er entschlossen die Branche gewechselt und somit ohne Scheu geschäftliches „Neuland" betreten. Und auch der Sohn erkannte wie der umsichtige und vorausschauende Vater sehr schnell die Zeichen der Zeit und die mit dem Terrain- und Baugeschäft verbundenen Chancen und Perspektiven. In Konsequenz dieser Erkenntnis begann er deshalb gleichsam von einem Tag zum anderen sich mit den technischen wie kaufmännischen Instrumentarien der komplexen Arbeitsfelder der Baubranche sowie des Grundstückgeschäfts intensiv auseinanderzusetzen, indem er in verschiedenen Architektur- und Ingenieurbüros sowie Bauunternehmen volontierte. Vor allem seine Tätigkeit in dem damals florierenden Architekturbüro Enders & Hahn, das wegen seines speziellen Engagements im Wohnungsbau in Branchenkreisen auch als die „Grundrissfabrik" Bekanntheit erlangt hatte, führte ihn an alle wesentlichen Arbeitsebenen des Planens und Bauens sowie des Baubetriebs heran und verschaffte ihm ein umfangreiches Fachwissen. Haberland selbst beschrieb in dem von ihm 1931 herausgegebenen biografischen Rückblick auf sein Leben das bis zu Beginn der 1890er Jahre währende Volontariat bei Enders & Hahn wie folgt: „Treu und brav ging ich jeden Morgen zu der Architekturfirma Enders & Hahn (...), und habe versucht, dort die [Grundlagen] des Baugeschäfts zu erlangen. Ich habe an der Anfertigung von Grundrissen und Baubeschreibungen mitgearbeitet und noch als Direktor der Berlinischen Boden-Gesellschaft meine Tätigkeit bei Enders & Hahn fortgesetzt. Um 6 Uhr früh war ich Lehrling, um 9 Uhr vormittags Direktor. Mein eigentlicher Lehrmeister aber war mein Vater."[6]
Hatte sich Georg Haberland also durch seine einschlägigen Volontariate die grundlegenden Kenntnisse des Immobilien- und Baugeschäfts angeeignet, war es in der Tat der Vater, der ihn in die konkrete Zusammenhänge seines während der 1880er Jahre entwickelten Geschäftsmodells einführte und mit jedem damit verbundenen Arbeitsschritt vertraut machte. Denn seine spezielle Art, das Terraingeschäft zu betreiben, unterschied sich schon sehr bald deutlich von der anderer Immobilienspekulanten, deren Ziel allein darin bestand, das „schnelle Geld" zu realisieren. Salomon Haberland hingegen setzte mit zunehmender Berufspraxis auf ein planmäßiges, kontextliches Vorgehen, was unter anderem auch darauf abstellte, seine Klientel an dem finanziellen Erfolg seiner immensen Geschäfte teilhaben zu lassen. Den seit Ende der 1880er Jahre von ihm nun vornehmlich auf die westlichen Entwicklungsgebiete Berlins ausgerichteten Aktivitäten lag hierbei der zentrale Anspruch zugrunde, nicht nur Grund und Boden zu erwerben, ihn zu Bauland zu entwickeln und mit möglichst maximalem Gewinn weiterzuverkaufen, sondern ihn systematisch zu erschließen, zu parzellieren und baufähig zu machen, um die Grundstücke dann an möglichst viele Einzelbauherren zu veräußern. Er erblickte, wie es sein Sohn Georg Haberland in seinen *Erinnerungen* festhielt, „in der planmäßigen Aufschließung von Geländen, in der Schaffung baureifer Baustellen, ihrer Veräußerung unter Gewährung von Baugeldkrediten direkt an den Baugewerbetreibenden eine wirtschaftlich notwendige Aufgabe. Er war der Überzeugung, daß eine solide und kapitalkräftige Gesellschaft, welche die Geländeerschließung in dieser Weise betreibt, zu großer Bedeutung gelangen müßte."[7]

6 Haberland, Georg: *Aus meinem Leben* ... (wie Anm. 5), S. 43
7 Ebd., S. 43f.

7 Verwaltungsgebäude der BBG, Blick in den Sitzungssaal, Aufnahme 1917

Das in dieser gesamtheitlichen Form von Salomon Haberland sukzessive entwickelte, auf verschiedenen Ebenen stetig inhaltlich verfeinerte und erfolgreich erprobte Geschäftsmodell diente schließlich gleichsam als konzeptionelle Blaupause für die dann von ihm zusammen mit dem Hamburger Kaufmann Arthur Booth und dem Berliner Bankunternehmen Delbrück, Leo & Co. im Februar 1890 gegründete Berlinische Boden-Gesellschaft (BBG).[8] Das Grundkapital der Gesellschaft betrug eine Million Mark, wobei jeder der drei Partner davon ein Drittel zu übernehmen hatte. Zu gleichberechtigten Direktoren der BBG wurden Arthur Booth jun. und Georg Haberland bestellt, die trotz ihrer jungen Jahre – Haberland war noch keine 29 Jahre alt – das volle Vertrauen ihrer Väter genossen. Von Beginn an leiteten sie das Unternehmen arbeitsteilig, indem Booth jun. sich den nach innen gerichteten Geschäftsbereichen widmete, während Georg Haberland für sämtliche nach außen gerichteten Aufgabenbereiche verantwortlich zeichnete.

Obschon aber die Arbeitsteilung reibungslos funktionierte und das persönliche Verhältnis der beiden Direktoren „trotz der Verschiedenheit der Temperamente ausgezeichnet"[9] war, erfuhr die Gesellschaft schon wenige Jahre nach ihrer Gründung eine grundlegende Veränderung der Kapital- und Beteiligungsverhältnisse. Denn Arthur Booth jun. musste bereits 1893 „nach einem Reitunfall seine Tätigkeit aufgeben und schied aus dem Unternehmen aus. Damit löste sich auch die Verbindung zu dessen Hausbank Delbrück und die Dresdner Bank übernahm deren Anteile in Höhe von jeweils 330.000 Mark. Davon wurden 60.000 Mark an den mit Haberland sen. befreundeten Jakob Dannenbaum weitergegeben. Beide traten zusammen mit zwei Vertretern der Bank in den Aufsichtsrat ein. Vorsitzender des Gremiums wurde der Leiter der Dresdner Bank Eugen Gutmann. Durch das Engagement der Großbank bei der Berlinischen Boden-Gesellschaft [war] eine sichere und – wie sich

8 Vgl. Krauß, Martin/Stier, Bernhard: *Drei Wurzeln – ein Unternehmen. 125 Jahre Bilfinger Berger AG.* Heidelberg/Ubstadt-Weiher/Basel 2005, S. 213

9 Haberland, Georg: *Aus meinem Leben ...* (wie Anm. 5), S. 45

8 Wohnhausblock Albrechtstraße in Berlin-Steglitz, errichtet von der Berlinischen Bau-Gesellschaft für die Heimat Gemeinnützige Bau- und Siedlungs-A.G., Aufnahme um 1928

herausstellen sollte – langdauernde Partnerschaft [entstanden], die [fortan] eine wichtige Grundlage für das kapitalintensive Grundstücksgeschäft [darstellte].“[10]

Vor dem Hintergrund dieser massiven Veränderungen avancierte Georg Haberland zum alleinigen Direktor der BBG und sollte es bis zu seinem Tod im Jahr 1933 durchgängig bleiben. In den vier Jahrzehnten seiner Leitungstätigkeit baute er die Gesellschaft zu einem wirtschaftlich potenten Großunternehmen aus und schuf ein wahres Firmenimperium, indem er in Ergänzung zur BBG projektspezifische Tochtergesellschaften gründete und Firmenbeteiligungen beziehungsweise Firmenübernahmen einging, wie im Falle der 1895 gegründeten Terraingesellschaft Berlin-Südwesten, welche bei seinem geschäftlichen Einstieg in „Deutsch-Wilmersdorf“ hier bereits tätig war und damit geradezu ideal in seine dortigen Aktivitäten einbezogen werden konnte. Sichtbarer Ausdruck der Größe und Bedeutung, die die BBG durch Georg Haberlands dynamische Geschäftspolitik inzwischen erlangt hatte, stellte nicht zuletzt die 1906/07 im unmittelbaren räumlichen Umgriff des Gendarmenmarktes in Berlin-Mitte errichtete Unternehmenszentrale dar.

10 Krauß, Martin/Stier, Bernhard: *Drei Wurzeln – ein Unternehmen* … (wie Anm. 8), S. 213

9 Luftschiffhalle für Schütte-Lanz Luftschiffbau in Königs Wusterhausen bei Berlin, Aufnahme um 1915/16

Keine Geringeren als die zu den führenden Architekten der Zeit um die Jahrhundertwende zählenden Wilhelm Cremer (1845–1919) und Richard Wolffenstein (1846–1919), die ab 1882 soziiert waren, zeichneten für den Entwurf dieses anspruchsvollen wie gleichermaßen eigenwilligen, aufwendig in Naturstein gefassten Büro- und Geschäftshauses verantwortlich. Mit seinem monumentalen Gestus vermochte der noch heute existente Bau an der Ecke Mohrenstraße/Charlottenstraße im Zentrum der Stadt einen signifikanten architektonischen Akzent zu setzen. Ein reich mit plastischem Dekor umranktes „Wappenschild", welches die Gebäudeecke über dem zweiten Obergeschoss ausfüllt, erinnert mit seiner in Stein gehauenen Inschrift dabei noch immer an die einstmalige stolze Bauherrenschaft der Berlinischen Boden-Gesellschaft.

Ein knappes Jahr vor Fertigstellung des prächtigen Neubaus mit seinen für die damalige Zeit optimalen räumlichen wie strukturellen Arbeitsbedingungen konnte Georg Haberland mit der Gründung der Berlinischen Bau-Gesellschaft mbH, die auf seine Veranlassung von der Dresdner Bank vorgenommen wurde, ein weiteres solides geschäftliches Standbein installieren, das für die künftige Entwicklung der BBG, an die sie „in einer Art Organschaftsverhältnis"[11] vertraglich gebunden war, von herausragender Bedeutung sein sollte. Denn ihr geschäftlicher Fokus richtete sich in Ergänzung zum Terraingeschäft der BBG vor allem auf das Realisieren von Gebäuden mit all seinen betrieblichen Facetten. Die

11 Ebd., S. 223

in der Satzung festgeschriebenen Geschäftszwecke der Berlinischen Bau-Gesellschaft waren dementsprechend der „Entwurf und [die] Ausführung von Bauten aller Art insbesondere von Hoch-, Tief- und Eisenbetonbauten, sowie die Entwicklung und Ausführung der hierzu verwendbaren technischen Einrichtungen, der Erwerb und die Veräußerung von Grundstücken und Grundstücksrechten, der Betrieb aller damit zusammenhängender Geschäfte, sowie die Herstellung, Verwertung und der Handel von Baumaterialien aller Art."[12]
Während der Geschäftszweck der Berlinischen Bau-Gesellschaft also auf das Planen und Bauen von Gebäuden „in eigener Regie für fremde Rechnung" ausgerichtet war, sah Georg Haberland für die BBG weiterhin das Terraingeschäft als deren Kernaufgabe an und hielt dementsprechend an dem bewährten Geschäftsmodell seines Vaters fest. Dessen Grundgedanke blieb – wie er in den schon erwähnten *Erinnerungen* rekapitulierte – „die Erschließung unbebauter Ländereien und der Verkauf baureifer Parzellen an die Baugewerbetreibenden. Diese errichteten auf den von ihnen erworbenen Bauparzellen Häuser, um sie alsdann an Leute zu verkaufen, die ihre Ersparnisse in Hausbesitz anlegen wollten. Wir richteten selbst ein technisches Büro ein, das die Grundrisse für die einzelnen Häuser aufstellte. An Hand dieser Grundrisse fertigten wir die Rentabilitätsberechnungen an und setzen die Preise der Bauparzellen derart fest, dass für den Unternehmer ein nutzbringendes Geschäft herauskam. Um tatkräftig bei der Beschaffung der Hypotheken mitwirken zu können, übernahmen wir die Vertretung der Sächsischen Bodenkreditanstalt […]. In späten Jahren traten wir mit der Versicherungsgesellschaft Janus in Hamburg in eine gleiche Verbindung. [Und ab 1904 übernahm dies die von der BBG, der Dresdner Bank und dem A. Schaafhausen'schen Bankverein eigens gegründete Bodenkredit Gesellschaft, Anm. d. V.] Dieser Aufbau des Geschäftes führte sehr bald zu größeren Erfolgen. Wir haben die Freude gehabt, dass alle Kunden der Gesellschaft auf ihre Rechnung kamen und eine größere Anzahl von ihnen dank der Verbindung mit der Berlinischen Boden-Gesellschaft reiche Leute wurden."[13]
Die Entscheidung, die Berlinische Bau-Gesellschaft ins Leben zu rufen und sukzessive auszubauen, erwies sich insofern als außerordentlich vorausschauend, da sie in den Kriegsjahren zwischen 1914 und 1918 Arbeiten übernehmen und durchführen konnte, die nicht zu den Kerngeschäften der BBG zählten. Damit aber sicherte sie den Haberland'schen Unternehmen das wirtschaftliche Überleben. Denn die Geschäftstätigkeiten der BBG waren bis auf einige wenige noch abzuwickelnde Projekte schon zu Beginn des Ersten Weltkriegs nahezu zum Erliegen gekommen. So musste sie zum Beispiel in Ermangelung von Aufträgen das Terraingeschäft einstweilen völlig einstellen und wenig später auch den damit verbundenen einträglichen Wohnungsbau. Die Bau-Gesellschaft hingegen konnte durch ihre auf den praktischen Baubetrieb ausgerichteten Strukturen mit der Errichtung „kriegswichtiger Bauten" wie Magazinen, Schuppen, Leichtbauhallen und Unterkünfte für Arbeiter die erheblichen Einbußen der BBG in Teilen kompensieren. Georg Haberland bemerkte in seinem 1931 verfassten Rückblick auf sein Leben hierzu: „Die Geschäfte ruhten des Krieges wegen. […] Wir richteten uns vollkommen auf die Ausführung von Bauten ein, die während des Krieges gebraucht wurden. Wir […] bauten Pulverschuppen, [Unterkünfte] für die Arbeiter, und was sonst noch gebraucht wurde. Wir haben für die ‚Feldag', eine der Heeresverwaltung gehörende Gesellschaft, die die im Felde verbrauchten Automobile zu verwerten hatte, einen Vertrag auf Erbauung von Holzhallen abgeschlossen, die wir kilometerweise in diversen

12 Ebd.
13 Haberland, Georg: *Aus meinem Leben …* (wie Anm. 5), S. 45f.

deutschen Städten errichten. In Berlin und auch an anderen Orten beschäftigten wir dabei Gefangene. Auch für den Bau der Luftschiffhalle von Schütte-Lanz in der Nähe von Wusterhausen waren wir tätig. Wir hatten ganz gut zu tun; dem schrecklichen Druck, den der Krieg mit seinen Verlusten und allen seinen Folgen auf uns legte, setzen wir die Arbeit entgegen."[14]

Durch die Projekte der Berlinischen Bau-Gesellschaft konnte das von Georg Haberland geschaffene und geführte Unternehmenskonsortium die Kriegsjahre ohne gravierende Verluste überstehen und schon mit Beginn der 1920er Jahre auf den inzwischen wieder relevant gewordenen Geschäftsfeldern der Baubranche aktiv werden. Der durch die Folgen des Ersten Weltkriegs bewirkte gesellschaftliche Bruch sowie die damit einhergehenden Veränderungen der politischen wie ökonomischen Bedingungen erzwangen allerdings eine Neujustierung der Geschäftspolitik. Und obschon die Wohnungswirtschaft nach wie vor der bedeutsamste Arbeitsschwerpunkt der Berlinischen Boden-Gesellschaft blieb, entwickelte sie sich während der 1920er Jahre mehr und mehr zu einem Bauträger beziehungsweise Bauunternehmen, das vornehmlich Projekte für andere Bauherren realisierte. Schon 1921 fand diese Entwicklung ihren deutlichen Niederschlag in der geänderten Satzung der BBG, in der auf Betreiben Georg Haberlands der Geschäftszweck neu gefasst wurde. Er richtete sich nun dezidiert auf die, wie es hieß, „Finanzierung und Ausführung von Bauten aller Art sowohl auf eigenen als auch fremden Grundstücken, sowie den Betrieb aller Geschäfte, welche in Zusammenhang hiermit stehen."[15] Das bis 1914 so attraktive und überaus gewinnbringende Terraingeschäft hingegen bot aufgrund der über das Kriegsende hinaus geltenden staatlichen Wohnungszwangsbewirtschaftung keinen nennenswerten Renditeanreiz mehr und wurde demzufolge von der BBG aufgegeben.

Vor dem Hintergrund dieser den neuen Verhältnissen angepassten Geschäftspolitik konnte Georg Haberland mit der BBG und ihren diversen Tochtergesellschaften während der 1920er Jahre eine beträchtliche Anzahl von bedeutenden Bauvorhaben unterschiedlicher Zweckbestimmung durchführen, wobei die Erstellung von Wohngebäuden – wie schon erwähnt – hierbei auch weiterhin das zentrale Betätigungsfeld darstellte. Waren es jedoch vor dem Krieg Wohnprojekte, die im Rahmen der großmaßstäblichen Terrainerschließungen von der BBG selbst initiiert beziehungsweise vorbereitet, baulich umgesetzt und dann verkauft worden waren, wurden sie nun von ihr im Auftrag fremder Bauherren zu deren Verfügung und Nutzung ausgeführt. Der damit vollzogene Wandel von einem Terrainunternehmen zu einem bauausführenden Betrieb führte dann auch zu einem deutlichen Imagewechsel. Denn genoss Georg Haberland bis zum Ersten Weltkrieg den Ruf, mit der BBG die „größte und aktivste Terrain-Gesellschaft der Region Berlin" zu leiten, galt sie jetzt als eines der „größten privaten Wohnungsbauunternehmen der Zeit".[16] In der Tat vermochte die BBG zwischen 1921 und 1929 als Baubetrieb respektive als Bauträger mehr als 15.000 Wohneinheiten zu errichten. Den überwiegenden Teil davon baute sie in Berlin, das nach wie vor den Dreh- und Angelpunkt der von Georg Haberland entfalteten geschäftlichen Aktivitäten darstellte, obschon er durch die Gründung weiterer Tochtergesellschaften inzwischen auch in anderen Städten und Regionen der Republik, wie unter anderem in Dortmund, Essen, Düsseldorf, Chemnitz und Hamburg tätig war und

14 Ebd., S. 149f.
15 Krauß, Martin/Stier, Bernhard: *Drei Wurzeln – ein Unternehmen …* (wie Anm. 8), S. 245
16 Ebd., S. 237

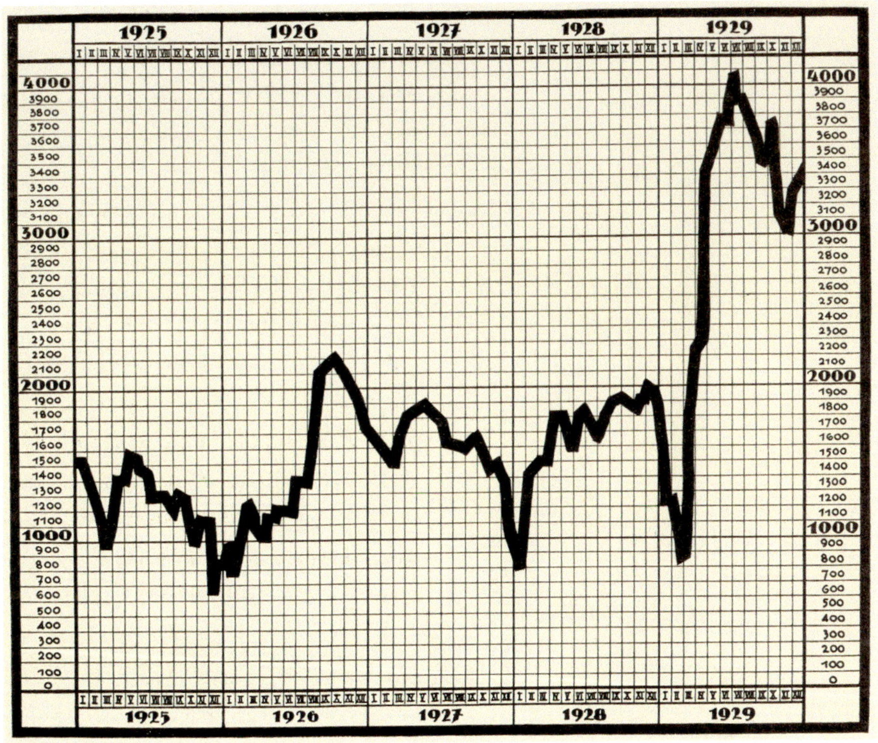

10 Tabelle der Mitarbeiterentwicklung der BBG in Berlin im Zeitraum 1925–1929

bereits zu Beginn der 1920er Jahre in den Niederlanden die Bouwmaatschappij Haberland etabliert hatte.[17]

Auch und vor allem die neben den Wohnbauten in der zweiten Hälfte der 1920er Jahre realisierten zahlreichen Sonderprojekte, die den zweiten gewichtigen Arbeitsschwerpunkt der BBG bildeten, waren nahezu ohne Ausnahme in Berlin lokalisiert. Ihre bauliche Umsetzung offenbarte im Besonderen die hochgradige Kompetenz und Professionalität, die Georg Haberland aufgrund seiner vielfältigen Tätigkeiten im Baugeschäft in den Jahrzehnten davor entwickeln konnte. Denn die Bandbreite der unterschiedlichen Gebäudegattungen, die es nun in nur wenigen Jahren zeitlich parallel zu bewältigen galt, war immens und setzte große technische Erfahrungen, Organisationsgeschick und effizient strukturierte Arbeitsabläufe voraus. Sie reichte vom Bürohaus und Bankgebäude über das Kauf- und Warenhaus, das Lichtspieltheater, das Stadtbad sowie das Verlagshaus mit Großdruckerei bis zum Krankenhaus und dem Kirchenbau. Sie alle wurden von der BBG zur vollsten Zufriedenheit ihrer Auftraggeber ausgeführt und erfüllten in ihrer baulichen Umsetzung die unterschiedlichsten gestalterischen Entwurfsvorstellungen einer künstlerisch ambitionierten Architektenschaft, die nicht zuletzt mit diesen Bauten das Stadtbild des „Neuen Berlin“[18] prägten.

Als Georg Haberland im August 1931 seinen 70. Geburtstag feierte und zu diesem Anlass für „seine Freunde und Bekannten“ die schon mehrfach zitierten *Lebenserinnerungen*[19] herausgab, konnte er vergleichsweise zufrieden auf eine geschäftlich insgesamt grundsolide und

17 Ebd., S. 237f.

18 Der Begriff des „Neuen Berlin“ ist dem Titel der 1929 von Adolf Behne und Martin Wagner herausgegebenen Zeitschrift entlehnt, die sich im Besonderen der in den 1920er Jahren entstandenen avantgardistischen Architektur verpflichtet sah, die im Verständnis der Herausgeber das neue, zur modernen Weltstadt avancierte Berlin verkörperte.

19 Die 1931 von Georg Haberland im Eigenverlag herausgegebenen Lebenserinnerungen trugen den Titel: *Aus meinem Leben. Zur Vollendung des 70.Lebensjahres. Für meine Freunde und Bekannten.*

11 Grabmal für Lucie und Georg Haberland sowie Bernhard und Betty Gutmann auf dem alten Jüdischen Friedhof in der Schönhauser Allee in Berlin-Prenzlauer Berg, Aufnahme um 1990

12 Grabmal Olga und Salomon Haberland auf dem Jüdischen Friedhof in der Schönhauser Allee in Berlin-Prenzlauer Berg, Aufnahme um 1990

erfolgreiche Dekade zurückblicken. Und dank des guten Auftragsbestandes hatte selbst die 1929 einsetzende Weltwirtschaftskrise bis dahin noch zu keinen nennenswerten Ertragseinbrüchen geführt. Ganz im Gegenteil erwies sich das Jahr 1929, in dem die BBG allein in Berlin zeitweise mehr als 4000 Arbeiter beschäftigte, sowohl im Umsatz als auch in der Bilanz sogar als das Spitzenjahr des letzten Jahrzehnts.[20]

Angesichts dieser fraglos guten Geschäftsentwicklung glaubte man deshalb seitens der BBG zu Beginn der 1930er Jahre „einigermaßen zuversichtlich in die Zukunft [sehen zu können]. Auf die eigene technische und kaufmännische Kompetenz, auf Renommee und Kundenbeziehungen war Verlass, und [vor allem] der immer noch bestehende Wohnungsbedarf schien auf Jahre hinaus Arbeit zu bieten."[21] So sehr dieser positiv gestimmte wirtschaftliche Ausblick seine subjektive Berechtigung hatte, blendete er jedoch die politische Realität, die Deutschland zu dieser Zeit bestimmte, weitgehend aus. Die gab freilich zu den größten Sorgen Anlass, da die braunen SA-Horden der in der Weltwirtschaftskrise erstarkten NSDAP inzwischen mehr und mehr das Gesetz der Straße diktierten, während die gezielte Hetzpropaganda ihrer politischen Agitatoren sich vor allem gegen die jüdische Bevölkerung richtete, der man die Schuld an der Krise und den schwierigen wirtschaftlichen Verhältnissen zuschrieb. Auf dem Bausektor polemisierten die nationalsozialistischen Scharfmacher hierbei im Besonderen gegen das „jüdische Spekulantentum". Dementsprechend war auch Georg Haberland aufgrund seiner Bekanntheit und herausragenden Bedeutung für die Bauwirtschaft schon seit geraumer Zeit in den Fokus immer heftiger werdender politischer Anfeindungen geraten, die sich bis zu Beginn des Jahres 1933 stetig steigern sollten. So wurde bereits kurz nach der „Machtergreifung" der Nationalsozialisten die Berlinische Boden-Gesellschaft eingedenk ihrer Tochtergesellschaften zu einem „nichtarischen Unternehmen" erklärt und die jüdischen Mitglieder des Vorstands wenig später faktisch zum Rücktritt gezwungen und durch „Arier" ersetzt. Allein Georg Haberland konnte als Mehrheitseigner und Kopf des Unternehmens vorerst noch im Vorstand verbleiben. Er wurde jedoch in seinem Handlungsspielraum massiv eingeschränkt. Noch ehe er durch das NS-Regime schließlich vollends aus der BBG herausgedrängt und seiner Rechte beraubt werden konnte, verstarb er, gesundheitlich stark angeschlagen, infolge einer akut aufgetretenen Mageninfektion am 17. November 1933 in Florenz. Dort war er nur Tage zuvor eingetroffenen, um sich einer Augenoperation zu unterziehen. Zu seinem überraschenden Tod müssen wohl nicht zuletzt auch die Strapazen und seelischen Belastungen beigetragen haben, denen Georg Haberland in den Monaten davor permanent ausgesetzt war und die sein Herz und seinen Kreislauf enorm geschwächt hatten. Nach Berlin überführt, wurde sein Leichnam schließlich auf dem alten Jüdischen Friedhof an der Schönhauser Allee beigesetzt.[22] Sein nicht unbeträchtliches Vermögen erbten entsprechend testamentarischer Festlegung seine beiden Söhne Kurt und Werner Haberland. Während jedoch Werner, der schon seit geraumer Zeit am Bodensee einen Obstbaubetrieb unterhielt, auf sein Erbe verzichtete und 1934/35 in die Schweiz immigrierte, suchte Kurt Haberland (1896–1942), der als der ältere Sohn bereits seit 1929 in leitender Position der BBG angehörte und vom Vater als sein Nachfolger im Vorstand

20 Vgl. Krauß, Martin/Stier, Bernhard: *Drei Wurzeln – ein Unternehmen* ... (wie Anm. 8), S. 247
21 Ebd., S. 249
22 Noch heute ziert die vollständig überkommene Grabstätte, die Georg Haberland mit seiner Frau Lucie sowie Bernhard und Betty Gutmann teilt und die sich unweit des Grabmals seiner Eltern, Salomon und Olga Haberland, befindet, ein hoher Granitsockel, über dem sich ein überkuppelter Monopteros erhebt.

bestimmt worden war, noch aktiv in die Geschicke des Unternehmens einzugreifen. Denn sein Erbe bestand im Wesentlichen aus Aktien der BBG, über die er jedoch aufgrund der Bindung an die Gesellschaft nicht frei verfügen konnte.
Im Herbst 1937 wurde Kurt Haberland vor dem Hintergrund der „Nürnberger Gesetze“[23] dann der „Rassenschande“ bezichtigt und geriet zeitweise in Untersuchungshaft. Dem inzwischen ebenfalls von seinen jüdischen Mitgliedern „gesäuberten“ Aufsichtsrat diente dies als willkommener Vorwand, ihn „im Interesse der BBG“ aus dem Vorstand zu entlassen. Der Vertreibung Kurt Haberlands aus dem von seinem Vater aufgebauten und über 43 Jahre geführten Unternehmen folgte ein Jahr später die „kapitalbezogene Arisierung“ der Berlinischen Boden-Gesellschaft auf der Grundlage der im Juni 1938 in Kraft getretenen „dritten Verordnung zum Reichsbürgergesetz“, wonach ein Unternehmen als „jüdisch“ angesehen wurde, wenn mehr als ein Viertel des Kapitals sich im Besitz von Juden befand. Und so zwang ihn das Reichswirtschaftsministerium, den Aktienanteil aus dem Erbe seines Vaters zu veräußern. Das durch den Zwangsverkauf realisierte Geld floss dabei jedoch nicht ihm zu, sondern musste bei zwei Berliner Finanzämtern „zur Sicherung eventueller Steuernachzahlungen“[24] im Zusammenhang mit der ihm auferlegten „Reichsfluchtsteuer“ und der „Judenvermögensabgabe“ hinterlegt werden. Dieser Umstand verunmöglichte letztlich eine von ihm noch zum Jahreswechsel 1938/39 geplante Auswanderung nach Palästina. „Am 25. September 1941 wurde Kurt Haberland [dann] von der Gestapo verhaftet und bald darauf in das KZ Mauthausen deportiert, wo er am 5. Juni 1942 starb.“[25] Die näheren Umstände seines Ablebens konnten jedoch niemals geklärt werden; eine Grabstätte existiert nicht. Sein Tod bedeutete nach mehr als insgesamt 50 Jahren seit Gründung der Berlinischen Boden-Gesellschaft letztlich das jähe und krude Ende der großen „Ära Haberland“.
Betrachtet man nun vor dem Hintergrund dieser bewegenden wie gleichermaßen bewegten Geschichte die herausragenden und beispielhaften Projekte, die unter Georg Haberland von der BBG und den von ihm kreierten Tochterunternehmen verwirklicht worden sind, im Einzelnen, erscheint es zunächst sinnvoll, sein über vier Jahrzehnte währendes Wirken in drei Zeitabschnitte zu untergliedern, da es – wie ausgeführt – durch qualitativ unterschiedliche Arbeitsinhalte gekennzeichnet war: einer ersten, von 1890 bis 1914 andauernden Phase, in der das „große Terraingeschäft“ im Zentrum der Aktivitäten stand, der Kriegsphase zwischen 1914 und 1918, in der sich die Haberland'schen Unternehmen nahezu ausschließlich auf die Bauausführung „kriegswichtiger Gebäudeanlagen“ beschränken mussten, sowie der dritten und letzten Phase, die den Zeitraum von 1918 bis 1933 umfasste und in der die BBG in der Hauptsache als Bauunternehmen beziehungsweise als Bauträger tätig wurde.
Ohne Zweifel waren die Jahre zwischen 1890 und 1914, in denen die Berlinische Boden-Gesellschaft von Georg Haberland geformt wurde und als Terraingesellschaft ihr spezifisches Profil erhielt, im Hinblick auf das Geschäft die produktivsten und erfolgreichsten Jahre in seiner mehr als vier Dekaden umfassenden Tätigkeit in der Immobilien- und Baubranche. Denn in diesem Zeitraum wurden durch sein kluges und zielgerichtetes Handeln ganze Stadtgebiete neu erschlossen und flächendeckend mit Wohnquartieren überbaut. Im Rahmen dieser Aktivitäten konnte die BBG bis 1914 insgesamt 1650 Parzellen mit

23 Unter den „Nürnberger Gesetzen“ verstand man die am 15. September 1935 auf dem „Reichsparteitag“ in Nürnberg beschlossenen barbarischen Rassegesetze „zum Schutze des deutschen Blutes und der deutschen Ehre“. Sie richteten sich im Besonderen gegen die jüdische Bevölkerung.
24 Krauß, Martin/Stier, Bernhard: *Drei Wurzeln – ein Unternehmen* ... (wie Anm. 8), S. 256
25 Ebd.

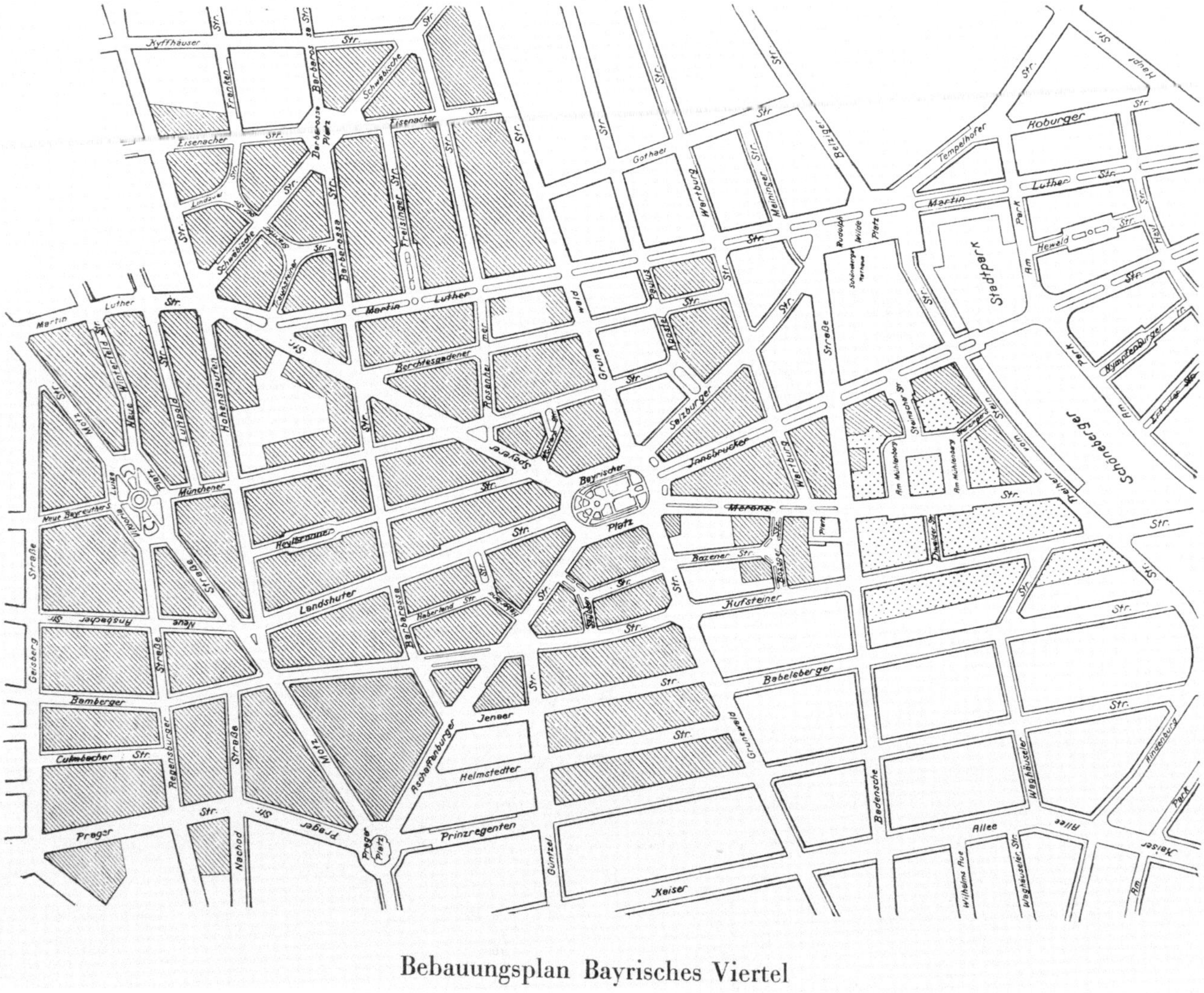

13 Bebauungsplan des Bayerischen Viertels von 1898 mit schraffierter Kennzeichung der bis 1908 durch die BBG entwickelten Blockbereiche

Bauverpflichtung an einzelne Unternehmer veräußern und diverse stadtbildprägende Infrastrukturprojekte realisieren. Waren es in den ersten Jahren nach Gründung der BBG noch vornehmlich Maklergeschäfte, denen sich die Gesellschaft widmete beziehungsweise die „kommisionsweise Verwertung des Grundbesitzes für fremde Rechnung und [die] Leitung von Konsortialgeschäften auf dem Gebiete des Grundstückswesens“[26], wandte sie sich nach dem Einstieg der Dresdner Bank in die Gesellschaft nun konzentriert der „grundstücksgewerblichen Tätigkeit auf eigene Rechnung“[27] zu, die sich ausschließlich auf die systematische Erschließung von Terrains sowie die Produktion von Wohnungen konzentrierte. Im Fokus dieser Tätigkeiten standen dabei die in Teilen noch unerschlossenen, westlich von Berlin gelegenen Gebiete von Charlottenburg, Schöneberg und Wilmersdorf. Sie verfügten noch über ausreichend unbebautes Flächenpotenzial, das angesichts des extremen Bevölkerungszuwachses als Entlastung der zu dieser Zeit baulich nahezu gesättigten Berliner Innenstadtgebiete dringend benötigt wurde.

26 Haberland, Georg: *40 Jahre Berlinische Boden-Gesellschaft. Ein Bild der Groß-Berliner Wohnungsversorgung und der Tätigkeit der Gesellschaft vor, während und nach der Kriegszeit.* Berlin 1930, S. 8

27 Ebd.

14 Bayerisches Viertel, Erdaushub im Bereich der Innsbrucker Straße, Aufnahme 1908

Den entschlossenen Aufbruch der BBG in dieses Betätigungsfeld stellte die planmäßige Entwicklung des sogenannten Bayerischen Viertels im Westen Schönebergs dar. Hier gelang es Georg Haberland in der zweiten Hälfte der 1890er Jahre, von den dort ansässigen Bauern ein weiträumiges Areal kargen Ackerbodens zu erwerben, welches ab 1898 dann systematisch erschlossen, baulich vorbereitet und sukzessive parzelliert wurde. Die Grundlage der von der BBG durchgeführten Erschließungsmaßnahmen bildete der in enger Abstimmung mit Georg Haberland vom Schöneberger Stadtbaurat Friedrich Gerlach (1856–1938) aufgestellte Bebauungsplan. Dem in Etappen vorgenommenen Ausbau des Geländes, welcher an der „Neuen Winterfeldtstraße“ (heute: Winterfeldtstraße) begann, sowie dem Verkauf der Parzellen folgte schließlich deren Bebauung durch die jeweiligen Einzelerwerber, wobei die Kosten für die Anlegung der Straßen und Plätze sowie der technischen Infrastruktur von der BBG übernommen wurden. Sie begnügte sich aber nicht allein mit der Veräußerung der Grundstücke, sondern nahm über im Kaufvertrag festgeschriebene Gestaltungskriterien entscheidenden Einfluss auf den Charakter und die Art und Weise der Bebauung selbst. Mit dem erklärten Ziel, ein städtebaulich wie architektonisch anspruchsvolles Wohnquartier zu schaffen, wurde nichts dem Zufall überlassen. Denn es galt als Klientel die gehobene Mittelschicht zu gewinnen, der der Hausbesitz in diesen Zeiten eine beliebte Kapitalanlage war, „weil [...] die Nutzung des Hauses eine höhere Verzinsung gewährte als die Anlage des Kapitals in Wertpapieren“.[28] Und so wurde bei der BBG ein Büro mit „tüchtigem technischem wie künstlerischem Personal eingerichtet, das für jeden Bauplatz, den sie veräußerte, zweckentsprechende Entwürfe für seinc Bebauung aufstellte.“[29] Lediglich die Fassaden konnten nach den individuellen Vorstellungen der Bauherren gestaltet werden. Ansonsten war die städtebauliche Gestaltung des Viertels einem festen Regelwerk unterworfen. Es orientierte sich an den „künstlerischen Grundsätzen“, die der Wiener Architekturtheoretiker Camillo Sitte (1843–1903) in seinem 1889 erschienenen Standardwerk *Der Städtebau*[30] in

28 Ebd., S. 5
29 Ebd., S. 7
30 Sitte, Camillo: *Der Städtebau nach seinen künstlerischen Grundsätzen*. Wien 1889. Das Werk galt über mehr als 30 Jahre als das Hauptwerk eines künstlerisch begriffenen Städtebaus. Seine fünfte Auflage erschien im Dezember 1921.

15 Bayerisches Viertel, typisches Beispiel einer durch die privaten Hauseigentümer vorgenommenen individuellen Fassadengestaltung

16 Bayerisches Viertel, Blick in einen Blockinnenbereich

Bezug auf Raumbildung und städtischen Kontext vorgegeben hatte. Seine Vorstellungen eines „pittoresken Städtebaus" sahen in den urbanen Strukturen des Mittelalters die Vorbilder für moderne Stadtentwürfe. Sitte richtete sich dementsprechend gezielt gegen die in Mode gekommenen schematischen Stadtmodelle der zweiten Hälfte des 19. Jahrhunderts und verstand seine Grundsätze als deren dezidierte Kritik.

Das städtebauliche Konzept für das Bayerische Viertel sah danach ein unregelmäßiges Straßensystem unterschiedlichster Sichtbeziehungen vor, in dem Stern- und Schmuckplätze die Zentren bilden. Die Straßen wurden in Verkehrs- und Wohnstraßen unterschieden, wobei nur in den breiteren Verkehrsstraßen sowie in den Eckbereichen der Wohnstraßen Ladenlokale zugelassen waren. Die Wohnblöcke dimensionierte man dergestalt, dass hofseitige Quergebäude bzw. Hinterhäuser vermieden werden konnten. Lediglich Seitenflügel schlossen sich an die Vorderhäuser an, in denen sich in der Regel die Wirtschafts- und Schlafräume der großzügigen, bis zu zwölf Zimmer umfassenden Wohnungen befanden, die von einem durchgängig hohen Ausstattungsstandard gekennzeichnet waren. So verfügten diese „Villen auf der Etage", wie man sie zuweilen nannte, über Personenaufzüge, elektrisches

17 Bayerisches Viertel, Blick in die Traunsteiner Straße mit den für das Viertel charakteristischen Vorgärten

Licht, Bäder mit Warmwasseraufbereitung sowie Zentralheizung und zentrale Staubsaugeranlagen. Die gleichermaßen wohlproportionierten, einander gegenüberliegenden Hofbereiche, die man räumlich zusammenfasste und die nicht durch Mauern voneinander getrennt werden durften, wiesen dabei aufwendig gestaltete Bepflanzungen auf. Dem entsprachen die ebenfalls gärtnerisch gestalteten Vorgartenbereiche, die den Vorderhäusern in den Wohnstraßen vorgelagert waren. In den Straßen und auf den Plätzen ließ die BBG als Ausdruck des Fortschritts und der Exklusivität des Viertels schließlich moderne Bogenlampen mit elektrischer Beleuchtung aufstellen, die, wie auch die Wohngebäude, von einem eigens dafür gebauten Kraftwerk mit Elektrizität versorgt wurden. Das Werk blieb so lange in Funktion, bis Schöneberg ein eigenes Elektrizitätswerk errichtete und damit die Stromversorgung in seine städtische Verantwortung überging.

Die Bebauung des Bayerischen Viertels unter den oben genannten städtebaulichen Prämissen nahm etwa elf Jahre in Anspruch. In diesen Jahren des kontinuierlichen Bauens und Verdichtens hatte die BBG 501 Parzellen mit Bauverpflichtung zu einem Preis von insgesamt 56.809.120,- Goldmark veräußern können, ehe sie ihre Aktivitäten zum Jahreswechsel 1908/09 auf Schöneberger Gebiet aus Protest gegenüber der hier ab Januar 1909 geltenden kommunalen Wertzuwachssteuer einstellte und diese nur noch im westlich angrenzenden Wilmersdorfer Teil des Viertels fortsetzte. Zu diesem Zeitpunkt aber war das Bayerische Viertel in seiner städtebaulichen Konfiguration bereits nahezu vollendet. Und mit ihm hatte sich ein mustergültiges großstädtisches Quartier herausgebildet, das höchsten

18 Bayerisches Viertel, Luftaufnahme des Bayerischen Platzes und seiner Umgebung, Aufnahme um 1935

städtebaulichen wie architektonischen Ansprüchen genügte und in kurzer Zeit zu einem begehrten Wohnort einer auf gediegene Wohnkultur bedachten bürgerlichen Klientel geworden war. Seine herausragenden Adressen stellten dabei der bereits im Juni 1900 an die Gemeinde Schöneberg übergebene Viktoria-Luise-Platz dar, welcher nach Entwürfen des Königlichen Gartenbaudirektors Fritz Encke (1861–1931) als ein von sechs Seiten gefasster, aufwendig gestalteter Schmuckplatz angelegt wurde, sowie der 1907/1908 fertiggestellte Bayerische Platz. Er bildete den zweiten räumlichen Schwerpunkt des Viertels. Als Blockplatz konzipiert, um dessen Innenfläche von 110 mal 180 Meter der Verkehr geleitet wurde, waren acht Straßen in sternförmiger Anordnung auf ihn gerichtet. Wie beim Viktoria-Luise-Platz zeichnete auch hier Fritz Encke für die signifikante Platzfigur sowie ihre ambitionierte gärtnerische Gestaltung verantwortlich.

Bildeten die beiden Plätze gleichsam die architekturräumlichen Höhepunkte des vor allem beim jüdischen Bürgertum beliebten Quartiers, verkörperte die anlässlich seines 70. Geburtstags im Jahre 1906 nach Salomon Haberland benannte Haberlandstraße in ihrer

19 Bayerisches Viertel, Blick auf den Viktoria-Luise-Platz

20 Bayerisches Viertel, Blick auf den Bayerischen Platz

21 Bayerisches Viertel, Blick in die Haberlandstraße

Architektur den von Georg Haberland ursprünglich für das ganze Bayerische Viertel präferierten „Nürnberger Stil". Nur in dieser Straße, in der er für seine Söhne Kurt und Werner ein prächtiges Wohnhaus errichten ließ, gelang es ihm, in dieser stilistischen Haltung auch ein einheitliches und formal abgestimmtes Fassadenbild durchzusetzen, das seinen Idealvorstellungen entsprach. Das eigene Haus gab hierbei das bestimmende Gestaltmuster für die Straße vor. Es war in motivischer Anspielung auf Charakteristika des Alt-Nürnberger Hausbaus mit historisierenden Versatzstücken wie vorgeblendeten Ziererkern, malerisch anmutenden Fachwerkimitationen, mächtigen Giebeln sowie wehrhaft erscheinenden Turmaufbauten geschmückt. Und im Gebäudewinkel über den Blendarkaden des Erdgeschosses „wachte" bedeutungsvoll die Skulptur Salomon Haberlands in Gestalt eines Nürnberger Ratsherrn. Das steinerne Bildnis des Vaters fand hierbei sein pittoreskes Pendant in einem von Emil Cauer d. J. (1867–1946) geschaffenen „mittelalterlichen Brunnen", der mit der Figur des Heiligen Georg bekrönt war. Er kam bei Fertigstellung des Wohnhauses auf Wunsch von Georg Haberland im platzartigen Straßenbereich vor dem Gebäudeportal zur Aufstellung und suchte – in großstädtischen Maßstab übersetzt – im räumlichen Zusammenspiel mit den umgebenden Fassadenarchitekturen die idyllische Kulisse eines fränkischen Marktfleckens nachzustellen. Nicht zuletzt auch wegen solcher atmosphärisch höchst attraktiver Raumqualitäten, die im Einklang mit den noblen Wohnadressen das Bayerische Viertel zu einem besonderen Ort in der Stadt machten, hatte sich das ihm zugrunde liegende kontextliche Erschließungs- und Bebauungskonzept, welches von Georg Haberland hier modellhaft entwickelt worden war, als richtungsweisend und erfolgreich erwiesen und konnte von der BBG gleichsam als Muster auf andere Terrainvorhaben übertragen werden.
So folgten schon bald nach Anlegung der städtebaulichen Figur und dem sukzessiven Ausbau des Bayerischen Viertels weitere Projekte, denen man das hier erprobte Konzept zugrunde legte. Die erwähnte Bebauung des daran westlich anschließenden, auf Wilmersdorfer Gebiet gelegenen Erweiterungsterrains, welches von der Bamberger respektive Kufsteiner

22 Bayerisches Viertel, Ansichten der im „Nürnberger Stil" gestalteten Eckhäuser Haberlandstraße 4 und 10

23 Bayerisches Viertel, Ansicht des von Georg Haberland für seine Söhne errichteten Wohnhauses Haberlandstraße 7

24 Bayerisches Viertel, Blick in den Straßenraum der Haberlandstraße mit dem Haberland-Haus und dem davor platzierten Georgsbrunnen des Bildhauers Emil Cauer d. J.

Straße bis zum Prager Platz reichte und schon kurz nach der Jahrhundertwende von der BBG erworben, erschlossen sowie baufähig gemacht wurde, stellte hierbei das erste Projektvorhaben dar, bei dem man die grundlegenden planerischen Vorgaben und Festlegungen des im benachbarten Schöneberg befindlichen Bayerischen Viertels nahezu bruchlos übernommen hatte. Hier wie dort kennzeichneten den erweiterten Quartiersbereich ein unregelmäßiges, auf vielfältige Sichtbeziehungen bedachtes und gleichermaßen in Verkehrs- und Wohnstraßen gegliedertes Straßennetz, großzügig gestaltete Hof-, Platz- und Straßenräume sowie architektonisch aufwändige Wohngebäude mit einem durchgängig hohen Ausstattungskomfort.

Nach dieser auf Wilmersdorfer Gelände erfolgten Erweiterung des Bayerischen Viertels wandte sich die BBG dann der Entwicklung des Kurfürstendamms und seiner Randbereiche zu, der in unmittelbarer Konkurrenz zum Bayerischen Viertel stand. Daher bemühte sich Georg Haberland, die Verwaltung der Bodengesellschaft Kurfürstendamm zu übernehmen, um deren Grundbesitz entsprechend seines Geschäftsprinzips zu parzellieren und mit Bauverpflichtung zu veräußern, was ihm schließlich nach geschickten Verhandlungen auch gelang. So konnte schließlich bis 1911 – dem Jahr der Liquidierung der Bodengesellschaft – das vornehmlich zu Charlottenburg gehörende Gebiet des oberen Kurfürstendamms, das sich bis zur Stadtbahn im Norden erstreckte und im Westen von der Karlsruher Straße sowie im Osten von der Leibnizstraße begrenzt wurde, in schneller Folge baulich entwickelt

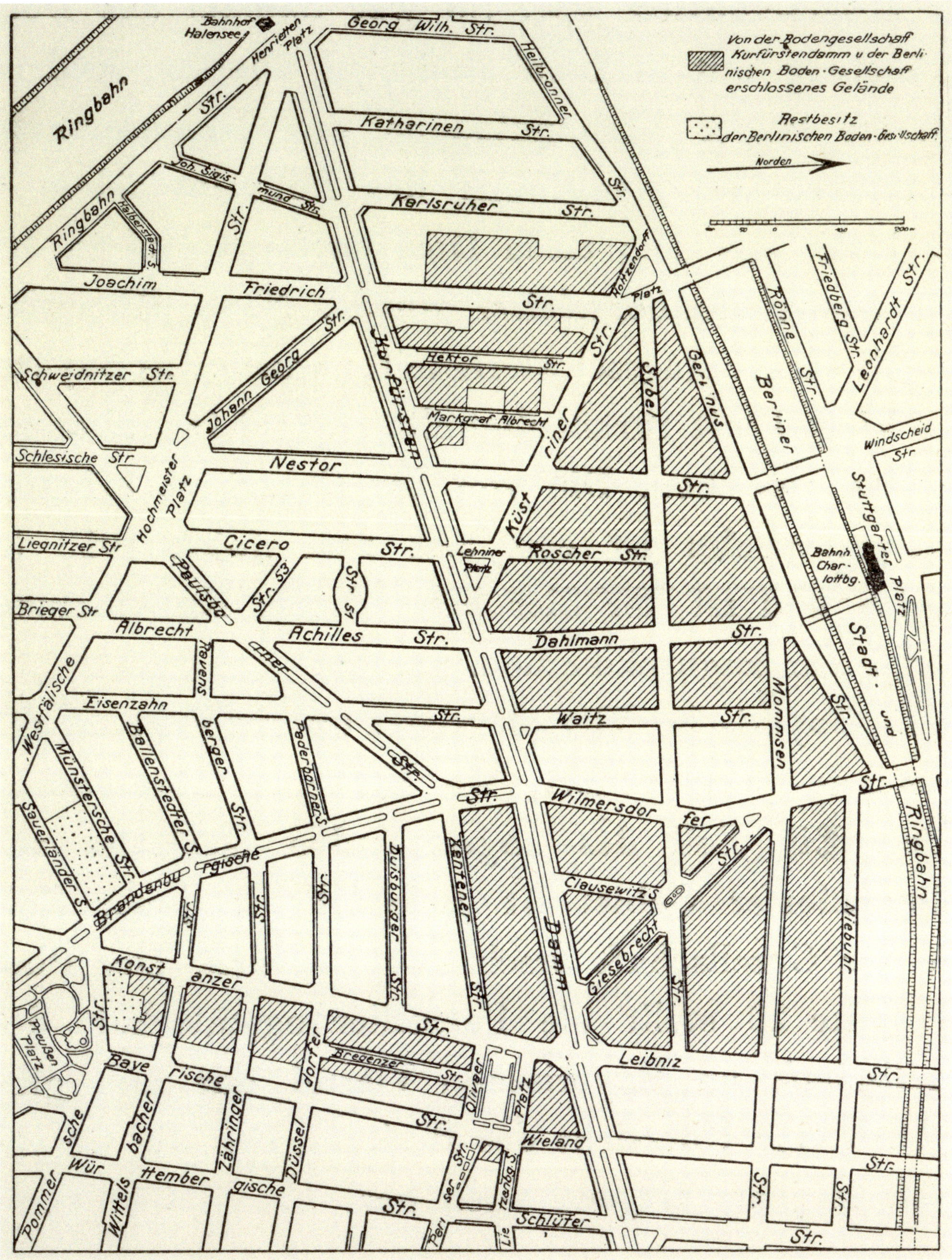

25 Lageplan des am oberen Kurfürstendamm angrenzenden „Historikerviertels" mit schraffierter Kennzeichnung der von der Bodengesellschaft Kurfürstendamm und der BBG entwickelten Blockbereiche

26 „Historikerviertel", Blick über den Sybelplatz (heute: Meyerinckplatz)

werden, wobei das hierbei erreichte finanzielle Ergebnis, nach Georg Haberlands eigener Aussage, mit einem Liquidationserlös von 9.800.000,- Goldmark bei 5.000.000,- Goldmark Aktienkapital „verhältnismäßig günstig"[31] ausfiel. Noch heute macht der in großen Anteilen überkommene Bestand an „hochherrschaftlichen Wohnhäusern", die einstmalige Noblesse des – ob seiner Straßennamen – „Historikerviertel" genannten Quartiers eindrücklich nachvollziehbar.

Nahezu zeitlich parallel zum „Historikerviertel" entwickelte die BBG noch ein weiteres Terrain in Friedenau. Es handelte sich hierbei um das sogenannte Sportparkgelände, das der Berliner Gasanstalt gehörte. Sie hatte das Areal 1904 öffentlich zum Verkauf angeboten. Da die BBG hierfür das höchste Gebot abgegeben hatte, erhielt sie auch den Zuschlag. Bevor sie jedoch mit der Erschließung des Geländes begann, revidierte sie den ihr allzu schematisch erscheinenden Bebauungsplan und stellte in Absprache mit der Gemeinde Friedenau einen neuen auf, der in seiner Differenzierung einmal mehr den Vorstellungen des „künstlerischen Städtebaus" zu entsprechen suchte. Auf dessen Grundlage entstand dann in nur wenigen Jahren das sogenannte Wagnerviertel. Das Zentrum des noch heute weitgehend erhaltenen Viertels, welches nordöstlich des Friedrich-Wilhelm-Platzes gelegen ist, bildet der Wagnerplatz (heute: Cosimaplatz), der mit seiner gediegen gestalteten Platzfläche „der dortigen Gegend zur Zierde gereicht"[32], wie es Georg Haberland in der Festschrift der BBG von 1930 selbstbewusst zum Ausdruck brachte.

Die mit dem Wagnerviertel in Friedenau entfalteten geschäftlichen Aktivitäten führten schließlich sehr bald zu Verhandlungen mit der hier schon seit geraumer Zeit tätigen Terraingesellschaft Berlin-Südwesten, die über einen stattlichen Grundbesitz verfügte. Ihre Flächen hatten sich jedoch bis dahin als schwer verwertbar erwiesen, da sie „an keiner Stelle an irgendeine Bebauung"[33] grenzten. Die konzentrierten Verhandlungen ergaben schließlich 1905 eine Beteiligung der BBG an der Terraingesellschaft in der Weise, „daß die Verdopplung des Aktienkapitals zum Zwecke des Ankaufs aller derjenigen Ländereien, die zwischen

31 Haberland, Georg: *40 Jahre Berlinische Boden-Gesellschaft* ... (wie Anm. 26), S. 22
32 Ebd., S. 24
33 Ebd., S. 25

27 Alter und Neuer Bebauungsplan des „Wagnerviertels" in Friedenau, 1904/05

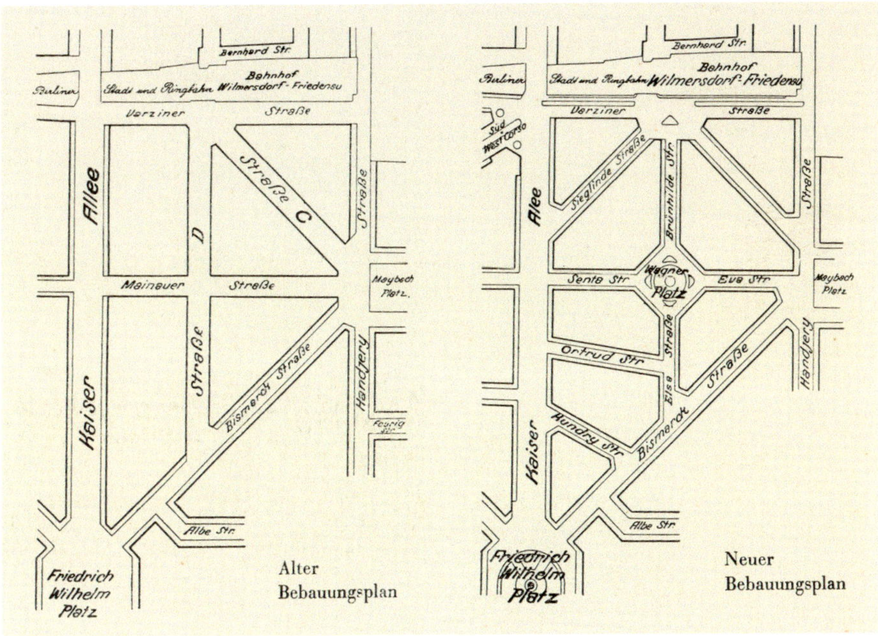

dem ursprünglichen Besitz der Gesellschaft und dem parzellierten Sportparkgelände lagen, bewirkt wurde."[34] Die Anbindung der genannten, südwestlich des Wagnerviertels gelegenen Areale ermöglichte es der BBG, die jetzt über die Hälfte der Aktien verfügte und damit federführend war, die bis zu diesem Zeitpunkt gültigen partiellen Baupläne für obsolet zu erklären und durch einen „neuen, einheitlichen Plan" zu ersetzen. Dieser orientierte sich an der bereits bestehenden, in Nord-Süd-Richtung verlaufenden Hauptverkehrsader der Kaiserallee (heute: Bundesallee) und verband deren räumliches Umfeld durch den neu angelegten, diagonal darauf bezogenen Südwestkorso mit dem ebenfalls noch im Entstehen begriffenen vornehmen Villenort Dahlem. Herzstück der damit geschaffenen städtebaulichen Grundrissfigur, die vom Heidelberger Platz im Norden bis zum Laubenheimer Platz (heute: Ludwig-Bernay-Platz) im Süden reichte, stellte die zu Wilmersdorf gehörende sogenannte Gartenterrassenstadt im Bereich Rüdesheimer Platz/Landauer Straße dar. In der Tat vergegenständlichte ihre Raumbildung und architektonische Gestalt einen innovativen Stadttypus, der in dieser Form in Berlin bis dahin noch nicht existierte. Seine Schöpfung gilt bis in die Gegenwart als eines der qualitativ hochwertigsten und schönsten Wohnquartiere, die das 20. Jahrhundert in das Weichbild der an Stadtmodellen gewiss nicht armen deutschen Hauptstadt eingeschrieben hat. Die inmitten des später dann Rheinisches Viertel beziehungsweise Rheingauviertel genannten Stadtquartiers gelegene Gartenterrassenstadt kennzeichnet hierbei im Besonderen eine auf Harmonie und Balance bedachte Raumbildung, welche die kultivierte gärtnerische Gestaltung der Platz- und Straßenräume mit einer durch solides Handwerk und zurückhaltende Eleganz geprägten Architektur verbindet. Ihre Bebauung erfolgte zwischen 1910 und 1914. Architekt des Wohnquartiers war der von der BBG beauftragte Paul Jatzow (1875–1940). Er schuf die Struktur und Konfiguration der Gartenterrassenstadt, zeichnete für das einheitliche Fassadenbild der in geschlossener Bauweise errichteten Gebäude verantwortlich und erarbeitete auch die Entwürfe für den

34 Ebd., S. 25f.

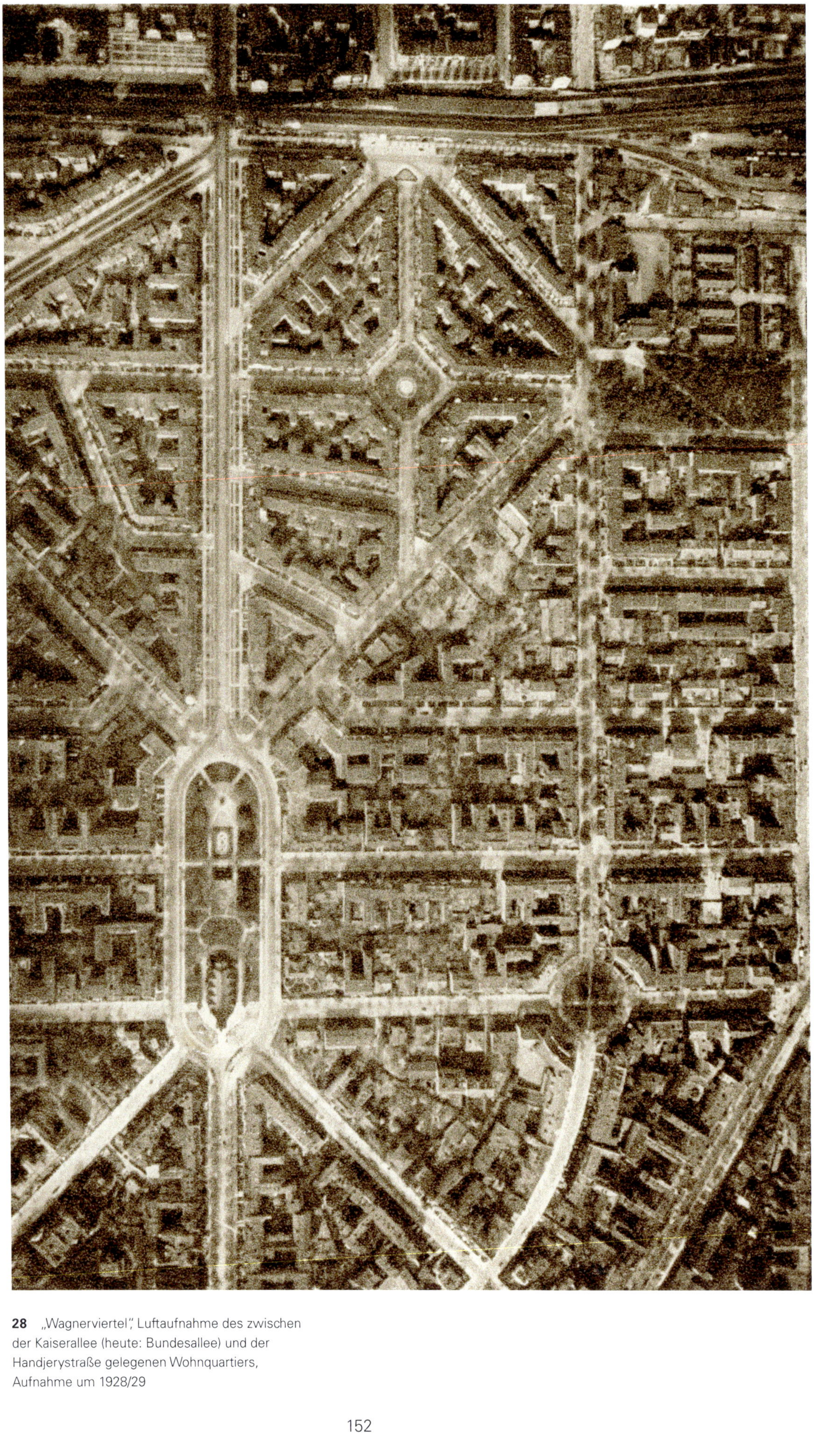

28 „Wagnerviertel", Luftaufnahme des zwischen der Kaiserallee (heute: Bundesallee) und der Handjerystraße gelegenen Wohnquartiers, Aufnahme um 1928/29

29 „Wagnerviertel", Blick auf den Wagnerplatz (heute: Cosimaplatz)

größten Teil der Wohnhäuser. Denn um im Unterschied zum Bayerischen Viertel einen homogenen Quartierscharakter sicherzustellen, war den Käufern der einzelnen Parzellen von der BBG hier die Fassadenarchitektur sowie die Gestaltung der terrassierten Vorgärten vorgeschrieben und im Grundbuch beziehungsweise im Kaufvertrag inhaltlich festgehalten. So zeigt sich dem heutigen Betrachter des nahezu in toto überkommenen Stadtquartiers ein geschlossenes architektonisches Erscheinungsbild der Straßen- und Platzräume, das von viergeschossigen, gelb geputzten Fassaden geprägt wird, vor denen sich gleichförmig gefasste, terrassenartig ansteigende Rasenflächen befinden, die von großzügigen, jeweils getreppten Hauszuwegungen in ihrer Abfolge rhythmisiert werden. Die durchgängigen Fassadenfronten folgen dabei einem einheitlichen, klaren Gestaltungskonzept, das sich an die architektonischen Charakteristika englischer Landhaussiedlungen anlehnt und lediglich in den Erker-, Loggien- und Balkonausbildungen sowie in den zuweilen in Fachwerk ausgeführten Giebelformen der ansonsten in Neigung und Firsthöhe aufeinander sorgsam abgestimmten Dachbereiche variiert. Die Häuser hatten für damalige Verhältnisse im Hinblick auf ihren Wohnkomfort einen hohen Ausstattungsstandard. So verfügen die Wohnungen, von denen mehr als die Hälfte Flächen von 150 bis 250 Quadratmeter aufweisen, über Bäder sowie Zentralheizung. Und in den Treppenhäusern befinden sich Aufzüge.
Den räumlichen Mittelpunkt der bereits vor Fertigstellung in der einschlägigen Fachpresse sowohl als städtebaulich wie auch architektonisch geradezu euphorisch gefeierten Gartenterrassenstadt bildet der Rüdesheimer Platz, der mit seiner herausragenden gärtnerischen Gestaltung durch das Büro Berg/v. Hoven von Beginn an eine signifikant hohe

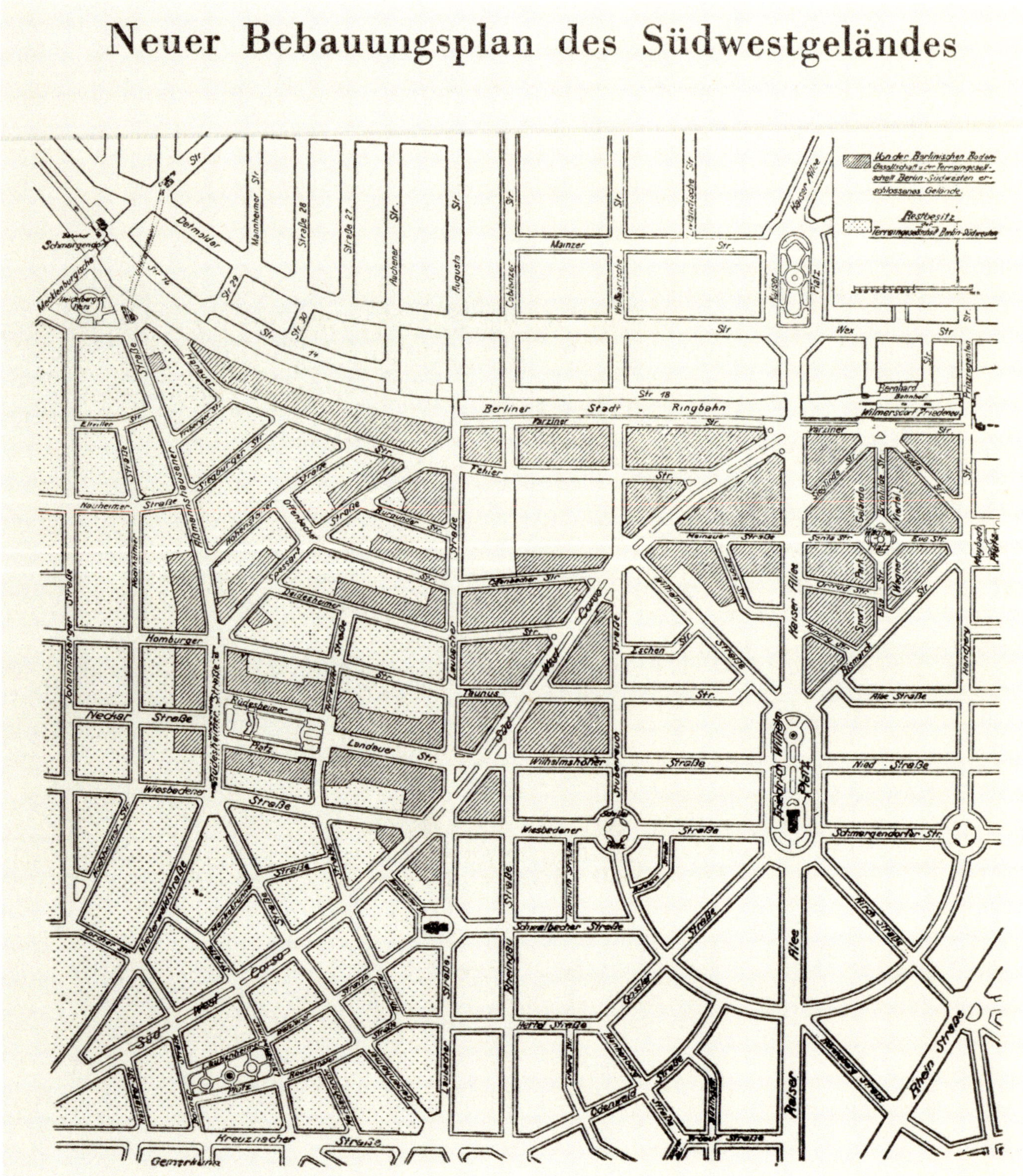

30 Neuer Bebauungsplan des Südwestgeländes mit dem „Wagnerviertel" östlich der senkrecht verlaufenden Kaiserallee (heute: Bundesallee) und der westlich des Südwestkorso gelegenen „Gartenterrassenstadt" um den Rüdesheimer Platz, um 1909

31 „Gartenterrassenstadt", Blick in die Landauer Straße von Osten, Aquarell

32 „Gartenterrassenstadt", Beispiel einer Hausfassade in der Landauer Straße nach den Gestaltungsvorgaben von Paul Jatzow

33 „Gartenterrassenstadt", Blick auf den Rüdesheimer Platz mit der Wohnbebauung von Paul Jatzow, Aufnahme nach 1914

Aufenthaltsqualität besaß. Beherrschender Blickfang der von der BBG initiierten Platzanlage ist eine die gesamte Westkante vereinnahmende monumentale Brunnenanlage, die Emil Cauer d. J. (1867–1946) schuf. Das 1911/12 entstandene Hauptwerk des Künstlers sucht mit seinen überlebensgroßen Sandsteinplastiken Bezüge zum Rheinland herzustellen. So stellt die mittig auf einem mächtigen Felssockel angeordnete Hauptfigur des Brunnens in der Pose des Rossbändigers „Jung-Siegfried" dar, während die allegorischen Seitenfiguren „Vater Rhein" und die „weibliche Mosel" verkörpern. Umsäumt wird die durch die Brunnenanlage bestimmte Platzkulisse von der wie aus einem Guss wirkenden Platzbebauung, die sich in ihrer reduktiven Architektursprache als eine kreative Fortschreibung traditioneller Formenkanons offenbart, die im Neuen den historischen Bezug wiederscheinen lässt.

Einhergehend mit der Bebauung der Gartenterrassenstadt entstand in den Jahren 1909 bis 1913 die sogenannte Wilmersdorf-Dahlemer Untergrundbahn. Sie verband

34 „Gartenterrassenstadt", Rüdesheimer Platz mit dem monumentalen Siegfried-Brunnen des Bildhauers Emil Cauer d. J. von 1911/12

35 „Gartenterrassenstadt", Südeingang des U-Bahnhofs Rüdesheimer Platz nach Entwurf von Wilhelm Leitgebel, 1913

36 „Gartenterrassenstadt", Bahnsteig des U-Bahnhofs Rüdesheimer Platz, 1913

Charlottenburg, Wilmersdorf sowie Dahlem und gewährleistete durch die Anlegung des Bahnhofs Rüdesheimer Platz dem im Entstehen begriffenen neuen Wohnquartier von Beginn an eine optimale Verkehrsanbindung an das Zentrum der Stadt. Die Linie nimmt am Wittenbergplatz ihren Ausgang und führte in Südwestrichtung bis zum in Dahlem gelegenen Thielplatz. Ihr Bau mit den damals architektonisch als bemerkenswert erachteten zehn Bahnhöfen wurde dabei finanziell weitgehend von „der Domäne Dahlem sowie den Interessenten Wilmersdorfs" getragen. Sie gewährten der federführenden Berliner Hochbahngesellschaft die damals enorme Summe von insgesamt 4,5 Millionen Mark als einmaligen Zuschuss, da sowohl die Entwicklung des Villenvorortes Dahlem als auch die des Rheinischen Viertels mit ihrem städtebaulichen Nukleus, der Gartenterrassenstadt, vom

37 Siedlung Tempelhofer Feld, Bebauungsplan von Friedrich Gerlach, 1909

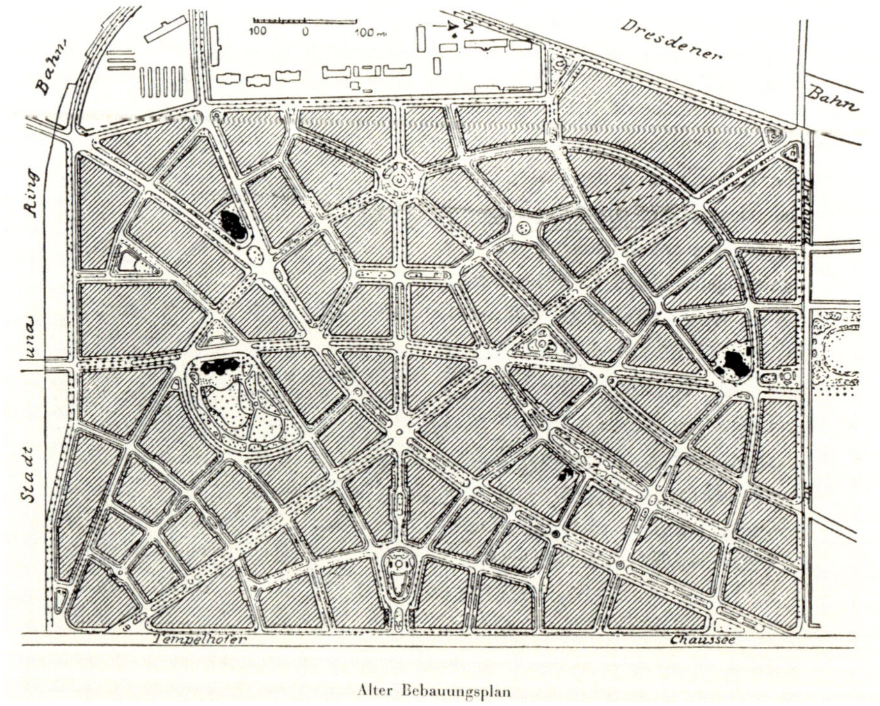

38 Siedlung Tempelhofer Feld, zweiter Bebauungsplan von Friedrich Gerlach, 1911

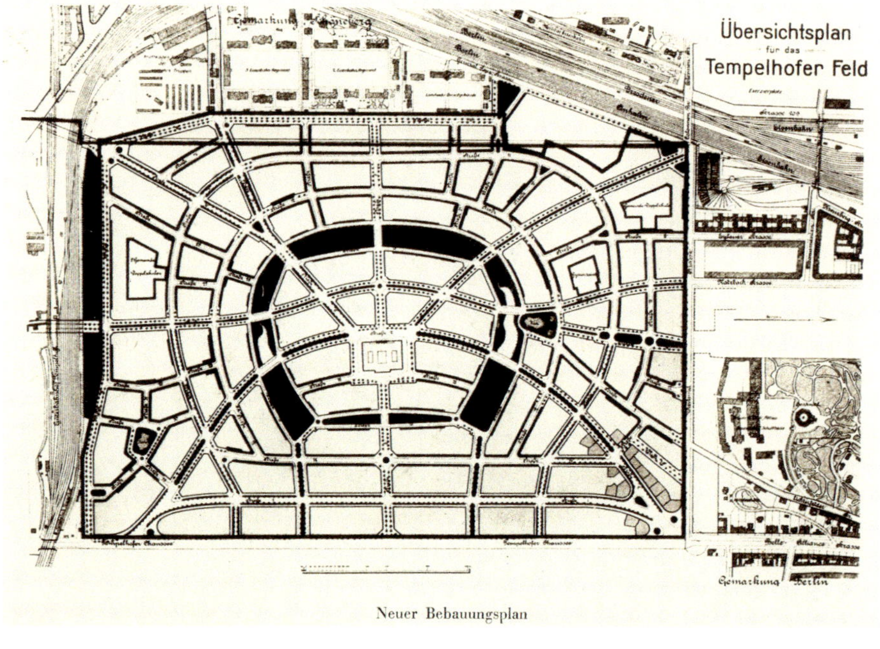

Gelingen des Bahnprojekts in starkem Maße abhängig waren. Indem Georg Haberlands BBG zum Bau und Betrieb der Bahn allein mehr als eine Million Mark beisteuerte, erwies sie sich einmal mehr als ein umsichtiges Unternehmen, das den langfristigen Projekterfolg über das kurzfristige Spekulationsinteresse stellte.

Das letzte bemerkenswerte Terrainprojekt, welches Georg Haberland vor dem Ersten Weltkrieg anging, war die Entwicklung von Teilen des Tempelhofer Feldes, welche die Gemeinde Tempelhof dem Militärfiskus für 72 Millionen Mark abkaufte. Es galt aufgrund der Fläche

39 Siedlung Tempelhofer Feld, Schrägluftbild der an der Nordflanke zwischen 1912 und 1914 realisierten Bebauung, Postkarte um 1914

von mehr als 145 Hektar als der „größte Terrain-Abschluß […] seit Menschengedenken. Durch eine Änderung der Bauordnung und die Zulassung einer dichteren Bauweise hatte der Staat kurz vor dem Verkauf den Wert des ehemaligen Truppenübungsplatzes noch kräftig gesteigert. Angesichts der Dimension des Geschäfts und der Auswirkungen auf das Berliner Terraingewerbe [schien es deshalb] für Georg Haberland eine Existenzfrage gewesen zu sein, hier Einfluss […] zu gewinnen“[35], um an dessen baulicher Umsetzung teilzuhaben. Und so fügte es sich, dass die Deutsche Bank, die mit der Gemeinde Tempelhof wegen der Finanzierung und Verwertung des Geländes eine Vereinbarung getroffen hatte, an Georg Haberland herantrat und ihn bat, aufgrund seiner Erfahrung und Kompetenz bei der Erschließung des Geländes maßgeblich mitzuwirken. Haberland willigte „im Interesse der BBG“ ein und trat 1910 an die Spitze des Vorstands der zur Entwicklung der Areale kurz zuvor eigens gegründeten Tempelhofer Feld AG für Grundstücksverwertung. Anteilseigner der Gesellschaft waren neben der Deutschen Bank die Dresdner Bank, die Bank für Handel und Industrie sowie die Gemeinde Tempelhof.

In der Position des Vorstandsvorsitzenden der Tempelhofer Feld AG trieb Georg Haberland dann die Entwicklung des weitläufigen Terrains tatkräftig und entschlossen voran. Seinem von Camillo Sitte beeinflussten städtebaulichen Verständnis entsprechend befand er auch den hier vorliegenden, noch vom Militärfiskus beauftragten Bebauungsplan für das Tempelhofer Feld, den der Geheime Baurat Friedrich Gerlach (1856–1938) 1909 aufgestellt hatte, für künstlerisch unzulänglich und strukturell unzweckmäßig. Seine Kritik galt vor allem der extremen Dichte, der Unregelmäßigkeit und Engmaschigkeit des Straßennetzes sowie der unvorteilhaften Blocktiefen, die Hinterhäuser ermöglicht hätten. Und so ließ er 1911 einen Wettbewerb mit der Bedingung ausloben, „daß ein Parkgürtel zur Grundlage für den Bebauungsplan vorzusehen sei“.[36] Die Fachpresse konzedierte Haberland angesichts der gestellten Wettbewerbsaufgabe, dass diese als ein Beispiel zu bewerten sei, bei dem Terrainspekulation und Fortschritt im Wohnungsbau keinen Widerspruch darstellten. Aus dem

35 Krauß, Martin/Stier, Bernhard: *Drei Wurzeln – ein Unternehmen …* (wie Anm. 8), S. 219
36 Haberland, Georg: *40 Jahre Berlinische Boden-Gesellschaft …* (wie Anm. 26), S. 33

40 Siedlung Tempelhofer Feld, überarbeiteter Bebauungsplan von Fritz Bräuning, 1919/20

41 Siedlung Tempelhofer Feld, Modell der jetzt „Neu-Tempelhof" genannten Wohnsiedlung

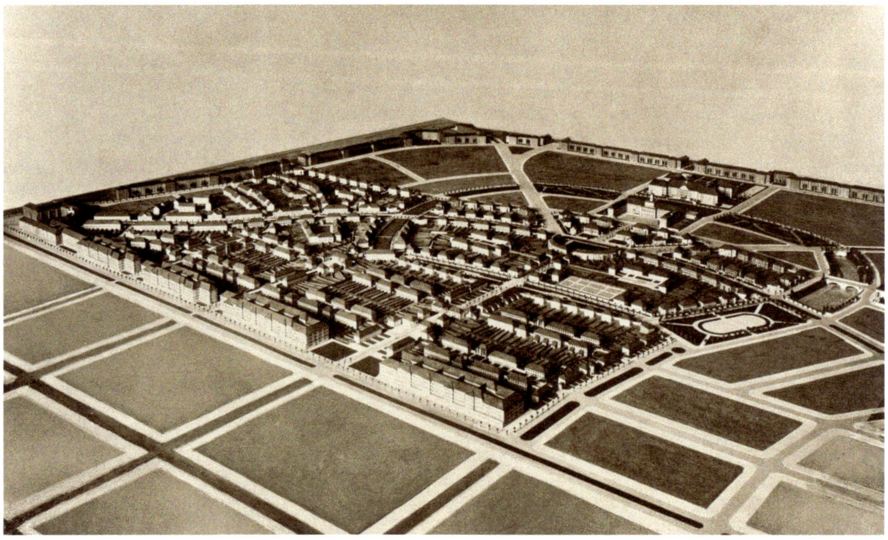

Wettbewerb ging als Gewinner ein von Gerlach völlig neu gefasster Entwurf hervor, der allerdings offenkundig auf eine zwischenzeitlich von Hermann Jansen (1869–1945) im Bieterverfahren um das Tempelhofer Feld für die Stadt Berlin entwickelte Planung rekurrierte, die allgemein als fortschrittlich und zukunftsweisend erachtet wurde. Dem Wettbewerb für den Bebauungsplan folgte noch im selben Jahr ein weiterer zur detaillierten Ausgestaltung des in der Ausschreibung geforderten und im Gerlach-Plan auch explizit vorgesehenen Parkgürtels, den Fritz Bräuning (1879–1951) gewann. Auf der Grundlage von Gerlachs und Bräunings Planung begannen schließlich 1912 die großflächigen Erschließungsarbeiten des Geländes, die dann bei Kriegsbeginn – freilich unvollendet – eingestellt werden mussten. Bis zu diesem Zeitpunkt konnten dabei nur im nordwestlichen Randbereich von Dreibundstraße/Hohenzollernkorso/Kaiserkorso und Tempelhofer Chaussee (heute: Dudenstraße/Manfred-von-Richthofen-Straße/Kaiserkorso und Tempelhofer Damm) einige Wohnhäuser in geschlossener Bauweise realisiert werden. Sie entstanden sämtlichst im Zeitraum von 1912 bis 1914 und erhielten aufgrund der ihnen zugedachten städtebaulichen Funktion

42 Siedlung Tempelhofer Feld, Torgebäude der Siedlung am S- und U-Bahnhof Tempelhof, erbaut nach Plänen von Fritz Bräuning, 1927/28

als „Eingangstor" zum Kerngelände des Quartiers aufwändige Fassadengestaltungen, hinter denen sich in der Regel großzügige Fünf- bis Sieben-Zimmer-Wohnungen mit 185 bis 285 Quadratmetern Wohnfläche befinden. Im Besonderen die drei noch existenten Kopfbauten im Mündungsbereich von Hohenzollernkorso und Kaiserkorso zeichnen sich durch ihren monumentalen Duktus aus, indem sie über dem mit Ladenlokalen besetzten Erdgeschoss jeweils eine in „Großer Ordnung" mit Pilastern oder Wandpfeilern gegliederte Fassade aufweisen. Keinen Geringeren als den damals zu den „großen Baukünstlern seiner Zeit" zählenden Bruno Möhring (1863–1929) hatte man mit dieser gleichermaßen ambitionierten wie anspruchsvollen Entwurfsaufgabe betraut. Als erste bauliche Zeugen der Entwicklungsgeschichte des Tempelhofer Feldes sowie aufgrund ihres mit dem Architekten verbundenen bauhistorischen Bedeutungsgehalts sind sie demgemäß inzwischen in die Berliner Denkmalliste eingetragen worden.

Erst nach 1918 fand dann die planmäßige Bebauung der hinter der nordwestlichen Eingangssituation gelegenen weitläufigen Areale ihre Fortsetzung, wobei die Aufgabenstellung angesichts der veränderten sozialen Bedingungen nun von qualitativ neuen Schwerpunktsetzungen bestimmt wurde. So führte das Problem der zurückkehrenden Kriegsteilnehmer und ihrer Unterbringung im Jahre 1919 zur Gründung der Gemeinnützigen Tempelhofer-Feld-Heimstätten G.m.b.H. Ihr oblag die Aufgabe, auf dem bereits weitgehend mit einem Straßennetz erschlossenen Bauland anstelle eines großstädtischen Wohnquartiers für die Heimkehrer einige Hundert Einfamilienhäuser mit Garten zu errichten. Fritz Bräuning, der bereits seit 1912 den Posten des Gemeindebaumeisters von Tempelhof innehatte und von der Gemeinde mit der Planung des Tempelhofer Feldes beauftragt war, musste deshalb den von Friedrich Gerlach entwickelten Bebauungsplan überarbeiten und den neuen

43 Siedlung Tempelhofer Feld, Wohnzeile am Schulenburgring, erbaut nach Plänen von Fritz Bräuning, 1920–1924

44 Siedlung Tempelhofer Feld, Kolonaden an der Paradestraße, erbaut nach Plänen von Fritz Bräuning, 1920–1924

45 Siedlung Tempelhofer Feld, Wohnbebauung des Hohenzollernkorsos durch den Eingangsbau gesehen, erbaut nach Plänen von Fritz Bräuning, 1920–1926

46 Siedlung Tempelhofer Feld, großstädtische Randbebauung an der Tempelhofer Chaussee (heute Tempelhofer Damm), erbaut nach Plänen von Eduard Jobst Siedler, 1927/28

Gegebenheiten anpassen. Unter weitgehender Beibehaltung der Straßenführung ging es vor allem darum, die Straßenprofile, zumal die der Wohnstraßen innerhalb des Projektgürtels, deutlich schmaler zu fassen, die Bebauungsstruktur insgesamt aufzulockern und die Gebäudeformationen analog zum Typuswechsel der Hausbauten zu verändern. An der baulichen Umsetzung der Pläne für die inzwischen „Neu-Tempelhof" genannte Siedlung, die eingedenk des seit 1912 angelegten Parkgürtels ihrem räumlich-funktionalen Charakter nach dem Muster einer englischen Gartenstadt entsprach, wirkten neben Fritz Bräuning, der vor allem für den gesamten Kernbereich zuständig war, Walter Borchard (1887–1948), Ernst und Günther Paulus (1868–1935/1898–1976) sowie Eduard Jobst Siedler (1880–1949) mit. Die Letztgenannten zeichneten dabei für die die Gartenstadt umfangende und zur Stadt abgrenzende großmaßstäbliche Randbebauung verantwortlich, wobei die nach Entwurf von Eduard Jobst Siedler errichteten Gebäuderiegel entlang der Tempelhofer Chaussee (zwischenzeitlich Berliner Straße, heute: Tempelhofer Damm) noch von der Tempelhofer-Feld-Aktiengesellschaft für Grundstücksverwertung beauftragt wurden.

47 Siedlung Tempelhofer Feld, Blick über den Parkgürtel zur Evangelischen Kirche von Fritz Bräuning, Aquarell von 1929

Insgesamt dauerten die in Bauabschnitten erfolgten Arbeiten von 1920 bis 1932 an, ohne dass sämtliche Flächen, wie im Bebauungsplan vorgesehen, bis dahin überbaut worden waren. Sowohl die „schlüsselfertige Bebauung […] einschließlich aller Straßen und Platzanlagen“[37] der Gemeinnützigen Tempelhofer-Feld-Heimstätten G.m.b.H. als zuvor auch die der Tempelhofer-Feld-A.G. hatte man hierbei der BBG übertragen, die gleichsam in der Funktion eines „Generalübernehmers“ die genannten Planungs- und Baumaßnahmen auch durchführte. Bis Anfang der 1930er Jahre konnten in diesem Zusammenhang von ihr mehr als 1000 Eigenheime sowie in den Etagenhäusern circa 1600 Wohneinheiten geschaffen werden. Den Eigenheimen waren jeweils Nutzgärten zugeordnet, die nach einem vorgegebenen Gestaltungskonzept des Tempelhofer Gartendirektors Rudolf Fischer (1883–1942) angelegt wurden. Er verantwortete auch die gartenkünstlerische Durchbildung des nicht nur von den ansässigen Bewohnern von „Neu-Tempelhof“ schon bald „als Oase“ empfundenen Parkgürtels, der sich mit seiner abwechslungsreichen landschaftlichen Modellierung und den wie eingestreut wirkenden plastischen Bildwerken sowie wohlproportionierten Schmuck- und Spielplätzen für Tempelhof fraglos schon bald als eine Attraktion mit großer Anziehungskraft erwies.

Gleichwohl bleibt festzustellen, dass die zwischen 1911 und 1914 erfolgte planmäßige Erschließung des auf dem Tempelhofer Feld gelegenen Baugeländes mit den im nordöstlichen „Eingangsbereich“ realisierten 56 „herrschaftlichen Wohnhäusern“, die in der Mehrzahl nach Entwürfen von Bruno Möhring und Paul Jatzow errichtet wurden,[38] in der Tat das letzte nennenswerte Terrainprojekt darstellten, das Georg Haberland auf diesem bis dahin zentralen Geschäftsfeld als verantwortlich handelnde Person bewerkstelligte. Ihm sollte kein weiteres mehr folgen. Denn der durch die Zäsur des Ersten Weltkriegs bewirkten Einstellung des Terraingeschäfts im Jahr 1914 folgte nur wenige Jahre später dessen endgültige Aufgabe, da die BBG aufgrund der schwierigen Verhältnisse in der Wohnungswirtschaft der Nachkriegszeit keine Möglichkeit mehr sah, diesen einstmals so prosperierenden Geschäftsbereich wieder aufleben zu lassen.

Der Beginn des Ersten Weltkriegs markierte somit das Ende des über mehr als 20 Jahre währenden „goldenen Zeitabschnitts“, der für Georg Haberland und die Berlinische Boden-Gesellschaft untrennbar mit der großräumigen Entwicklung und Bebauung von bis dahin unerschlossenen Terrains verbunden war. Der faktische Einbruch dieses Tätigkeitsbereiches verlangte demzufolge nach Kompensation. Und so konzentrierte sich die Tätigkeit der von Haberland geführten Gesellschaften in den folgenden Kriegsjahren vornehmlich auf die Ausführung von Bauten für fremde Rechnung. Dies erledigte die 1906 ins Leben gerufene und in ihrer Struktur explizit auf diesen Zweck ausgerichtete Berlinische Bau-Gesellschaft mbH, während sich die Muttergesellschaft derweil auf die Verwaltung und Erhaltung ihres umfangreichen Grundbesitzes beschränkte. Auftraggeber waren in diesen Zeiten, in denen die Baukapazitäten nahezu ausschließlich auf die Kriegswirtschaft gerichtet waren, vor allem staatliche Institutionen wie Ämter und Behörden oder in der Kriegsproduktion tätige Industrieunternehmen.

37 Ebd., S. 78

38 Während Paul Jatzow für einige Parzellen dieses ersten Bauabschnittes komplette Hausentwürfe fertigte, war Bruno Möhring vornehmlich mit der Fassadengestaltung der dort stadträumlich als relevant erachteten Gebäude betraut worden. Die Grundrisse dieser Häuser wurden hingegen von den Architekten des BBG-Planungsbüros entworfen.

48 Pulverfabrik in Plaue (Thüringen), Gebäude des Nitrierwerkes, 1915

Bedeutende Bauaufgaben, die die Berlinische Bau-Gesellschaft mbH im überregionalen Zusammenhang von Militärämtern zur Ausführung überantwortet bekam, waren unter anderem eine Pulverfabrik in Plaue (Thüringen) sowie Flugstationen in Jüterbog und Fürstenwalde (Brandenburg). Für das in der Luftfahrt tätige Unternehmen Schütte-Lanz baute sie eine Luftschiffhalle nebst einer Werksiedlung in Königs Wusterhausen und zusammen mit der Firma Philipp Holzmann mehrere Industriebauten für die Vereinigten Aluminiumwerke in Lauta bei Hoyerswerda (Sachsen). Wie in Königs Wusterhausen schloss der Auftrag auch hier den Bau einer werkseigenen Siedlung mit ein. Das in dieser Form ambitionierteste Projekt stellte jedoch die in Piesteritz bei Wittenberg (Sachsen-Anhalt) errichtete „Arbeiter- und

49 Siedlung Piesteritz bei Wittenberg (Sachsen-Anhalt), Schrägluftbild der Arbeiter- und Beamtensiedlung der dort ansässigen Bayerischen Stickstoff-Werke A.G., erbaut nach Plänen von Otto Rudolf Salvisberg, 1915–1918

Beamtensiedlung“ der dortigen Bayerischen Stickstoff-Werke dar. Hintergrund ihrer Entstehung waren der kriegsbedingte Ausbau der Industrieanlagen und die damit einhergehende Erweiterung der Produktionskapazitäten. Sie erforderten die Beschäftigung einer großen Anzahl auswärtiger Arbeiter, für die kurzfristig Wohnungen geschaffen werden mussten. So kam es zur Beauftragung der BBG, vertreten durch die Berlinische Bau-Gesellschaft, diese Siedlung „für die Arbeiter und Beamten mit Konsumhaus, Ledigenheim, Schule und Kirchen sowie mit allen (dazugehörigen) Straßen und Platzanlagen“[39] zu bauen und schlüsselfertig zu übergeben, wobei es der dringende Bedarf notwendig machte, „einen Teil der Wohnbauten“ innerhalb von vier Monaten bezugsfertig [herzustellen].“[40] Unter Mitwirkung des Architekten Otto Rudolf Salvisberg (1882–1940), den Georg Haberland sowohl mit der Planung der Siedlung als Ganzem als auch mit der Bearbeitung der einzelnen Haustypen beauftragte, konnte man schließlich allen Herausforderungen des komplexen Auftrags gerecht werden. Entstanden ist eine in ihrer architektonischen Klarheit und räumlichen Differenzierung bemerkenswert qualitätvolle Siedlung, die in der Gestaltung der Straßen- und Platzräume explizit auf motivische Elemente der Gartenterrassenstadt um den Rüdesheimer Platz in Berlin-Wilmersdorf anspielte.

Waren die bisher herausgestellten Bauprojekte dieses Zeitraums räumlich über das ganze damalige Reichsgebiet verteilt, hatte die BBG auch einige nennenswerte „kriegswichtige Bauten“ in Berlin und seiner unmittelbaren Umgebung ausführen können. So sind in diesem Zusammenhang die noch heute im Wesentlichen existierenden Werksanlagen der Daimler-Benz Aktiengesellschaft in Marienfelde hervorzuheben, eine Munitionsfabrik und das Elektrizitätswerk in Spandau sowie die Luftschiffhallen des Luftschiffbau Zeppelin in Staaken. Sie alle vereinte – so verschieden ihre Zweckbestimmungen auch waren – eine von Erfahrung und technischer Kompetenz getragene, solide handwerkliche Ausführung, die sich mit einer jeweils den gattungsspezifischen Anforderungen entsprechenden architektonischen

39 Haberland, Georg: *40 Jahre Berlinische Boden-Gesellschaft* … (wie Anm. 26), S. 43
40 Ebd.

50 Waldsiedlung Köpenick, Bebauungsplan von Otto Rudolf Salvisberg, 1919

51 Waldsiedlung Köpenick, Blick in die Wolfsgartenstraße, Aufnahme 1922

Gestaltung verband, was den guten Ruf der von Haberland geführten Unternehmen auch als bauausführende Betriebe festigte und mehrte.

An die Tätigkeiten der Kriegsjahre anknüpfend, prägten dementsprechend auch den nachfolgenden Zeitraum die inzwischen trefflich erprobten Rollen des Bauträgers respektive Bauunternehmens. Die Aufträge, die die BBG erhielt, reichten dabei in der Regel von der Ausführungsplanung über die gesamte Bauausführung bis zur schlüsselfertigen Übergabe. Im Unterschied zu den Jahren zwischen 1914 und 1918 war das Spektrum der Bauaufgaben jedoch wesentlich weiter gefasst. Vor allem gab es auf Berlin bezogen, welches nach wie vor das zentrale Wirkungsfeld der BBG darstellte, einen ungeheuren Bedarf an Kleinwohnungen beziehungsweise mittelgroßen Wohnungen zu decken, die sich angesichts der sozialen

52 Beamtensiedlung Lentzeallee in Dahlem, Blick gegen die Ecke Lentzeallee/Zoppoter Straße mit den Reihenhäusern von Heinrich Schweitzer, 1920/21

Problemstellungen und der gravierenden finanziellen Nöte infolge des verlorenen Krieges einzig als bezahlbar erwiesen. Da dies die privaten Wohnungsbauunternehmen nicht zu leisten vermochten, sahen sich der Staat, die Länder und die Kommunen in der Verantwortung, die Lösung des Wohnungsproblems als eine öffentliche Aufgabe zu begreifen. Und so kam es Anfang der 1920er Jahre zur Gründung einer Reihe von gemeinnützigen Wohnungsbaugesellschaften sowie Wohnungsgenossenschaften, die nunmehr als Bauherren auf den Plan traten. Sie wurden im Rahmen der Wohnungsversorgung für mehr als ein Jahrzehnt zu den maßgeblichen Auftraggebern der BBG. So konnte sie bereits in den schwierigen Jahren bis Ende 1923, die von der Inflation gekennzeichnet waren, zur Milderung der allgemeinen Wohnungsnot für die Stadtgemeinde Köpenick einen ersten Bauabschnitt der Waldsiedlung Köpenick realisieren sowie für die Domäne Dahlem die Beamtensiedlung an der Lentzeallee. Während hier wie dort dazu eigens geschaffene gemeinnützige Gesellschaften die Bauherrenschaft übernommen hatten, erfolgte die Beauftragung der dann 1921 bis 1923 erbauten Siedlung für höhere Beamte an der zum Rheinischen Viertel gehörigen Hanauer und Aßmannshauser Straße durch die Deutsche Erdöl-Aktiengesellschaft. Alle drei Siedlungen – so unterschiedlich sie in ihrem architektonischen Duktus auch waren – zeichneten sich durch ein bemerkenswert hohes Maß an funktionaler wie baulich-räumlicher

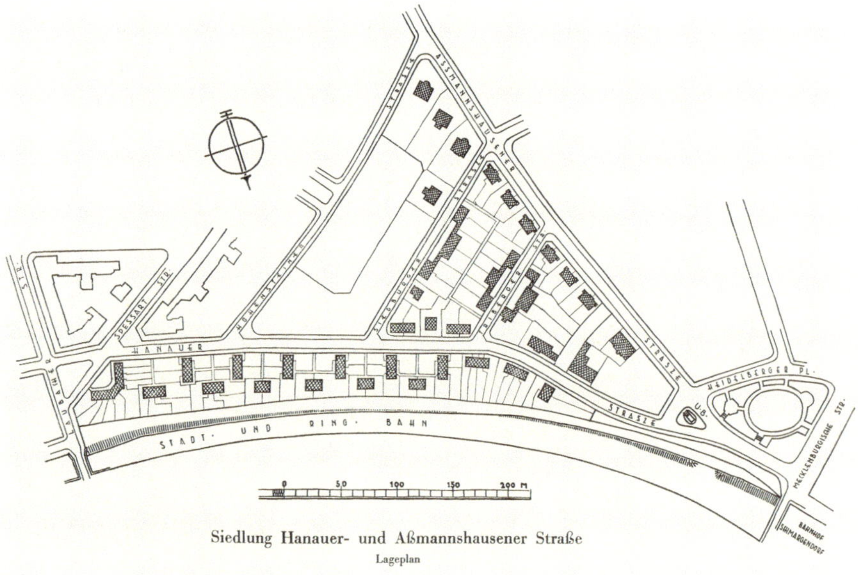

53 Rheinisches Viertel, Lageplan der Siedlung Hanauer und Aßmannshauser Straße

54 Rheinisches Viertel, Blick in die Aßmannshauser Straße mit den villenartigen Häusern von Otto Rudolf Salvisberg, 1921–1923

Qualität aus, die sie nicht zuletzt ihren planenden Architekten verdankten. Denn sowohl für die Waldsiedlung Köpenick als auch für die villenartige Beamtensiedlung zeichnete einmal mehr Otto Rudolf Salvisberg verantwortlich, während der mit pittoresk-ländlichem Gestus gestalteten Siedlung der Domäne Dahlem die Entwurfsplanung von Heinrich Schweitzer (1871–1953) zugrunde lag.

Waren jene Siedlungsprojekte der ersten Jahre nach Beendigung des Ersten Weltkriegs für die BBG wichtige Bauaufgaben, die als positive Zeichen eines – wenn auch gebremsten – wirtschaftlichen Aufschwungs gedeutet werden konnten, setzte mit der Stabilisierung der Währung durch die Einführung der Rentenmark im November 1923 dann in der Tat ein wahrer Bauboom ein, der sich im Besonderen im Wohnungsbau bemerkbar machte. Und die BBG profitierte von dieser Entwicklung dank der ihr zur Verfügung stehenden materiellen wie personellen Kapazitäten, ihrer Planungskompetenz und technischen Erfahrung sowie ihrer kurz zuvor für die „Gemeinnützigen" durchgeführten Referenzprojekte. So kam es durch sie neben einer Anzahl von im In- und Ausland durch Tochtergesellschaften errichteten Wohn- und Siedlungsbauten im Zeitraum 1924 bis 1932 allein in Berlin zum Bau ganzer Wohnquartiere und Siedlungen mit mehreren Tausend Wohneinheiten. Eines der ersten bedeutsamen Projekte, die in diesen Jahren realisiert wurden, stellte die von der BBG nach Plänen von Erich Richter (1882–1969) im Bereich des Nordkanals in Tegel erbaute Siedlung mit mehr als 1200 Klein- und Mittelwohnungen dar. Etwa zeitgleich erstellte sie für verschiedene Wohnungsbaugesellschaften, wie die DeGeWo, die Heimat Gemeinnützige Bau- und Siedlungs-A.G. und die Roland Gemeinnützige Baugesellschaft für Klein- und Mittelwohnungen m.b.H., das städtische Wohnquartier zwischen Prenzlauer Allee, Lychener Straße, Wisbyer Straße und Carmen-Sylva-Straße (heute: Erich-Weinert-Straße) in Prenzlauer Berg mit insgesamt 1400 Wohnungen. Auch hier sorgten bedeutende Architekten, wie Alfred Braun & Josef Gunzenhauser, Franz Fedler & Hans Kraffert (1874–?/1885–1950), Heinrich Reinhardt & Georg Süßenguth (1868–1947/1862–1940) sowie Eugen Schmohl (1880–1926) für die den Bauausführungen zugrunde liegenden Planungen. Des Weiteren

55 Wohnquartier Prenzlauer Berg, Ansicht Gebäude an der Krügerstraße nach Plänen von Eugen Schmohl, 1926/27

wurde die BBG von der Gemeinnützigen Wilmersdorfer Heimstätten-Gesellschaft[41] mit der Bebauung der in Schöneberg gelegenen Blockbereiche zwischen Rubensstraße und Eisackstraße beauftragt. Dort entstanden circa 800 Kleinwohnungen, für die das auf dem Gebiet des Wohnungsbaus weithin bekannte Büro von Paul Mebes und Paul Emmerich (1872–1938/1876–1958) die Entwurfspläne entwickelte. Ihre klar gegliederten Gebäudefronten an der Rubensstraße bildeten das architektonische Pendant zu der zur selben Zeit auf der Westseite der Straße im Entstehen begriffenen Bebauung der „Ceciliengärten", deren Erstellung ebenfalls von der BBG erledigt wurde. Hier war jedoch die Gemeinnützige Heimstätten-Gesellschaft der Berliner Straßenbahn m.b.H. der Auftraggeber. Sie hatte schon 1912

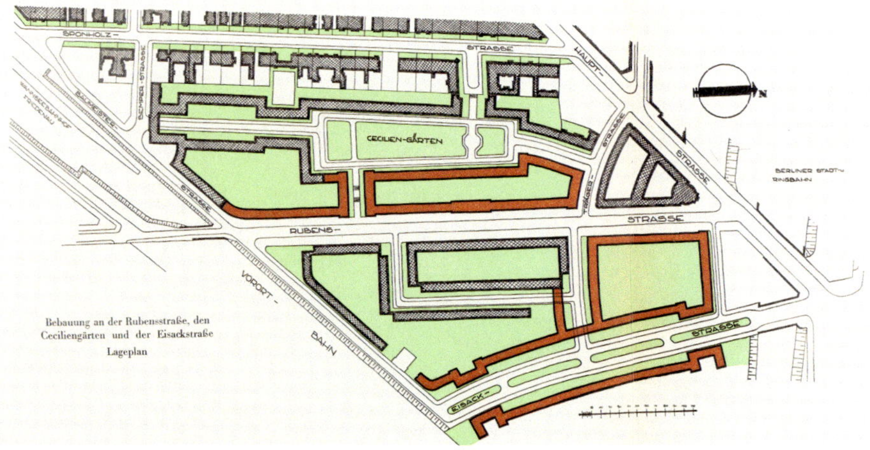

56 Wohngebiet Rubensstraße in Berlin-Schöneberg, Bebauungsplan der östlich der Rubensstraße gelegenen Siedlung der Gemeinnützigen Wilmersdorfer Heimstätten-Gesellschaft sowie der auf der Westseite situierten „Ceciliengärten"

41 Nach Abschluss des Erschließungs- und Bauvertrags ging das Projekt wenig später in die Verfügung der Gemeinnützigen Baugesellschaft Berlin-Heerstraße m.b.H. über.

57 Wohngebiet Rubensstraße, Blick in die Rubensstraße mit den Gebäuderiegeln von Paul Mebes und Paul Emmerich, 1927/28

den Architekten Heinrich Lassen (1864–1953) mit der Erarbeitung des Bebauungsplans befasst, dessen bauliche Umsetzung bedingt durch den Krieg und seine Folgen erst jetzt vorgenommen werden konnte. Die „Ceciliengärten" galten trotz ihrer Bauverzögerung von mehr als zehn Jahren als ein Musterbeispiel sozialreformerischer Bestrebungen im städtischen Wohnungsbau, das konzeptionell auf die Ergebnisse der international vielbeachteten „Allgemeinen Berliner Städtebauausstellung" von 1910 Bezug nahm.

Für die BBG bedeuteten die „Ceciliengärten" darüber hinaus den Einstieg in eine enge Geschäftsbeziehung mit der Gemeinnützigen Heimstätten-Gesellschaft der Berliner Straßenbahn m.b.H., die ihr in der zweiten Hälfte der 1920er Jahre nahezu alle Wohnungsbauvorhaben, die sie in Berlin zu bauen vorsah, zur Ausführung übertrug. In dichter Folge entstanden so über das ganze Stadtgebiet verteilt ein knappes Dutzend beispielhafter Wohnanlagen, wie die am Treptower Park im Bezirk Treptow, die am Freyaplatz in Lichtenberg,

58 Siedlung „Ceciliengärten", Blick in den platzartigen Innenbereich mit der Bebauung von Heinrich Lassen, 1924–1927

die am Hindenburgdamm in Steglitz, die am Preußenpark in Wilmersdorf sowie die an der Gartenstraße in Weißensee. Deren Entwurfsplanungen lagen einmal mehr in den Händen schon bewährter Architekten, die aufgrund ihrer Projekterfahrungen das volle Vertrauen der BBG genossen. In diesem Zusammenhang müssen vor allem Jean Krämer (1886–1943) und Otto Rudolf Salvisberg hervorgehoben werden, die mit ihren Wohnanlagen in der Müllerstraße in Wedding und in der Knobelsdorffstraße in Charlottenburg zwischen 1925 und 1927 beziehungsweise 1927 und 1930 zwei typologische Besonderheiten geschaffen hatten. Denn im Unterschied zu den zuvor genannten reinen Wohnkomplexen waren sie stadträumlich jeweils mit großflächigen Straßenbahndepots kombiniert. Ihren Mustern folgten dann ab 1930 die Anlagen an der Westfälischen Straße in Wilmersdorf und an der Gradestraße in Britz, beide ebenfalls nach Entwürfen von Jean Krämer, sowie die vom Büro Fedler & Kraffert an der Pankower Allee. Ohne Ausnahme kennzeichneten alle fünf von der BBG für die Straßenbahn-Gesellschaft errichteten Anlagen dabei eine an die jeweilige Spezifik des Ortes angepasste städtebauliche Haltung, wobei, architektonisch betrachtet, im Besonderen der „Prototyp“ in Wedding durch seine phantasievolle expressionistische Motivik hervorstach.

Sind mit den oben beschriebenen Wohnprojekten die Haupttätigkeiten der BBG als bauausführende Gesellschaft im Zeitraum 1920–1933 inhaltlich umrissen worden, ist mit dem Bau von Büro- und Geschäftshäusern, Warenhäusern und einigen Sonderbauten schließlich noch ein gewichtiger zweiter Arbeitsschwerpunkt hervorzuheben, der das Unternehmen in seinen Aktivitäten maßgeblich bestimmte. Auslösendes Moment hierfür war die in den frühen 1920er Jahren erfolgte komplette Übernahme der Bauabteilung der Dresdner Bank eingedenk ihrer anstehenden Bauaufgaben. Und solche gab es in großer Zahl, denn „angesichts der Entwicklung während der Inflationszeit, die allen Finanzinstituten eine deutliche Vergrößerung des Beamtenstabes“[42] aufzwang, hatte sich auch bei ihr ein erheblicher Raumbedarf ergeben, den es zu decken galt. So kam es in Dresden,

42 Haberland, Georg: *40 Jahre Berlinische Boden-Gesellschaft…* (wie Anm. 26), S. 155

59 Wohnanlage am Treptower Park, Blick in den Blockinnenbereich mit der Wohnbebauung von Eduard Jobst Siedler, 1925/26

60 Wohnanlage mit Straßenbahndepot Müllerstraße in Berlin-Wedding, Blick auf die Turmbauten von Jean Krämer, 1925–1927

61 Wohnanlage mit Straßenbahnhof Knobelsdorffstraße in Berlin-Charlottenburg erbaut nach Plänen von Otto Rudolf Salvisberg, Blick in den Blockinnenbereich während der Bauarbeiten, 1927–1930

62 Dresdner Bank am Opernplatz (heute: Bebelplatz) in Berlin-Mitte, Umbau und Erweiterung des Gebäudekomplexes nach Plänen von Bruno Möhring und der Gebrüder Hennings, 1922/23

Frankfurt am Main, Köln, Nürnberg und Stuttgart zu notwendigen Erweiterungen respektive Aufstockungen der dort vorhandenen Zweigniederlassungen und in Chemnitz, Danzig, Duisburg, Mönchengladbach sowie Neuss zum Bau neuer Standorte der Bank.

63 Deutsch-Südamerikanische Bank Mohrenstraße in Berlin-Mitte, Ansicht der Straßenfront nach Umbau von Heinrich Schütte, um 1925

64 Haus der deutschen Turnerschaft in Berlin-Charlottenburg, erbaut nach Plänen von Heinrich Schütte, 1926/27

Das in seiner Dimension umfassendste Projekt stellte jedoch zweifellos der grundlegende Umbau und die Erweiterung der Zentrale der Dresdner Bank in Berlin dar. An prominenter Stelle, unweit des Gendarmenmarktes gelegen, vereinnahmte der aus fünf verschiedenen Gebäuden bestehende Baukomplex nahezu ein gesamtes Blockgeviert zwischen Behrenstraße/Opernplatz (heute: Bebelplatz) und Französische Straße. Sein 1922/23 nach Plänen von Bruno Möhring und den Gebrüder Hennings durchgeführter Um- und Anbau beinhaltete dabei die strukturelle Verknüpfung der Grundrisse sämtlicher Gebäudeteile, die Vereinheitlichung der Straßenfronten nach dem Fassadenbild des an der Ecke Behrenstraße/Hedwigskirchgasse befindlichen Hauptgebäudes von 1887–1889, welches Ludwig Heim (1844–1917) konzipierte, sowie die Aufstockung der gesamten Gebäudeanlage um drei Geschosse. Während die monumentale Fassadengestaltung hierbei noch leidliche Anerkennung fand, löste die massive Aufstockung eine der heftigsten Kontroversen in der Architekturdebatte der 1920er Jahre aus. Vor allem der streitbare Architektur- und Städtebautheoretiker Werner Hegemann (1881–1936) prangerte sie als die Zerstörung des Opernplatzes an.[43] Andere Kritiker sahen durch sie die in der Bauordnung festgeschriebene Traufhöhe von 22 Metern vehement infrage gestellt. Und in der Tat folgte eine Reihe von Banken im Umfeld des Gendarmenmarktes dem Vorbild der Dresdner Bank. Vor diesem Hintergrund erhielt die BBG von der Deutsch-Südamerikanischen Bank den

43 Vgl. Hegemann, Werner: *Das steinerne Berlin. Geschichte der größten Mietskasernenstadt der Welt.* Berlin (West) 1963, S. 134ff.

65 Siedlung „Neu-Tempelhof", Schrägluftbild des St.-Joseph-Krankenhauses, erbaut nach Plänen von Friedrich Hennings und Ludwig Hoffmann, 1927–1930

Auftrag, auch ihr Hauptgebäude an der Mohrenstraße entsprechend um- und auszubauen. Die künstlerische Leitung hatte hierbei Heinrich Schütte (1890–1951) übernommen, der zu diesem Zeitpunkt in den Diensten der BBG stand und am Ausbau der repräsentativen Innenbereiche der Dresdner Bank beteiligt war.[44]

Die umfangreiche wie gleichermaßen erfolgreiche Bautätigkeit für die Dresdner Bank verschaffte der BBG im Verlauf der zweiten Hälfte der 1920er Jahre dann eine beträchtliche Anzahl von zum Teil spektakulären Folgeaufträgen Dritter, die sie stets zur vollsten Zufriedenheit der jeweiligen Bauherren zu erfüllen wusste. Mit den in diesem Zusammenhang durchgeführten Bauten setzte sie im urbanen Gefüge der Metropole dabei nicht selten architektonisch signifikante Landmarken. Geradezu beispielhaft stehen hierfür das 1926/27 im räumlichen Kontext des ehemaligen Deutschen Sportforums in Charlottenburg „schlüsselfertig errichtete" Haus der Deutschen Turnerschaft, mit dessen Planung der schon erwähnte Heinrich Schütte betraut war, sowie die 1927/28 in „Neu-Tempelhof" erbaute Evangelische Kirche von Fritz Bräuning und das dortige katholische St.-Joseph-Krankenhaus. Seine Ausführungsplanung hatte die BBG dem Büro von Friedrich Hennings übertragen, während dem legendären ehemaligen Stadtbaurat von Berlin, Ludwig Hoffmann (1852–1932), die

44 Vgl. Haberland, Georg: *40 Jahre Berlinische Boden-Gesellschaft…* (wie Anm. 26), S. 155

66 Wohn- und Geschäftshauskomplex mit Großkino „Lichtburg" am Bahnhof Gesundbrunnen, Blick auf die Gebäudeanlage von Rudolf Fränkel, 1929

künstlerische Oberleitung oblag. Sowohl das einstmalige Haus der Deutschen Turnerschaft als auch der wiederhergestellte vordere Gebäudekomplex des St.-Joseph-Krankenhauses mit der „Christkönigkapelle" und die als Zentralbau ausgeführte „Kirche auf dem Tempelhofer Feld" genießen heute – ob ihrer baugeschichtlichen Bedeutung – als eingetragene Baudenkmale Denkmalschutz.

Zwei weitere bemerkenswerte Bauvorhaben, die von der BBG zum Ende der 1920er Jahre schlüsselfertig übergeben werden konnten, waren zum einen der Wohn- und Geschäftshauskomplex mit Saalbauten und Großkino am Bahnhof Gesundbrunnen und zum anderen das in Arbeitsgemeinschaft mit der Deutschen Bauhütte errichtete Stadtbad Mitte. Als Bauherr des Gesundbrunner Projekts fungierte die Handels-A.G. Atlantic, die hier an der Behmstraße nach Plänen von Rudolf Fränkel (1901–1974) die „Gartenstadt Atlantic" baute. Die bei der BBG in Auftrag gegebene mehrfunktionale Blockbebauung bildete einen wesentlichen Bestandteil der Wohnsiedlung und galt als ihr städtebauliches Entrée. Architektonisch beherrschte der elegant geschwungene Eckbau des Kinopalastes mit 2000 Plätzen den ansonsten streng linear ausgerichteten Gebäuderiegel, der mit seinem rotundenförmigen Dachaufsatz weithin sichtbar war. Dem im Auftrage der Stadt Berlin errichteten Stadtbad lag die Entwurfsplanung Heinrich Tessenows (1876–1950) zugrunde, dem Carlo Jelkmann von der städtischen Bauverwaltung zur Seite stand. Bei der feierlichen Übergabe an die Stadt im Sommer 1930 lobte man seine sachlich strenge und in der Haltung kompromisslose Architektursprache, die allein auf das Handwerk abstellte, und hob hervor, dass mit ihm

67 Ullstein-Haus in Berlin-Tempelhof, Ansicht der Gebäudeanlage von Eugen Schmohl, 1925–1927

„die größte und modernste Anlage [dieser Art] von Groß-Berlin“[45] geschaffen worden sei. Neben diesen in der Regel die Planung mit einbeziehenden schlüsselfertigen Bauausführungen hatten die von Haberland geführten Unternehmen noch eine Reihe von Bauaufgaben übernommen, die sich primär auf die Erstellung des Rohbaus beschränkten. Als herausragende Beispiele sind in diesem Zusammenhang das zwischen 1925 und 1927 nach Entwurf von Eugen Schmohl in Tempelhof erbaute Ullstein-Haus zu nennen, der 1926/27 entstandene fünfte und letzte Bauabschnitt des Warenhauses Wertheim am Leipziger Platz, welchen ebenfalls Eugen Schmohl plante, sowie die 1927 nach Entwurf von Heinrich Straumer (1876–1937) durchgeführte Erweiterung des Warenhauses Nathan Israel in unmittelbarer Nachbarschaft zum „Roten Rathaus“ und das 1927–1929 errichtete Großwarenhaus von Karstadt am Neuköllner Hermannplatz, das Philipp Schäfer (1885–1952) auf der Grundlage amerikanischer Vorbilder konzipierte. Letzte Projekte dieser Kategorie, die von der BBG oder ihrer Tochtergesellschaften in Berlin realisiert wurden, bevor die Bautätigkeit bedingt durch die Weltwirtschaftskrise zum Erliegen kam, waren die Neubauten der Landwirtschaftlichen Hochschule in Dahlem und die dritte Erweiterung der Siemens-Hauptverwaltung in der Siemensstadt.

45 Ebd., S. 176

68 Stadtbad Mitte, erbaut nach Plänen von Heinrich Tessenow und Carlo Jelkmann, Blick in die im Bau befindliche Schwimmhalle, 1929/30

Obschon aber die Wirtschaftskrise das ökonomische Weltgefüge so vehement ins Taumeln gebracht und sich die innenpolitische Situation dramatisch zugespitzt hatte, hielt es Georg Haberland nicht davon ab, positiv gestimmt in die Zukunft zu schauen. Er glaubte beharrlich und fest daran, dass „der deutsche Fleiß und die deutsche Arbeitskraft, die die schweren Zeiten des Krieges und der Inflation überstanden haben, […] auch die jetzige Wirtschaftskrise überwinden [werden].“[46] Und noch zu Beginn des Jahres 1930 gipfelte sein „Ausblick auf das Kommende“ in der pathetisch überhöhten und selbstgewissen Feststellung: „Die Wolken am Himmel unserer Volkswirtschaft dürfen unsere Arbeitskraft nicht erlahmen lassen; wir werden die Nöte verdrängen, und die Sonne des Aufstiegs, die sich uns jetzt verbirgt, sie wird endlich doch wieder im alten Glanze für uns strahlen.“[47]

46 Ebd., S. 200
47 Ebd.

N.JSRAEL
N.JSRAEL

70 Warenhaus Karstadt am Hermannplatz in Berlin-Neukölln, erbaut nach Plänen von Philipp Schäfer, Blick auf den im Bau befindlichen Gebäudekomplex, 1927–29

Gleichwohl sollte es – wie die Geschichte uns lehrt – anders kommen und nur der überraschende Tod Georg Haberlands im November 1933 ersparte es ihm, die brutale Zerschlagung seines Lebenswerks und den endgültigen Niedergang seines stolzen Unternehmenskonsortiums mit ansehen zu müssen.

69 Warenhaus Nathan Israel in der Königsstraße (heute: Rathausstraße) Berlin-Mitte, Ansicht des Neubaus von Heinrich Straumer, 1927

„Wer den Mut hat,
Millionär zu werden,
muß auch den Mut haben,
pleite zu gehen."

(Heinrich Mendelssohn: Interview in der
Neuen Bauwelt, 1951)

ERBAUER DES „NEUEN BERLIN“
HEINRICH MENDELSSOHN (1881–1959)

1 Heinrich Mendelssohn (1881–1959)

Heinrich Mendelssohn war eine der schillerndsten Persönlichkeiten des Berliner Baugeschehens in den „Goldenen Zwanzigerjahren“. In der Öffentlichkeit fiel er durch sein dandyhaftes Auftreten und sein extravagantes Benehmen auf. Stets trug er eine rosa Nelke im Knopfloch des Revers. Und das „Berlinern“ war sein spezifisches Markenzeichen, das er derart intensiv pflegte, dass die Presse nicht umhin kam, ihn auch so zu zitieren.[1] Er galt im Wortsinne als ein echter Selfmade-Man, der mit gerade 20 Jahren als Makler begonnen hatte, dann ins Baugeschäft übergewechselt war und in der Zeit zwischen den beiden Weltkriegen schließlich einige der bedeutendsten Gebäude des „Neuen Berlin“ realisierte. Er begriff sich dabei als Visionär, der seine Vorstellung modernen Lebens in einer Weltstadt zu verwirklichen suchte. So verkündete er Ende der 1920er Jahre gemeinsam mit seinem zeitweiligen Projektpartner Albert Heilmann auf einem in seiner Größe nicht zu übersehenden Bauschild für einen Neubau am Anhalter Bahnhof: „Wir glauben an Deutschland. Wir glauben an Berlin. Berlin entwickelt sich von der Großstadt zur Weltstadt. Berlin tritt ebenbürtig an die Seite der Weltstädte Paris, London, New York. Wir bauen deshalb voller Optimismus das Europa-Haus.“[2]

Mendelssohn verfolgte die Umsetzung seiner Ideen dabei mit dynamischer Leidenschaft und einem schier unendlichen Arbeitseifer. Die zeitgenössische Presse schrieb über ihn, dass er „aus dem ununterbrochenen Verzicht auf ein tägliches warmes Mittagessen eine Weltanschauung gemacht“[3] habe. Mit solchem Eifer konnte er die besten Architekten, potente Finanzgeber und politische Entscheidungsträger für seine Projekte gewinnen und sie so Realität werden lassen. Und er war ein Unternehmer, der auch bereit war, mit Mut und Entschlossenheit Risiken einzugehen. So sagte er: „Wer den Mut hat, Millionär zu werden, muß auch den Mut haben, pleite zu gehen.“[4]

Allein, wie sich Heinrich Mendelssohn, der aus einfachsten Verhältnissen stammte, vor dem Ersten Weltkrieg innerhalb weniger Jahre in die Riege der großen Bauherren hocharbeiten konnte, ist schon beeindruckend und erzählenswert; noch mehr aber, wie er in den 1920er

1 Vgl. „Die kleinen Faruks“. In: *Der Spiegel*, Ausgabe vom 4. Februar 1953, S. 11
2 Vgl. Abbildung des Bauschilds am Europahaus in: Heilmann, Albert: *Das Europa-Haus in Berlin.* Berlin 1931, S. 30
3 „Trümmer-Grundstücke: Das Prestige der Stadt“. In: *Der Spiegel*, Ausgabe vom 30. September 1953, S. 10
4 Schoszberger, Hans: „Interview mit Heinrich Mendelssohn“. In: *Neue Bauwelt*, Heft 40, 1951, S. 656

2 „Europahaus" am Anhalter Bahnhof mit dem Bauschild „Wir glauben an Deutschland. Wir glauben an Berlin", 1931

Jahren zu einer der bedeutendsten Figuren des Berliner Baugeschehens avancierte. In der Tat prägte er mit seinen Bauten die Architektur der Stadt und arbeitete für deren Umsetzung hierbei mit einigen der Vordenker der Architektur seiner Zeit zusammen, etwa mit Otto Firle (1889–1966), Oskar Kaufmann (1873–1956), Heinrich Straumer (1876–1937), Hans Poelzig (1869–1936) und Walter Gropius (1883–1969).

Wie viele seiner jüdischen Mitbürger musste Heinrich Mendelssohn während der Naziherrschaft emigrieren. Bezeichnend für ihn ist jedoch, dass er kurz nach Beendigung des Zweiten Weltkriegs nach Berlin zurückkehrte, um hier für die Restitution seines geraubten Eigentums und den Wiederaufbau der Stadt zu kämpfen. Bis zu seinem Lebensende zeichnete ihn dabei ein unbedingter Gestaltungswille aus, der sich selbst von den großen Verwerfungen seiner Zeit nicht bremsen ließ. Und Berlin blieb dabei immer sein Fokus, war die Stadt, die er zu formen gedachte. Seine bewegte Vita belegt dies eindrücklich.

3 Collage mit den zwischen 1923 und 1931 von Heinrich Mendelssohn errichteten Bauten in Berlin, 1931/32

Am 21. Februar 1881 in Posen als drittes Kind der jüdischen Eheleute Bernhard und Julie Mendelssohn geboren, besuchte Heinrich Mendelssohn die dortige Volksschule und absolvierte danach eine praktische Ausbildung. Früh machte er sich selbstständig und konnte sich bereits 1902 in Berlin als Holzmakler etablieren.[5] Sehr schnell erkannte er hierbei die Chancen und geschäftlichen Möglichkeiten, die der Immobilienmarkt bot. Denn Berlin wuchs rasant und für die rasche Expansion der Stadt mussten weitere Gebiete erschlossen und bebaut werden. Deshalb wechselte er sehr bald die Branche und wendete sich dem Immobilienwesen zu. Hier betätigte er sich rasch sehr erfolgreich als Terrainentwickler, Grundstücksmakler und Bauunternehmer.

In den Jahren bis zum Ersten Weltkrieg, die als erste wichtige berufliche Etappe angesehen werden müssen, bildeten die Terrainentwicklung und der damit verbundene Grundstückshandel die wesentlichen Betätigungsfelder Heinrich Mendelssohns. Vor allem im Berliner Westen erschloss er große Flächen an Bauland. So war er an der Entwicklung des Hansaviertels in Tiergarten und an der Gestaltung des Bayerischen Platzes in Schöneberg beteiligt. Des Weiteren hatte er Anteil an der Erschließung und Bebauung des in Berlin-Wilmersdorf gelegenen Olivaer Platzes einschließlich der in seinem Umfeld befindlichen Konstanzer Straße, Düsseldorfer Straße, Duisburger Straße, Brandenburgischen Straße, Paulsborner Straße und Eisenzahnstraße.[6]

Gleichzeitig beschaffte er Grundstücke für wichtige Einzelbauten. Wie hartnäckig und durchsetzungsfähig Heinrich Mendelssohn dabei vorging, lässt sich an zwei Begebenheiten aus dieser Zeit ablesen: So war die Vorbedingung für die Vermittlung eines Grundstücks westlich des Bahnhofs Alexanderplatz an das Warenhausunternehmen Wertheim die Versetzung der Königskolonnaden, die nach Plänen Carl von Gontards (1731–1791) in den Jahren 1777 bis 1780 zur architektonischen Nobilitierung der dortigen Königsstraße (heute Rathausstraße) errichtet worden waren. Da der ehemalige Festungsgraben und die Königsbrücke bereits dem Bau des Bahnhofs Alexanderplatz und der Stadtbahn weichen mußten, bildeten sie das einzige noch verbliebene Hindernis für die vorgesehene Verbreiterung der Königsstraße und die Neubebauung des hinter den Kolonnaden liegenden Terrains. Heinrich Mendelssohn gelang es schließlich, trotz erheblichen Widerstands gegen ihre Versetzung, die von einigen Zeitgenossen als Vandalismus empfunden wurde,[7] den Magistrat der Stadt zu überzeugen und ihre Translozierung durchzusetzen. Und so wurden die Königskolonnaden sorgsam abgebaut und 1910 an ihren heutigen Standort am Kleistpark in Schöneberg versetzt. Kurz danach konnte Mendelssohn das nun freigemachte Grundstück an Wertheim übergeben, auf dem das Unternehmen dann in den Jahren 1910/11 ein weiteres Warenhaus errichten ließ.

Auch beim Versuch, mit dem Eigentümer des Grundstücks Reichpietschufer 60–62 in Berlin-Tiergarten Kontakt aufzunehmen, bewies Mendelssohn seinen langen Atem bei der Akquise geeigneten Baugrunds. Über Jahre erhielt er nie eine Antwort auf seine unzähligen schriftlichen Kaufgesuche. Doch dann wechselte der Eigentümer und Mendelssohns Beharrlichkeit wurde belohnt. Denn der neue Eigner zeigte sich gesprächsbereit und war geneigt, an ihn zu verkaufen. So erwarb Heinrich Mendelssohn das Grundstück und veräußerte es bald mit Gewinn an die Rhenania-Ossag, die heutige Deutsche Shell AG, die dort dann in den Jahren 1930–1932 das legendäre „Shell-Haus" nach einem Entwurf Emil Fahrenkamps (1885–1966) errichtete, das zu einer Ikone der Architektur des 20. Jahrhunderts werden sollte.[8]

5 Vgl. „Man nennt ihn ‚HM'". In: *Welt am Sonntag*, Ausgabe vom 3. Februar 1957
6 Ebd.
7 Vgl. Mendelssohn, Heinrich: „Die Stadt am Alexanderplatz". In: Wagner, Martin/Behne, Adolf (Hg.): *Das Neue Berlin. Grossstadtprobleme.* Berlin 1988 (Reprint der Ausgabe von 1929), S. 102
8 Vgl. Schoszberger, Hans: „Interview mit Heinrich Mendelssohn". In: *Neue Bauwelt*, Heft 40, 1951

4 Neubau des Warenhauses Wertheim am Bahnhof Alexanderplatz, erbaut nach Plänen von Heinrich Kayser & Karl von Groszheim, 1910/11

5 Die Königskolonnaden in der Königsstraße (heute Rathausstraße) kurz vor ihrer Abtragung zugunsten der Errichtung des Warenhauses Wertheim, Aufnahme um 1909

Heinrich Mendelssohn war in den Jahren vor dem Ersten Weltkrieg aber nicht nur als Terrainentwickler und Grundstücksmakler tätig, sondern auch schon als Bauunternehmer. Das am besten dokumentierte Projekt dieser Zeit ist das in den Jahren 1911/12 erbaute „Kaufmannshaus“ am Halleschen Ufer, mit dem er ein „den vorbildlichen Geschäftspalästen der Berliner Großbanken ebenbürtig[es]“[9] Geschäftshaus schaffen wollte. Mit der künstlerischen Oberleitung beauftragte er den Architekten Adolf Wollenberg (1874–1951), der für das Grundstück Hallesches Ufer 12–13 (später Nr. 30) in Berlin-Kreuzberg ein dementsprechend repräsentatives Haus plante, dessen Hauptfassade er durch Wandpfeiler in großer Ordnung gliederte. Wollenberg war auch für die innenarchitektonische Gestaltung verantwortlich, bei der er auf ausdrücklichen Wunsch Mendelssohns hochwertige Materialien wie Marmor und Bronze verwendete,[10] denn dieser hatte bereits in einer Werbebroschüre für das Haus herausgestellt, dass die Innenwände in „echtem Material“[11] verkleidet werden würden.

6 „Kaufmannshaus“ am Halleschen Ufer, Perspektivische Zeichnung der Ansicht, erbaut nach Plänen des Architekten Adolf Wollenberg, 1911/12

7 „Kaufmannshaus“ am Halleschen Ufer, Zeichnung mit Blick in die Wandelhalle

9 Mendelssohn, Heinrich: Werbebroschüre Kaufmannshaus Berlin SW. Hallesches Ufer 12–13. Berlin o. J. (1911), o. S.

10 Vgl. Menzel, Dana: *Der Architekt Adolf Wollenberg. Leben und Werk.* Berlin 2007, S. 217

11 Mendelssohn, Heinrich: Werbebroschüre Kaufmannshaus Berlin SW. Hallesches Ufer 12–13. Berlin o. J. (1911), o. S.

Das „Kaufmannshaus" am Halleschen Ufer offenbart einen frühen Einblick in die Arbeits- und Denkweise Mendelssohns. Wie auch bei späteren Projekten hatte er bei der Planung und dem Bau des Gebäudes das Ziel, etwas Außergewöhnliches für Berlin zu schaffen. Deshalb berief er sich auf Vorbilder aus anderen Städten und Ländern als Referenz für sein Projekt. Schon mit dem Gebäudenamen bezog er sich auf ein bekanntes Hamburger Beispiel, wie er selbst ausführte: „Das größte und komfortabelste Kontorgebäude in Hamburg heißt ‚Kaufmannshaus'. Dieser Name ist in Hamburg so populär geworden, dass jedes Hamburger Kind darüber, wo sich das ‚Kaufmannshaus' befindet, Auskunft geben kann."[12] Und in den Werbeunterlagen für das Haus wies er explizit darauf hin, dass er für die Grundrissplanung herausragende Beispiele aus New York und London ausgewertet habe.[13]

Zwei weitere Projekte, an deren Zustandekommen Mendelssohn in dieser Zeit Anteil hatte, sind der Gebäudekomplex der Reichsversicherung für Angestellte (heute: Deutsche Rentenversicherung) und das sogenannte Marmorhaus, wobei die genauen Umstände seiner jeweiligen Beteiligung jedoch nicht mehr zu rekonstruieren sind. Sehr wahrscheinlich bestand seine Mitwirkung an der Entwicklung des Gebäudeblocks der Reichsversicherung für Angestellte am Fehrbelliner Platz in Berlin-Wilmersdorf, welcher – verzögert durch den Ersten Weltkrieg – 1921/22 nach Plänen des Architekten Georg Reuter entstand, in der Bauvorbereitung bzw. in seiner Eigenschaft als Grundstücksmakler. Nicht wesentlich anders wird es sich beim Marmorhaus am Kurfürstendamm verhalten haben, welches bereits in den Jahren 1912/13 nach Entwürfen des ungarischen Architekten Hugo Pál (1875–1932) als aufwendiger Kinopalast erbaut wurde. Aber auch hier ist in Bezug auf seine Tätigkeit im Einzelnen nichts Näheres überliefert.

Die florierenden Geschäftstätigkeiten Mendelssohns erfuhren dann mit Beginn des Ersten Weltkriegs im Jahr 1914 eine abrupte Unterbrechung, die bis 1918 anhielt; in den letzten Kriegsjahren diente Heinrich Mendelssohn als Soldat in Belgien. Aber schon bald nach Beendigung des Krieges nahm er seine Tätigkeiten in Berlin wieder auf und das nun folgende Jahrzehnt sollte das erfolgreichste seiner Karriere werden. Bereits Anfang der 1920er Jahre war er durch seine Aktivitäten in Berlin ein allseits geachteter und angesehener Mann sowie ein überregional bekannter Bauentwickler. Zwischenzeitlich hatte Heinrich Mendelssohn Johanna Hildegard Bauerschmidt geheiratet, mit der er bis zu seinem Lebensende zusammenblieb. Schon bald nach ihrer Hochzeit ließen die Eheleute ihre kurz zuvor erworbene Villa in der Sophienstraße 24 in Berlin-Charlottenburg aufwendig ausbauen.[14] Mit dem Umbau und der Ausgestaltung beauftragten Heinrich und Hildegard Mendelssohn im Mai 1920 den Architekten Oskar Kaufmann (1873–1956), der auf expliziten Wunsch der Bauherrschaft eine aufwendige Innengestaltung in „Rokokoformen" entwarf, die dann bis 1921 ausgeführt wurde. Welches Augenmerk Mendelssohn dabei auf architektonische Details richtete, lässt sich an einem Streit zwischen ihm und der die Glasarbeiten ausführenden Firma Heinersdorff ablesen, der er eine „absolut stilwidrige Ausführung der Vögel" in der Bleiverglasung vorwarf. Denn diese seien statt in dem in den Räumen vorherrschenden „Rokoko-Stil im romanischen Stil" ausgeführt worden.[15]

12 Ebd.
13 Ebd.
14 Während das Haus im Zweiten Weltkrieg zerstört wurde, ist die Straße mit ihren Grundstücken in den 1950er Jahren aufgelassen worden. Sie sind heute Bestandteile des sogenannten Nordgeländes der Technischen Universität Berlin.
15 Vgl. Hansen, Antje: *Oskar Kaufmann. Ein Theaterarchitekt zwischen Tradition und Moderne*. Berlin 2001, S. 305

8 Anzeige für den Ideenwettbewerb für ein Hochhaus am Bahnhof Friedrichstraße, 1. November 1921

Preisausſchreiben
der Turmhaus-
Actiengeſellſchaft Berlin

Unter den Mitgliedern des Bundes Deutscher Architekten in Deutschland wird ein **Ideenwettbewerb** ausgeschrieben zur Erlangung von Entwurfsskizzen für die Bebauung des Geländes am Bahnhof Friedrichstraße in Berlin mit einem Hoehhaus. —

Verlangt werden an Zeichnungen:

1. Lageplan 1 : 400
2. Grundriß, Schnitte und Ansichten 1 : 200
3. 2 Schaubilder 1 : 200
4. Erläuterungsbericht.

An Preisen werden ausgesetzt:

1. Preis:	30 000 Mark
2. Preis:	25 000 „
3. Preis:	15 000 „
weitere 6 vierte Preise à 5000 = . . .	30 000 „
	100 000 Mark

Das Preisgericht haben übernommen:

1. Geh. Reg.-Rat German Bestelmeier BDA Berlin,
2. Oberbaurat Prof. Dr.-Ing. Billing BDA Karlsruhe,
3. Geheimrat Prof. Dr.-Ing. Brix Charlottenburg,
4. Rechtsanwalt und Notar Dr. Etscheit Berlin,
5. Bankier Hagen Berlin,
6. Stadtbaurat Hahn Berlin,
7. Geh. Baurat Ludwig Hoffmann Berlin,
8. Direktor Dr. de Laporte Berlin,
9. Heinrich Mendelssohn Berlin,
10. Architekt Carl Oettiger BDA Berlin,
11. Geh. Reg.-Rat Reichle Berlin,
12. Professor H. Straumer BDA Berlin,
13. Geh. Baurat Wittig, Berlin.

Als Ersatzleute treten ein für:

1— 3 Architekt Jürgen Bachmann BDA Berlin,
6— 7 Architekt Albert Geßner BDA Charlottenburg,
12—13 Architekt Henry Groß BDA Charlottenburg,

und für:

4— 5, 8— 9, 10—11 Justizrat Pinner Berlin.

Einlieferungstermin **2**. Januar 1922 an die Geschäftsstelle der Turmhaus-Actiengesellschaft, Berlin SW. 48, Wilhelmstraße 11, I., von wo die Unterlagen gegen postfreie Einsendung von M. 20,—, die bei Einreichung eines Entwurfes rückvergütet werden, bezogen werden können.

Berlin, den 1. November 1921.

Turmhaus-Actiengéſellſchaft
Der Vorſtand:
Carl Oettinger, Architekt BDA.

In Bezug auf seine beruflichen Aktivitäten hatte Heinrich Mendelssohn, wie auch andere Terrainentwickler, in der Zeit nach dem Ersten Weltkrieg sehr bald den Schwerpunkt seiner Arbeit verlagern müssen.[16] Von nun an traten Grundstückshandel und Terrainentwicklung in den Hintergrund. Stattdessen verfolgte er den Bau einzelner großer Projekte. Nicht zuletzt waren hierbei die Partner der Turmhaus-Actiengesellschaft wegweisend, die mit ihm 1921/22 den Wettbewerb für ein Hochhaus am Bahnhof Friedrichstraße veranstalteten.[17] Er selbst war zweitgrößter Aktionär und die treibende Kraft der Gesellschaft, deren Aufsichtsrat neben Mendelssohn vier weitere Mitglieder angehörten, von denen zwei eine besondere Erwähnung verdienen. Denn mit Joseph Brix (1859–1949) hatte er einen der wichtigsten Stadtplaner Berlins als Aufsichtsratsvorsitzenden der Gesellschaft gewinnen können. Brix hatte unter anderem in den Jahren 1908 bis 1910 die Gartenstadt Frohnau in Berlin-Reinickendorf geplant. Und mit dem Bankier Louis Hagen jr. saß der „Berliner Statthalter" eines der einflussreichsten deutschen Privatbankiers der 1920er Jahre, Louis Hagen, im Aufsichtsrat. Mit Louis Hagen im Hintergrund, der im Jahr 1927 die ungeheure Zahl von 58 Aufsichtsratsmandaten auf sich vereinte, war die Turmbau-Aktiengesellschaft auch in der deutschen Wirtschaft hervorragend vernetzt.

Aber auch die Namen der an der Konkurrenz teilnehmenden Architekten veranschaulichen, dass Mendelssohn an diesem besonderen Ort der Stadt etwas Herausragendes zu schaffen gedachte. Denn an dem Wettbewerb, der für die architektonische Entwicklung gleichbedeutend mit dem nahezu zeitgleich in den USA veranstalteten Wettbewerb für den Chicago Tribune Tower war, beteiligten sich so hochkarätige Baukünstler wie Hugo Häring (1882–1958), Bruno Möhring (1863–1929), Hans Poelzig (1869–1936), Otto Kohtz (1880–1956),

16 Als bedeutendstes Beispiel sei hier auf Georg Haberland (1861–1933) verwiesen.

17 Zimmermann, Florian (Hg.): *Der Schrei nach dem Turmhaus* (Katalog zur Ausstellung im Bauhaus-Archiv Berlin). Berlin 1988, S. 29ff.

Hans Scharoun (1893–1972) und Ludwig Mies van der Rohe (1886–1969). Mies van der Rohes Entwurf – der allerdings damals kaum Aufmerksamkeit erlangte – wurde später zu einer Ikone für die Architektur des 20. Jahrhunderts und ging damit in die große europäische Baugeschichte ein.

Vor allem an der allgemeinen wirtschaftlichen Lage und den ökonomischen Bedingungen im Baugewerbe wird es gelegen haben, dass es bei der Entwurfsplanung blieb und das Hochhaus an der Friedrichstraße nie gebaut wurde. Dasselbe Schicksal erfuhr auch die von Mendelssohn geplante Wohnbebauung auf dem Gelände des „Berlin Golf Club" genannten ersten Berliner Golfplatzes am Spandauer Damm, Ecke Bolivarallee in Berlin-Westend.[18] Immerhin waren die Jahre von 1921 bis 1923 in Deutschland von einer Inflation geprägt, wie es sie in den großen europäischen Industrienationen seitdem nicht mehr gegeben hat. So erhöhte sich zum Beispiel das Porto für Briefe von 60 Pfennig im Oktober 1921 auf sechs Mark im Oktober 1922, um dann weiter bis auf 2.000.000 Mark im Oktober 1923 zu steigen, ehe im November des Jahres die Rentenmark eingeführt wurde und die Währung damit stabilisiert werden konnte.

Auch wenn das Hochhaus an der Friedrichstraße letztlich nicht realisiert wurde, zeigt seine Planung, in welchen neuen Dimensionen Heinrich Mendelssohn mittlerweile dachte und über welche Kontakte er in der deutschen Gesellschaft verfügte. Und als 1924 der wirtschaftliche Aufschwung begann, war er bereit und fest entschlossen, diesen für die Durchsetzung seiner Projekte zu nutzen. Denn die Konjunktur nahm nun schnell Fahrt auf. Die Einführung der Rentenmark hatte die Inflationsspirale gestoppt und der 1924 verabschiedete Dawes-Plan,[19] der die Reparationszahlungen Deutschlands neu regelte und der ökonomischen Leistungsfähigkeit der Weimarer Republik anpasste, ermöglichte die Erholung der Wirtschaft. Gleichzeitig erhielt Deutschland ab 1924 vermehrt US-amerikanische Kredite, die die Konjunktur zusätzlich beflügelten. Von diesem „ökonomischen Rückenwind" profitierte auch Mendelssohn, der in der Zeit bis zur deutschen Bankenkrise des Jahres 1931 einige der bemerkenswertesten Gebäude Berlins verwirklichen konnte.

Der erste, im Verhältnis zu seinen späteren Projekten noch kleinere, aber schon aufsehenerregende Bau, den er realisierte, war das „Haus am Tiergarten" in der Bellevuestraße 11. Für das Grundstück hatte die Wiederaufbau-Aktiengesellschaft für die Errichtung von Wohnbauten (WIDAG) unter dem Vorsitz Heinrich Mendelssohns bereits 1921 einen Architektenwettbewerb ausgeschrieben, an dem viele damals bekannte Architekten, unter anderem Peter Behrens (1868–1940) und Erich Mendelssohn (1887–1953), mit dem Heinrich Mendelssohn weder verwandt noch verschwägert war, teilgenommen hatten.[20] Sieger des Wettbewerbs wurden jedoch die zu diesem Zeitpunkt noch relativ unbekannten Architekten Siedler & Kaiser; ihr Entwurf musste wegen diverser Einwände des einflussreichen Stadtbaurats Ludwig Hoffmann (1852–1932) allerdings noch mehrmals geändert werden. Infolgedessen erfuhr das „Haus am Tiergarten" erst 1925 unter der Leitung von Heinrich Straumer (1876–1937) seine endgültige Fertigstellung.

18 Vgl. Golf- und Land-Club Berlin-Wannsee e. V. (Hg.): *1895–1995. 100 Jahre Golf- und Land-Club Wannsee*. Berlin 1995, S. 11

19 Der unter dem Vorsitz von Charles Gates Dawes (1865–1951) in der alliierten Reparationskommission erarbeitete „Dawes-Plan" sah eine Reduktion der Reparationszahlungen auf zunächst eine Milliarde Goldmark im Jahr 1924 vor. Durch diese Senkung konnte sich die deutsche Wirtschaft zumindest temporär wieder erholen. Charles Gates Dawes erhielt 1925 den Friedensnobelpreis für seine Bemühungen, die Spannungen zwischen Deutschland und Frankreich zu reduzieren.

20 Vgl. Hansen, Antje: *Oskar Kaufmann. Ein Theaterarchitekt zwischen Tradition und Moderne*. Berlin 2001, S. 361

9 Blick auf den Kemperplatz mit dem „Haus am Tiergarten", Aufnahme um 1930

10 „Haus am Tiergarten" in der Bellevuestraße 11, erbaut nach Plänen von Siedler & Kaiser sowie Heinrich Straumer, 1921–1925

11 Café Schottenhaml im „Haus am Tiergarten", Blick in den Spiegelsaal

Das „Haus am Tiergarten" gehörte nach seiner Indienstnahme zu den repräsentativsten Bauten im damals exklusiven Tiergartenviertel.[21] Unweit der feinen Tiergartenstraße und direkt am damaligen Kemperplatz mit dem im Zweiten Weltkrieg zerstörten Rolandsbrunnen des Bildhauers Otto Lessing (1846–1912) gelegen, befand sich das elegante fünfgeschossige Gebäude in exponierter Lage. Mendelssohn hatte zunächst geplant, das Haus als „Messepalast" zu nutzen, vermietete die Etagen später jedoch an einzelne Mieter. So wurde im Erdgeschoss in den Jahren 1926/27 das berühmte Café Schottenhaml durch Oskar Kaufmann (1873–1956) eingerichtet. Dieses lud mit einem zweigeschossigen Spiegelsaal mit angrenzender Bar die Berliner Gesellschaft zum Verweilen ein. Die Obergeschosse des

21 Vgl. „Trümmer-Grundstücke: Das Prestige der Stadt". In: *Der Spiegel*, Ausgabe vom 30. September 1953, S. 10

12 Das „Romanische Forum" mit der Kaiser-Wilhelm-Gedächtnis-Kirche, dem „Haus am Zoo" und dem Kino „Capitol" in Berlin-Charlottenburg, Aufnahme um 1930

Gebäudes wurden hingegen von verschiedenen Unternehmen als Büroflächen beziehungsweise Repräsentanzen genutzt.

Als nächstes Projekt an prominenter Stelle folgte in den Jahren 1925/26 das „Haus am Zoo" in der Budapester Straße in Berlin-Charlottenburg. Auf Wunsch Kaiser Wilhelms II. (1859–1941) war der dortige Auguste-Viktoria-Platz (heute: Breitscheidtplatz) als „Romanisches Forum" gestaltet worden. Er wurde geprägt von der nach einem Entwurf Franz Schwechtens (1841–1924) in den Jahren 1890–1895 errichteten, stilistisch an romanischen Kirchen des Rheinlands orientierten Kaiser-Wilhelm-Gedächtniskirche. Neben dem monumentalen Kirchenbau entstanden zwischen 1894 und 1907 noch zwei Wohn- und Geschäftshäuser (das „Erste und Zweite Romanische Haus") sowie die sogenannten Ausstellungshallen. Während die „Romanischen Häuser" ebenfalls von Franz Schwechten geplant wurden, zeichnete der Architekt Carl Gause (1851–1907) für die Ausstellungshallen verantwortlich.

Diesem „romanischen Gebäude-Ensemble" stellte der von Mendelssohn ausgewählte Entwurf Hans Poelzigs (1869–1936) mit seinem „Haus am Zoo" einen starken architektonischen Kontrast gegenüber. Der langgestreckte Gebäuderiegel beherbergte in seiner großzügigen, zweigeschossigen Ladenzeile das Kino „Capitol", das bei seiner Eröffnung 1314 Kinobesuchern Platz bot, sowie verschiedene exklusive Geschäftslokale. So unterhielt auch die Pianofirma C. Bechstein hier einen von Oskar Kaufmann aufwendig gestalteten

13 Blick auf das „Haus am Zoo" mit dem Kino „Capitol", entworfen von Hans Poelzig, 1925/26

Verkaufsraum.[22] Der klare, sachliche Duktus, der die Architektur des „Hauses am Zoo" prägte, sollte für Mendelssohn eine bedeutende Richtungsentscheidung sein. Denn nachdem seine bisherigen Projekte, wie das „Kaufmannshaus" am Halleschen Ufer und das „Haus am Tiergarten", einer eher konservativen Architekturhaltung verpflichtet gewesen waren, sollte das „Haus am Zoo" nun in eine neue architektonische Dimension vorstoßen, die in Fortschreibung der großen Linien des klassischen Architekturkanons konsequent auf Reduktion und Abstraktion setzte.

Mit dem architektonischen Paradigmenwechsel ging der Sprung in neue Projektgrößenordnungen einher. Die von Mendelssohn ab 1926 verfolgten Hochhausprojekte machten ihn zu einem der ambitioniertesten Bauherren Berlins und zogen ihn zwangsläufig mitten in die zu dieser Zeit tobende städtebauliche Debatte hinein. Dabei trat er auch publizistisch für seine Überzeugungen ein. Er glaubte fest daran, dass Berlin sich zu einer London und New York ebenbürtigen Weltstadt entwickeln würde und leitete daraus die Notwendigkeit des Baus von Großhotels in Form von Hochhäusern ab. So erklärte er in einem Artikel in *Wasmuths Monatsheften der Baukunst* im Jahre 1928: „Dies wird sofort klar, wenn man sich das interessante Stevenshotel in Chicago mit dreitausend Zimmern und Versammlungsräumen für achttausend Personen in einem fünfstöckigen Gebäude untergebracht denkt. Dann wären die horizontalen Gänge in jedem Stockwerk dieses Gebäudes etwa 2400 Meter lang, der

22 Vgl. Hansen, Antje: *Oskar Kaufmann. Ein Theaterarchitekt zwischen Tradition und Moderne.* Berlin 2001, S. 43f.

14 „Haus am Zoo", Fassadenausschnitt mit dem Haupteingang des „Capitol", um 1927/28

Weg von einem Ende bis zum anderen würde also eine halbe Stunde in Anspruch nehmen. Wohingegen bei dem Hochhaus der vertikale Weg vom Erdgeschoß bis zum sechzigsten Stockwerk maschinell in zwei Minuten und der horizontale Weg in jedem Stockwerk von einem bis zum anderen Ende des Hauses ebenfalls in zwei Minuten zu bewältigen ist."[23]
Dem „Haus am Zoo" folgte schließlich der Bau zweier Gebäude in Berlins „altem Westen". Und obschon es keine Hochhäuser waren, stellten das „Deutschlandhaus" und das „Amerikahaus", von Heinrich Mendelssohn als Ensemble geplant und am Reichskanzlerplatz (heute: Theodor-Heuss-Platz) in Berlin-Charlottenburg errichtet, das bis dahin größte Bauprojekt dar, welches er realisierte. Beide heute noch existenten Häuser wurden von dem Architekten Heinrich Straumer (1876–1937) konzipiert und Ende der 1920er Jahre erbaut. In das „Amerikahaus" (heute Heerstraße 1–3) sollte neben einem Hotel und Büros auch ein Kino integriert werden. Bedenken der Baupolizei führten jedoch dazu, dass die Entwürfe für das Kino grundlegend überarbeitet werden mussten. Hiermit beauftragte Mendelssohn einmal mehr den großartigen Theaterarchitekten dieser Zeit, Oskar Kaufmann, mit dem er seit dem Ausbau seines Privathauses in der Sophienstraße persönlich bekannt war. Erst im Sommer 1931 wurde mit der Ausführung der von Kaufmann entwickelten Entwürfe begonnen.

23 Vgl. Mendelssohn, Heinrich: „Soll Berlin Wolkenkratzer bauen?". In: *Wasmuths Monatshefte für Baukunst*, 12. Jg., Heft 12, S. 288f.

15 Kino „Capitol", Blick in den Kinosaal

16 „Haus am Zoo", Verkaufsraum der Firma Bechstein, gestaltet von Oskar Kaufmann, 1925/26

17 „Deutschlandhaus" und „Amerikahaus" in Berlin-Charlottenburg, erbaut nach Plänen von Heinrich Straumer, 1927–31

Aufgrund der rasanten Verschlechterung der wirtschaftlichen Bedingungen musste man die Arbeiten jedoch 1932 schon wieder einstellen. Und so konnte das Kino erst 1937 nach einer nochmals durch den Architekten Paul Rettig angepassten Planung fertiggestellt werden,[24] wobei Heinrich Mendelssohn, der sich zu diesem Zeitpunkt nicht mehr in Deutschland aufhielt, keinen unmittelbaren Einfluss mehr auf die Baumaßnahme auszuüben vermochte. Bemerkenswert erscheint, dass Heinrich Mendelssohn nach der Fertigstellung der beiden Gebäude an der weiteren städtebaulichen Gestaltung des Reichskanzlerplatzes maßgeblich mitwirken wollte, denn er empfand ihn als „seinen Platz", der als das Gesicht des „Neuen Berlin" auch von ihm geprägt werden musste. Dementsprechend ließ er auf dem Dach des „Deutschlandhauses" in großen Leuchtbuchstaben den Schriftzug „Hier entsteht das Centrum des neuen Berlin" anbringen und mischte sich wortstark in die weitere Neugestaltung des Platzes ein. In diesem Bestreben wurde er von dem Städtebautheoretiker Werner

24 Vgl. Hansen, Antje: *Oskar Kaufmann. Ein Theaterarchitekt zwischen Tradition und Moderne.* Berlin 2001, S. 418

18 „Amerikahaus" bei Nacht nach der Wiederherstellung durch Heinrich Mendelssohn 1954, Aufnahme 1958

Hegemann (1881–1936) unterstützt, der die bisherige Gestaltung des Platzes gleichermaßen als „belangloses Gewächs aus schlimmster Zeit" bezeichnete und deshalb die von Mendelssohn eingeleitete Erneuerung für dringend notwendig erachtete.[25] Und so lobte Heinrich Mendelssohn 1930 einen städtebaulichen Wettbewerb zur Neufassung des Platzes aus. Nicht zuletzt macht dieser Vorgang deutlich, dass er sich immer auch als städtebaulicher Gestalter verstand und seine Vorstellungen vom Bauen stets von mehr als nur von rein wirtschaftlichem Denken bestimmt waren!

25 Hegemann, Werner: „Der Reichskanzlerplatz". In: *Wasmuths Monatshefte für Baukunst*, 14. Jg., Heft 4, S. 437

19 „Amerikahaus", Blick von der Estrade in das Restaurant „Berliner Kindl Bräu", Aufnahme 1928

20 „Amerikahaus", Dachgarten des Restaurants „Berliner Kindl Bräu", Aufnahme 1928

21 Schauzeichnung vom „Europahaus" am Askanischen Platz in Berlin-Kreuzberg, erbaut nach Plänen von Otto Firle (Hochhaus) sowie Richard Bielenberg und Josef Moser (Eckbau), 1926–31

Sein erstes wirkliches Hochhausprojekt war dann in der zweiten Hälfte der 1920er Jahre das „Europahaus" an der heutigen Stresemannstraße 90–102 (vormals Königgrätzer Straße, Ecke Anhalter Straße). Den mehrteiligen Gebäudekomplex ließ Heinrich Mendelssohn gemeinsam mit seinem Partner Albert Heilmann in den Jahren 1926 bis 1931 in zwei Bauabschnitten errichten. Der Entwurf für das blockhafte Hochhaus stammte von Otto

22 Das „Europahaus" im Bau, Aufnahme 1930

23 Der Eckbau des „Europahauses" kurz vor seiner Fertigstellung, Aufnahme 1930

24 Das fertiggestellte Hochhaus mit vorgeschalteter Ladenzone, Aufnahme 1931

25 „Europahaus", Blick in den Restaurant-Saal des „Münchener Augustinerbräu", Aufnahme 1931

26 „Europahaus", Blick in die „Mokka-Expreß-Stube" (später: Restaurant Schottenhaml) im Erdgeschoss des Eckbaus, Aufnahme 1931

Firle, der für den Eckbau zur Anhalter Straße von Richard Bielenberg (1871–1929) und Josef Moser (1872–1963). Erster Mieter des vierten bis zehnten Stockwerks des „Europahauses" war die Stickstoff-Syndikat GmbH, in der die vier größten Stickstoffproduzenten Deutschlands verbunden waren und über die sie gemeinsam ihre Vermarktung organisierten. In den unteren Geschossen beherbergte das „Europahaus" ein Kino, Läden und Cafés. Der Dachgarten war mit einem Expressaufzug erreichbar und galt als eine besondere Attraktion der Stadt. Mit seinen elf Stockwerken und meterhohen Leuchtwerbetafeln prägte das „Europahaus", welches dem Anhalter Bahnhof unmittelbar gegenüberlag, das Stadtbild und wurde gleichzeitig Gegenstand der städtebaulichen Diskussion um die Sinnhaftigkeit von Hochhäusern. Während Mendelssohn die Notwendigkeit von Hochhäusern gerade für Hotels lebhaft und wortgewaltig begründete und verteidigte, bestimmte auch vehemente Ablehnung die öffentliche Debatte. So kritisierte Werner Hegemann, dass

27 „Europahaus", Blick gegen die Ecke Stresemannstraße/Anhalter Straße

der Bau des „Europahauses" die verbliebenen Grünflächen der Stadt zum „Hinterhof eines Wolkenkratzers"[26] mache.

Noch während der Fertigstellung des „Europahauses" verschlechterte sich die Wirtschaftslage in Deutschland merklich. Seit Anfang 1929 kühlte die Konjunktur deutlich ab. Ein absoluter Tiefpunkt war dann der 25. November 1929, der „schwarze Freitag", an dem die New Yorker Börse abstürzte und die dortigen Anleger innerhalb weniger Stunden mehr als ein Drittel ihres Vermögens verloren. Dieser Schock und der darauffolgende langsame Niedergang in der „Great Depression" führte dazu, dass die amerikanischen Finanzinstitute ihr Geld aus dem Ausland zurückholten. So setzte der deutschen Wirtschaft neben der bereits

Seite 205:
28 „Europahaus", Nachtaufnahme mit Lichtreklame, Aufnahme 1931

26 Hegemann, Werner: „Soll Berlin Wolkenkratzer bauen?". In: *Wasmuths Monatshefte für Baukunst*, 12. Jg., Heft 12, S. 287f.

ODOL
ODOL
ALLIANZ
VERSICHERUNG
KRAFTVOLL
Ford
WELTERPROBT
EUROPA
PALAST
RADEBERGER PILSNER
AUGUSTINER KELLER
MÜNCHNER AUGUSTINERBRÄU
RADEBERGER PILSNER
AUGUSTINER KELLER
EUROPAHAUS
GEROLD

schwächelnden Konjunktur auch der Abfluss ausländischer Kredite zu. Das Volkseinkommen sank von 1929 bis 1931 um ein Viertel und die Arbeitslosigkeit stieg immens. Die Banken mussten derart große Vermögenswerte abschreiben, dass es 1931 zu einer Bankenkrise kam, in der damals führende Banken wie die Dresdner Bank und die Danat-Bank zusammenbrachen.

Vor dem Hintergrund dieser heftigen wirtschaftlichen Veränderungen musste auch Mendelssohn seine Projektentwicklungstätigkeit deutlich zurückschrauben. So konnte das in seinem Auftrag 1931 von Walter Gropius geplante und vorbereitete Projekt „Haus Sonnenfang" an der Reichsstraße in Berlin-Charlottenburg nicht mehr realisiert werden.[27] Es handelte sich hierbei um ein fünfstöckiges, als Sanatorium geplantes Gebäude.

Wie es letztlich 1931/32 um die Liquiditätslage des Mendelssohn'schen Firmenverbundes stand, lässt sich aus heutiger Sicht nicht mehr eindeutig feststellen und war insbesondere in der Nachkriegszeit umstritten. Während die Berliner Justiz davon ausging, dass Mendelssohn im Jahr 1932 bereits illiquide gewesen sei, stritt er selbst dies stets vehement ab.[28] Aus heutiger Sicht kann zumindest festgestellt werden, dass er es trotz der stürmischen Wirtschaftssituation in den Jahren 1929 bis 1931 geschafft hatte, all seine Großprojekte fertigzustellen. Gleichwohl befand sich auch Heinrich Mendelssohn Ende des Jahres 1931 wirtschaftlich in so bedrängter Lage, dass er am 24. November des Jahres dem Berliner Magistrat schrieb: „Die Not der Zeit zwingt mich, meinen Amerikahausblock aufzuteilen und durch Herausschneiden des Kindlblocks mir etwas flüssige Mittel zu beschaffen."[29]

Heinrich Mendelssohn hatte aber nicht nur mit den wirtschaftlichen Problemen Deutschlands zu kämpfen. Vor allem die politische Entwicklung hatte sich dramatisch zugespitzt und war für ihn als Juden unerträglich geworden. Denn aus den Wahlen 1930 und 1932 ging die NSDAP als Gewinner hervor und als Hitler am 30. Januar 1933 von Reichspräsident Paul von Hindenburg zum Reichskanzler ernannt wurde, beschloss er, von einem Rom-Aufenthalt nicht mehr nach Berlin zurückzukehren.[30]

Zu Beginn seiner Zeit außerhalb Deutschlands hielt sich Mendelssohn in Spanien auf und verfolgte während des Jahres 1933 zunächst die Entwicklung und den Bau einer „Gartenstadt" für Touristen in Santa Ponsa auf Mallorca, die jedoch keine Realisierung fand. Die Planung hierfür lag in den Händen des jungen Architekten Max Säume (1901–1965), der ein Schüler von Hans Poelzig und Mitarbeiter von Hermann Jansen (1869–1945) gewesen war.[31] Während dieser Zeit erwarb Heinrich Mendelssohn auch die spanische Staatsangehörigkeit. Doch wenig später verlegte er seinen Hauptsitz nach London, wo er in der Berkeley Street ein Büro als Consulting Building Expert eröffnete. Bei welchen Projekten er in diesem Zusammenhang Beratungsleistungen erbrachte, ist nicht überliefert. Mit Sicherheit aber verfolgte Mendelssohn von London aus auch seine Berliner Geschäfte noch so lange, wie dies aus der Ferne möglich schien. Behilflich war ihm dabei zweifellos seine Frau Hildegard. Da sie als „arisch" galt, konnte sie noch bis 1938 in dem gemeinsamen Haus in der Sophienstraße wohnen bleiben und somit die unmittelbare Verbindung nach Berlin

27 Vgl. Nerdinger, Winfried: „Ergebnisse der Bearbeitung des Gropius-Nachlasses im Busch-Reisinger-Museum der Harvard-University". In: *Wissenschaftliche Zeitschrift der Hochschule für Architektur und Bauwesen Weimar*, Jg. 29, 1983

28 Vgl. Senatskanzlei von Berlin: Schreiben an Heinrich Mendelssohn vom 20. Juni 1953 (LAB)

29 Vgl. Mendelssohn, Heinrich: Schreiben an den Magistrat von Berlin vom 24. November 1931 (LAB)

30 Vgl. Schoszberger, Hans: „Interview mit Heinrich Mendelssohn". In: *Neue Bauwelt*, Heft 40, 1951

31 Vgl. Medina Warmburg, Joaquín: „Gran Turismo – Sobre arquitectos alemanes, imaginería mediterránea y la dialectica de ‚lo moderno'". In: *Arquitectura moderna y turismo, 1925–1965*. IV. Seminario Do.co.mo.mo. Ibérico, Barcelona 2004, S. 3f.

29 Plan einer „Gartenstadt" für Touristen in Santa Ponsa auf Mallorca/Spanien, gezeichnet von Max Säume, 1933

gewährleisten. Gleichwohl wurde Mendelssohn vom Nazi-Regime um große Teile seines Grundbesitzes sowie Immobilienvermögens gebracht. Bereits 1933 musste er seinen Anteil an der Europahaus-Aktiengesellschaft, die er ins Leben gerufen hatte, unter Wert an seinen einstmaligen Partner Albert Heilmann verkaufen, weil ein „jüdischer Teilhaber von diesem nicht mehr erwünscht war". 1941 erfolgten seitens des Deutschen Reiches schließlich seine Ausbürgerung und die Beschlagnahme seines verbliebenen Vermögens.

Nach Beendigung des Zweiten Weltkriegs und dem Zusammenbruch des „Nazi-Reiches" kehrte Mendelssohn dann sehr bald nach Berlin zurück. In den nun folgenden Nachkriegsjahren sollte der Kampf um die Rückgabe seiner Vermögenswerte einen bedeutenden Teil seiner Zeit beanspruchen. Noch 1953 befand er sich bei mindestens zwei seiner insgesamt 18 Rückerstattungsverfahren im Streit mit dem Land Berlin bzw. dem deutschen Staat. Insbesondere sein Kampf um das Grundstück Kaiserdamm 106–108 in Berlin-Charlottenburg, das er 1924 mit seiner Kaiserdamm-Bau-Aktiengesellschaft erworben hatte, kostete ihn viel Kraft und Energie. Aber auch der Prozess auf Schadensersatz für das am 13. März 1953 gesprengte „Haus am Tiergarten" zog sich noch über Jahre hin, begleitet von einer heftigen Diskussion in der deutschen Presse. Denn Heinrich Mendelssohn war der Meinung, dass das Haus hätte wiederhergestellt werden können, während der Berliner Senat die Auffassung vertrat, dass es sich um eine gefährliche Ruine gehandelt habe, die aufgrund von

30 Das bombengeschädigte „Haus am Tiergarten" am Kemperplatz, Aufnahme 1949

Einsturzgefahr abgerissen werden musste.[32] Diese in der Form zum Teil widerwärtigen Auseinandersetzungen, die er in einem Schreiben an den Berliner Senat im Jahr 1953 als eine für ihn „unerträgliche Tortur" bezeichnete,[33] belasteten ihn in der Nachkriegszeit schwer und beeinträchtigten seine Gesundheit.

Dennoch wollte sich Mendelssohn aber am Wiederaufbau Berlins beteiligen und eröffnete bereits 1949 ein Baubüro am Fehrbelliner Platz in Berlin-Wilmersdorf.[34] Eines der ersten Projekte, die er in Angriff nahm, war die Bebauung des oben erwähnten Grundstücks Kaiserdamm 106–108 – auch bekannt als Lietzensee-Dreieck. Er lobte hierfür einen Architektenwettbewerb aus, an dem unter anderen auch Hans Scharoun (1893–1972) teilnahm. Die beiden mit einem ersten Preis ausgezeichneten Entwürfe stammten von Karl Hebecker und Eduard Ludwig (1906–1960), der später das Luftbrückendenkmal vor dem Flughafen Tempelhof entwerfen sollte. Keiner der beiden Entwürfe konnte jedoch realisiert werden,

32 Vgl. „Trümmer-Grundstücke: Das Prestige der Stadt". In: *Der Spiegel*, Ausgabe vom 30. September 1953, S. 10

33 Mendelssohn, Heinrich: Schreiben an den Berliner Senat vom 15. März 1953 (LAB)

34 Vgl. Mendelssohn, Heinrich: „Öffentliche Anklage an den Berliner Senat". Anzeige in: *Der Tagesspiegel*, Ausgabe vom 7. März 1953

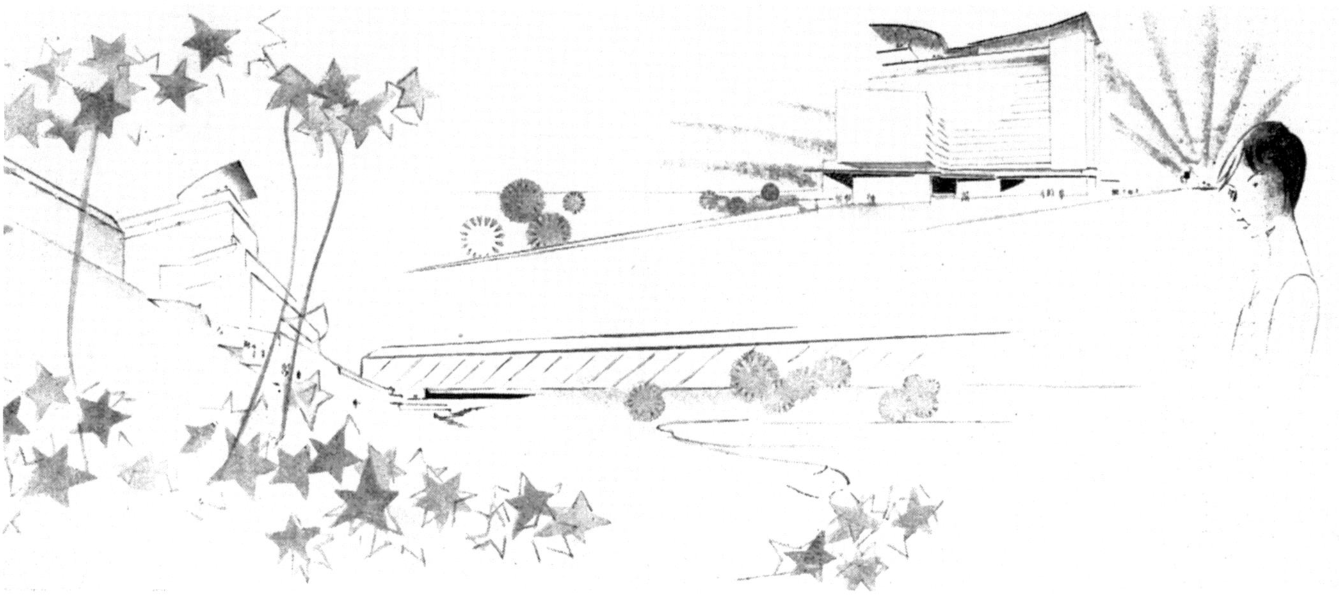

31 Wettbewerbsbeitrag von Hans Scharoun für das „Lietzensee-Dreieck" in Berlin-Charlottenburg, perspektivische Ansicht des Baukörpers, 1951

32 Wettbewerbsbeitrag von Hans Scharoun für das „Lietzensee-Dreieck" in Berlin-Charlottenburg, Grundrisse, 1951

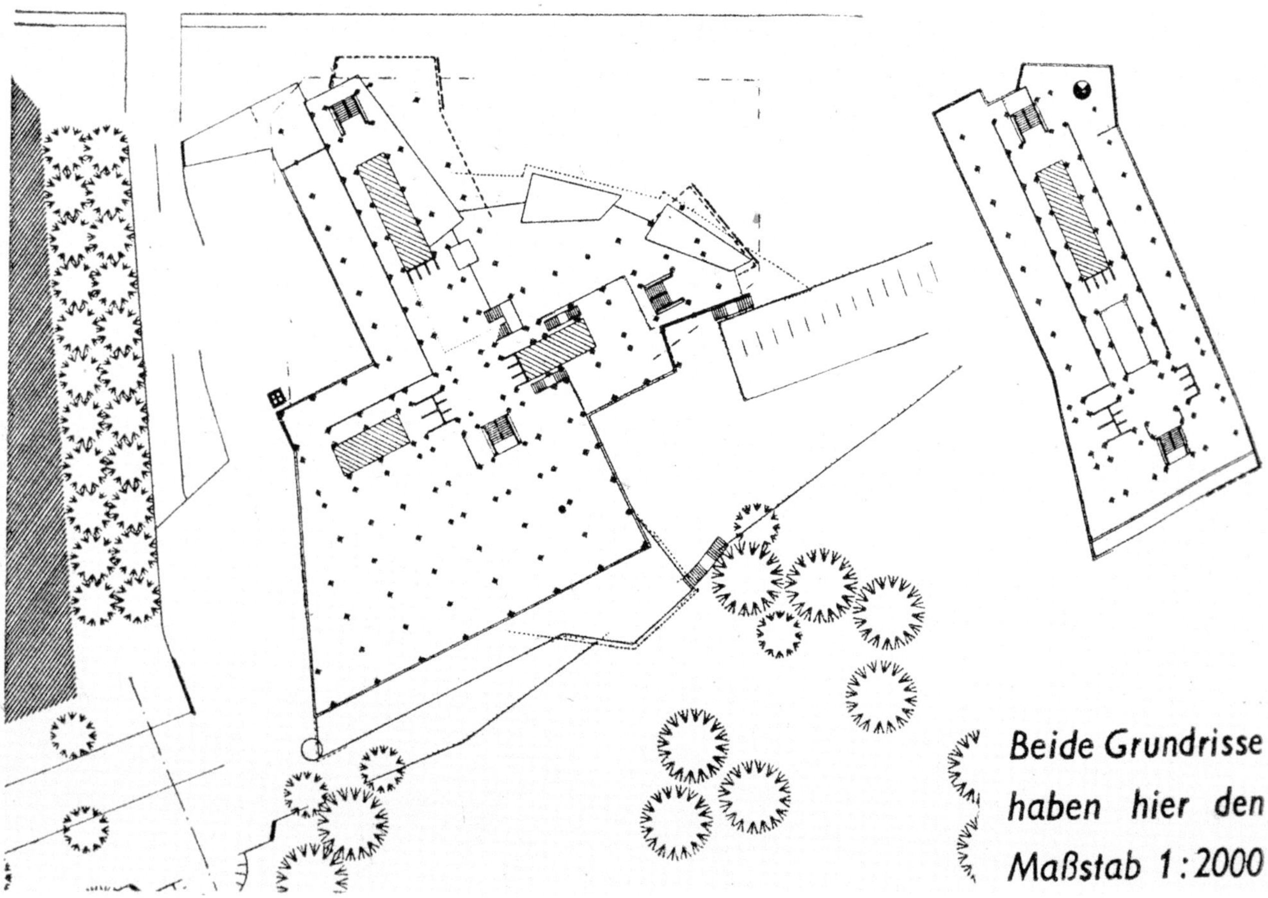

33 Lageplan des „Einkaufszentrums Siemensstadt" in Berlin-Spandau, gezeichnet von Helmut von Lülsdorff, 1951

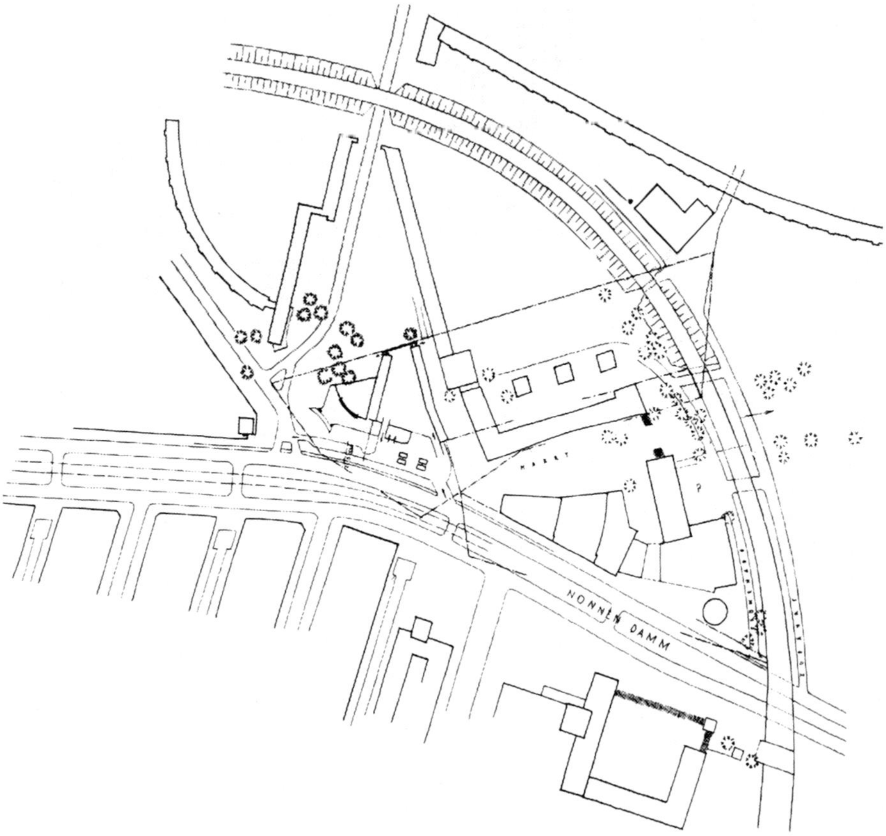

da Mendelssohn trotz seines jahrelangen Kampfes mit dem Berliner Senat die Rückübertragung seines Grundstücks verwehrt blieb.

Sein größtes Projektvorhaben der Nachkriegszeit war schließlich der Bau von rund 4000 Wohnungen und einem Einkaufszentrum in Berlin-Siemensstadt.[35] Mendelssohn beauftragte schon 1950 den Architekten Helmut von Lülsdorff mit dem Entwurf des Einkaufszentrums gegenüber dem legendären Wernerwerk-Hochhaus der Siemens-Werke von Hans Hertlein (1881–1963). Die Feststellung des Bebauungsplanes für das Bauterrain zog sich jedoch über Jahre hin, sodass Heinrich Mendelssohn seine Inkraftsetzung nicht mehr erlebte. Die Errichtung des Einkaufszentrums drohte nach seinem Tod im Jahr 1959 sogar endgültig zu scheitern, ehe es dann 1961 durch einen anderen Projektentwickler doch noch verwirklicht werden konnte.[36]

Auch in Frankfurt am Main war er in den Jahren nach dem Zweiten Weltkrieg tätig. Dort hatte er unter anderem ein Grundstück am Platz der Republik erworben, auf dem er den Bau eines 13-stöckigen Geschäftspalastes plante. In der Presse kündigte er das „Columbushaus" genannte Gebäude selbstbewusst als „größtes und modernstes Geschäftshaus Westdeutschlands" an.[37] Und noch im Mai 1959 erzielte er eine in der Presse vielbeachtete

35 Vgl. „Man nennt ihn ‚HM'". In: *Welt am Sonntag*, Ausgabe vom 3. Februar 1957
36 Vgl. „Kaufzentrum Siemensstadt wird 35 Jahre alt". In: *Berliner Zeitung*, Ausgabe vom 13. März 1996
37 Vgl. „Die kleinen Faruks". In: *Der Spiegel*, Ausgabe vom 4. Februar 1953, S. 11

34 Heinrich Mendelssohn in Venedig, 1958

Einigung mit dem Baudezernenten der Stadt Frankfurt am Main über die Neubebauung seiner Grundstücke am dortigen Platz der Republik.[38]

Heinrich Mendelssohns großen Plänen setzte der Tod jedoch ein jähes Ende. Er starb am 7. August 1959 in Genf. Bis zu seinem letzten Atemzug war er ständig auf Reisen gewesen und hatte Telegramme aus den verschiedensten europäischen Städten an die jeweiligen politischen Entscheidungsträger geschrieben. Er blieb so bis zum Ende ein wahrer „Unternehmer" und Bauherr par excellence, der seine Projekte unermüdlich und gegen alle Widerstände voranzutreiben wusste.

38 Vgl. „Mendelssohn will sechzig Meter hoch bauen". In: *Frankfurter Allgemeine Zeitung*, Ausgabe vom 27. Mai 1959

ANHANG

QUELLEN UND LITERATUR

Vom Bauhandwerker zum Immobilienspekulanten
Carl August Heinrich Sommer (1801–1873)

Adler, Friedrich: „Herrschaftliches Wohnhaus in Berlin". In: *Zeitschrift für Bauwesen*, IV. Jg., 1854, Heft XI/XII sowie Atlas zum Jg. 1854

Ahrenhövel, Willmuth/Bothe, Rolf (Hg.): *Das Brandenburger Tor. Eine Monographie*. Berlin 1991

Allgemeiner Wohnungsanzeiger für Berlin. Hg. von J. W. Boike Berlin, Jahrgänge 1828 bis 1842

Allgemeiner Wohnungsanzeiger für Berlin, Charlottenburg und Umgebung. Hg. vom Verlag Veit Berlin, Jahrgänge 1843 bis 1855

Allgemeiner Wohnungsanzeiger nebst Adress- und Geschäftshandbuch für Berlin, dessen Umgebung und Charlottenburg. Hg. vom Verlag Hayn Berlin, Jahrgänge 1856 bis 1872

Berliner Adressbuch. Hg. vom Verlag Scherl Berlin, Jahrgänge 1873 und 1874

Bolk, Florian/Vetter, Martina: *Haus Liebermann & Haus Sommer. Pariser Platz Berlin*. Berlin 2000

Danke, Rudolf: „In diesem Hause wohnte Max Liebermann". Die Häuser Pariser Platz 1 und 7. In: *Der Bär von Berlin*, 15. Jg., Berlin 1966

Demps, Laurenz: *Der Pariser Platz. Der Empfangssalon Berlins*. Berlin 1995

Engel, Helmut: *Baugeschichte Berlin. Band I, Aufstieg, Behauptung, Aufbruch: 1640–1861*. Berlin 2009

Landesarchiv Berlin: A Rep. 001-02-3314, Kurzvita von Paul Clauswitz für ein Gedenkbuch der Stadtältesten von Berlin

Lärmer, Karl: „Johann Georg Sieburg. Ein Berliner Pionier der Industriellen Revolution in Deutschland". In: Stadtarchiv Berlin (Hg.): *Berliner Geschichte, Dokumente, Beiträge, Informationen*. Heft 7, 1986

Lemburg, Peter: „Johannes Heinrich Friedrich Adler". In: Hänsel, Jessica/Haspel, Jörg/Salge, Christiane/Wittmann-Englert, Kerstin (Hg.): *Baumeister – Ingenieure – Gartenarchitekten. Berliner Lebensbilder*, Band 11. Berlin 2016

Lexikon. Alle Berliner Straßen und Plätze. Von der Gründung bis zur Gegenwart. 4 Bd., Schö–Z, Berlin 1998

Püschel, Walter: *Een Anarchist is der Kerl doch! Anekdoten von Max Liebermann*. Berlin 1998

Rellstab, Ludwig: *Berlin und seine nächsten Umgebungen in malerischen Originalansichten*. Darmstadt 1854

Stübs, Detlef: *Schloß Sommerswalde. Der zweite Reichstag unweit von Berlin*. Hennigsdorf 1992

Ruhm und Ruin eines Baupioniers Johann Anton Wilhelm von Carstenn-Lichterfelde (1822–1896)

Bahns, Jörn: *Johannes Otzen 1839–1911. Beiträge zur Baukunst des 19. Jahrhunderts*. München 1971

Berliner Biographisches Lexikon. Hg. von Bodo Rollka, Volker Spiess, Bernhard Thieme. Berlin 1993

Braum, Michael (Hg.): *Berliner Wohnquartiere. Ein Führer durch 70 Siedlungen*. Dritte, grundlegend erweiterte Auflage, Berlin 2003

Carstenn-Lichterfelde, Johann Anton Wilhelm von: *Die Zukünftige Entwicklung Berlins. Mit einem Plane des Zukünftigen Berlin*. Berlin 1892

Die Figur Carstenn. Stadtgründer aus Leidenschaft, Johann Anton Wilhelm von Carstenn-Lichterfelde (1822–1896). Hg. vom Bezirksamt Steglitz – Kulturamt. Berlin 1996

Ebling, Hermann: *Friedenau erzählt. Geschichten aus einem Berliner Vorort. 1871 bis 1914*. Berlin 2007

Engel, Helmut: *Villen und Landhäuser. Meisterwerke Berliner Baukunst*. Hg. von der Stiftung Denkmalschutz Berlin. Band I, Berlin 2001

Engel, Helmut: *Baugeschichte Berlin. Band I: Aufstieg, Behauptung, Aufbruch: 1640–1861*. Berlin 2009

Engel, Helmut: *Baugeschichte Berlin. Band II: Umbruch, Suche, Reformen: 1861–1918*. Berlin 2009

Escher, Felix: *Berlin und sein Umland. Zur*

Genese der Berliner Stadtlandschaft bis zum Beginn des 20. Jahrhunderts. Berlin 1985

Geist, Johann Friedrich/Kürvers, Klaus: *Das Berliner Mietshaus. 1862–1945.* München 1984

Hamburg und seine Bauten. Unter Berücksichtigung der Nachbarstädte Altona und Wandsbek, 1914. Hg. vom Architekten- und Ingenieur-Verein zu Hamburg. Band 2, Hamburg 1914

Hegemann, Werner: *Das steinerne Berlin. Geschichte der größten Mietkasernenstadt der Welt.* Berlin 1930

Kieling, Uwe: *Berliner Architekten und Eisenbahnbaumeister im 19. Jahrhundert.* Band 26, Berlin 1988

Licht, Hugo: *Architektur Berlins. Sammlung hervorragender Bauausführungen der letzten Jahre.* Mit einem Epilog von Helmut Engel. Tübingen/Berlin 1998

Lieberknecht, Rolf/Metzger, Karl-Heinz/Nagel, Thomas/Röhrbein, Richard/Schafberg, Herwig: *Von der Wilhelmsaue zur Carstenn-Figur. 120 Jahre Stadtentwicklung in Wilmersdorf.* Bezirksamt Wilmersdorf von Berlin. Berlin 1987

Pietzsch, Sieghart: *Chronik von Hosterwitz 1406–2006.* Dresden 2006

Posener, Julius: „Vororte". In: *Die Metropole. Industriekultur in Berlin im 20. Jahrhundert.* Hg. von Jochen Boberg, Tilman Fichter und Eckhart Gillen. Berlin 1986

Rach, Hans-Jürgen: *Die Dörfer in Berlin. Ein Handbuch der ehemaligen Landgemeinden im Stadtgebiet von Berlin.* Berlin 1988

Reinhold, Erika/Ilgner, Reinhard: *Lichterfelde. Vom Dorf zum Vorort von Gross-Berlin.* Berlin 1987

Schleswig-Holsteinisches Biographisches Lexikon. Herausgegeben im Auftrage der Gesellschaft für Schleswig-Holsteinische Geschichte von Olaf Klose. Band 1, Neumünster 1970

Schulze, Berthold: „v. Carstenn-Lichterfelde". In: *Brandenburgia. Monatsblatt der Gesellschaft für Heimatkunde u. Heimatschutz in der Mark Brandenburg Berlin.* XL. Jahrgang, Heft 1–3/1931, Nauen 1931

Steglitz. Ein Bezirk mit Vergangenheit: eine Chronik der Ortsteile Steglitz, Lichterfelde, Lankwitz, Südende. Berlin o. J. [1975]

Wolfes, Thomas: *Die Villenkolonie Lichterfelde. Zur Geschichte eines Berliner Vorortes (1865–1920).* Hg. vom Institut für Stadt- und Regionalplanung der TU Berlin (Magisterarbeit). Berlin 1997

Kaufmann, Bankier und Gründer der Villenkolonie Alsen Wilhelm Conrad (1822–1899)

Achterberg, Erich: *Berliner Hochfinanz – Kaiser, Fürsten, Millionäre um 1900.* Frankfurt am Main 1965

Ahrends, Bruno: „Wannsee, ein Beitrag zur Baugeschichte der letzten 50 Jahre". In: Georg Brasch (Hg.): *Das Wannseebuch.* Wannsee 1922, S. 87–98

Berger, Manfred: *Die Muldenthal-Eisenbahn.* Berlin 1994

Brasch, Georg: „Das alte Dorf Stolpe und die Entstehung der Villenkolonie Alsen". In: Georg Brasch (Hg.): *Das Wannseebuch.* Wannsee 1922, S. 13–76

Berlin und seine Eisenbahnen: 1846–1896. Hg. vom Königlich Preußischen Minister der öffentlichen Arbeiten. Berlin 1896

Gall, Lothar: „Die Deutsche Bank von ihrer Gründung bis zum Ersten Weltkrieg 1870-1914". In: Gall et al.: *Die Deutsche Bank 1870-1995*, München 1995

Haupt, Michael (Hg.): *Villenkolonie Alsen am Großen Wannsee, Begleitband zur Ausstellung in der Gedenk- und Bildungsstätte Haus der Wannsee-Konferenz.* Berlin 2012

Heinisch, Tilmann Johannes/Schumacher, Horst: *Colonie Alsen – Ein Platz zwischen Berlin und Potsdam.* Berlin 1988

Kampe, Norbert: „Das Leben am Wannsee". In: *Villenkolonien am Wannsee 1870–1945.* Berlin 2000

Klaeber, Ernst: „Die Villa Alsen am Wannsee". In: *Jahrbuch für Gartenfreunde und Botanik*, Jg. 6, Braunschweig 1888/89, S. 241

Krosigk, Klaus von: „Die Colonie Alsen". In: Nedelykov, Nina und Pedro Morero (Hg.): *Max Liebermann, Das Paradies am Wannsee.* Berlin 2006

Lüke, Rolf: *Die Berliner Handelsgesellschaft in einem Jahrhundert Wirtschaft 1856–1956.* Berlin 1956

Pohl, Manfred: „Die Entwicklung des deutschen Bankwesens zwischen 1848–1870", in: Ashauer, Born et al.: *Deutsche Bankengeschichte*, Band 2, Frankfurt am Main 1982

Protzen, Otto: „Der Wassersport auf dem Wannsee". In: Georg Brasch (Hg.): *Das Wannseebuch.* Wannsee 1922, S. 121–126

Reitmayer, Morten: *Bankiers im Kaiserreich – Sozialprofil und Habitus der deutschen Hochfinanz.* Göttingen 1999

Schäche, Wolfgang: *Das ehemalige Anwesen Arnold von Siemens' – Zur Geschichte des künftigen Standortes des Deutschen Rheuma-Forschungszentrums Berlin.* Berlin o. J. [1989]

Schmoock, Matthias: *Zwischen Bild und Image – Die Entwicklung des Stadtteils Uhlenhorst und die Darstellung in Selbst- und Fremdzeugnissen – Von den ersten Quellen bis zur Baugesetzgebung 1902.* Hamburg 2001

Schumacher, Horst: „Colonie Alsen – Die neue Stadt". In: *Max Liebermann in Wannsee. Glanz und Untergang einer Lebenswelt.* Ausstellungskatalog. Berlin 1997

Stern, Fritz: *Gold und Eisen – Bismarck und sein Bankier Bleichröder*, aus dem Englischen von Otto Weith. München 2008

Stulz-Herrnstadt, Nadja: *Berliner Bürgertum im 18. und 19. Jahrhundert.* Berlin 2002

Wolff, Max I.: *Club von Berlin 1864–1924.* Berlin 1926

Vom Aufstieg und Fall eines Architekten, Bauherrn und Spekulanten Julius Wilhelm Walther (1857–1917)

Adressbücher von Berlin der Jahre 1912/1913, Hg. vom Verlag August Scherl, Berlin

Adressbücher von Grunewald (Kreis Teltow) der Jahre 1896–1905 sowie 1910–1919, Hg. vom Verlag August Scherl, Berlin

Balkow-Gölitzer, Harry/Reitmeier, Rüdiger/Biedermann, Bettina/Riedel, Jörg: *Prominente in Berlin-Grunewald und ihre Geschichten.* Berlin 2006

Baudenkmale in Berlin. Bezirk Wilmersdorf, Ortsteil Grunewald. Hg. von der Senatsverwaltung für Stadtentwicklung und Umweltschutz Berlin, Denkmaltopographie Bundesrepublik Deutschland. Berlin 1993

Bekiers, Andreas: *Das Verwaltungsgebäude der „Victoria zu Berlin, Versicherungs-Actien-Gesellschaft". Ein Werk des Architekten Wilhelm Walther.* Magisterarbeit am Kunsthistorischen Institut der Technischen Universität Berlin, Berlin 1975 (Maschinenschrift)

Berliner Architekturwelt, 1. Jg., 1899

Berliner Architekturwelt, 4. Jg., 1902

Berliner Architekturwelt, 7. Jg., 1905

Berliner Architekturwelt, 11. Jg., 1909

Berliner Architekturwelt, 19. Jg., 1917

Berlin und seine Bauten. Bearbeitet und hg. vom Architekten-Verein zu Berlin und der Vereinigung Berliner Architekten. Berlin 1896

Berlin und seine Bauten, Teil IX Industriebauten, Bürogebäude. Hg. vom Architekten- und Ingenieur-Verein zu Berlin. Berlin/München/Düsseldorf 1971

Bösel, Peter-Alexander: *Berlin-Grunewald in historischen Ansichten.* Erfurt 2005

Bösel, Peter-Alexander: *Berlin-Grunewald in alten Aufnahmen.* Erfurt 2016

Börsch-Supan, Helmut/Kühne, Günther/Reelfs, Hella (Hg.): *Reclams Kunstführer Berlin.* Deutschland Band VII, Stuttgart 1977

Das Geschäftsgebäude der Victoria zu Berlin – Allgemeine Versicherungs-Actien-Gesellschaft, Berlin o.D. [1907]

Die Bauwerke und Kunstdenkmäler von Berlin. Bezirk Tiergarten. Mit einer Einführung von Paul Ortwin Rave, bearbeitet von Irmgard Wirth. Berlin 1955

Hegemann, Werner: *Das steinerne Berlin. Geschichte der größten Mietskasernenstadt der Welt.* Berlin/Frankfurt am Main/Wien 1963 (Erstausgabe: 1930)

Hessling, Egon (Hg.): *Die Villenkolonie Grunewald.* 3 Serien á 100 Tafelbilder. Berlin/New York o.D. [um 1900]

Lexikon aller Berliner Straßen und Plätze. Von der Gründung bis zur Gegenwart, 4 Bde., Berlin 1998

Martin, Rudolf (Hg.): *Jahrbuch des Vermögens und Einkommens der Millionäre in der Provinz Brandenburg einschließlich Charlottenburg, Wilmersdorf und alle anderen Vororte Berlins.* Berlin 1913

Nitsch, Ute: *Charlottenburg-Wilmersdorf von A bis Z … Ein Lexikon.* Berlin 2003

„Öffentliches Verzeichnis der Denkmale in Berlin (Denkmalliste Berlin), Stand 15. Mai 2001". In: *Amtsblatt für Berlin.* Hg. von der Senatsverwaltung für Inneres, 51. Jahrg., Nr. 29

Ribbe, Wolfgang/Wolfgang Schäche (Hg.): *Baumeister – Architekten – Stadtplaner. Biographien zur baulichen Entwicklung Berlins.* Berlin 1987

Schmidt, Hartwig: *Das Tiergartenviertel. Baugeschichte eines Berliner Villenviertels, Teil 1: 1790–1870.* Berlin 1981

Täubrich, Hans-Christian: *Zu Gast im alten Berlin. Erinnerungen an die Alt-Berliner Gastlichkeit mit Hotelpalästen, Vergnügungslokalen, Ausflugsgaststätten und Destillen.* München 1990

Treiber, Dietmar: *Baumeister für Berlin.* Berlin 2004

Wörner, Martin/Hüter, Karl-Heinz/Sigel, Paul/Mollenschott, Doris (Hg.): *Architekturführer Berlin.* Mit einer Einleitung von Wolfgang Schäche. 7. Auflage, Berlin 2013

„Wohnhaus Kemmann in der Wernerstraße". In: *Centralblatt der Bauverwaltung,* 11. Jg., 1901, Nr. 77, S. 471f.

„König der Berliner Bauspekulanten" Georg Haberland (1861–1933)

Architekturführer Berlin. Hg. von Martin Wörner, Karl-Heinz Hüter, Paul Sigel, Doris Mollenschott, mit einer Einleitung von Wolfgang Schäche. 7. Auflage, Berlin 2013

Berliner Wohnquartiere. Ein Führer durch 60 Siedlungen in Ost und West. Hg. von Maria Berning, Michael Braum, Engelbert Lütke Daldrup und Klaus-Dieter Schulz. Berlin 1994

Berlin und seine Bauten, Teil IV Wohnungsbau, Bd. A, Die Voraussetzungen. Die Entwicklung der Wohngebiete. Hg. vom Architekten- und Ingenieur-Verein zu Berlin. Berlin/München/Düsseldorf 1970

Berlin und seine Bauten, Teil IV Wohnungsbau, Bd. B, Die Wohngebäude – Mehrfamilienhäuser. Hg. vom Architekten- und Ingenieur-Verein zu Berlin. Berlin/München/Düsseldorf 1974

Berlin und seine Bauten, Teil IX Industriebauten, Bürogebäude. Hg. vom Architekten- und Ingenieur-Verein zu Berlin. Berlin/München/Düsseldorf 1971

Blankenburg, Gudrun: *Das Bayerische Viertel in Berlin-Schöneberg: Leben in einem Geschichtsbuch.* Berlin 2010

Blankenburg, Gudrun/Götz, Irene von: *Das zerstörte Schöneberg. Ruinenfotos von Herwarth Staudt.* Berlin 2015

Bohle-Heintzenberg, Sabine: *Architektur der Berliner Hoch- und Untergrundbahn. Planungen – Entwürfe – Bauten bis 1930.* Berlin 1980

Christoffel, Udo (Hg.): *Berlin-Wilmersdorf. Die Jahre 1920 bis 1945.* Berlin 1985

Denkmale in Berlin. Bezirk Tempelhof-Schöneberg, Ortsteile Tempelhof, Mariendorf, Marienfelde und Lichtenrade. Hg. vom Landesdenkmalamt Berlin, Denkmaltopographie Bundesrepublik Deutschland. Petersberg 2007

Ein Jahrhundert Wohnungs- und Städtebau in Berlin. Materialien anläßlich des 1. Treffens junger Architektinnen und Architekten Europas in Berlin (West). Zusammengestellt von Wolfgang Schäche. Berlin 1988

Escher, Felix (Hg.): *Berlin und sein Umland. Zur Genese der Berliner Stadtlandschaft bis zum Beginn des 20. Jahrhunderts.* (Einzelveröffentlichung der Historischen Kommission zu Berlin, Bd. 47). Berlin 1985

Etzold, Alfred u.a.: *Die jüdischen Friedhöfe in Berlin.* Berlin 1991

Frank, Ute: „Terrainerschließung und U-Bahn-Bau". In: Boberg, Jochen/Fichter, Tilman/Gillen, Eckhart (Hg.): *Exerzierfeld der Moderne. Industriearchitektur in Berlin im 19. Jahrhundert.* Berlin 1984

Gauglitz, Gerd: *Berliner Straßennamen. Themenstadtplan mit Begleitheft.* Berlin 2015

Geist, Johann/Kürvers, Klaus: *Das Berliner Mietshaus. 1862–1945.* München 1984

Haberland, Georg: *Groß-Berlin. Ein Beitrag zur Eingemeindungsfrage.* Berlin 1904

Haberland, Georg: *Die Entwicklung des bayerischen Viertels mit besonderer Beleuchtung der letzten kommunalen Vorgänge in Schöneberg.* Berlin 1909

Haberland, Georg: *Die Wertzuwachssteuer. Kritische Betrachtungen.* Berlin 1910
Haberland, Georg: *Der Einfluß des Privatkapitals auf die bauliche Entwicklung Groß-Berlins, dazu im Anhang: Die Kleinwohnung in London u. Paris.* Berlin 1913
Haberland, Georg: *Wie kommen wir aus der Wohnungsnot heraus? Ein dringender Appell an die Reichs- und Staatsregierung.* Berlin 1919
Haberland, Georg: *Die Geschichte der Berlinischen Boden-Gesellschaft.* Berlin 1921
Haberland, Georg: *40 Jahre Berlinische Bodengesellschaft. Ein Bild der Groß-Berliner Wohnungsversorgung und die Tätigkeit der Gesellschaft vor, während und nach der Kriegszeit, 1890–1930.* O.O. [Berlin] 1930
Haberland, Georg: *Aus meinem Leben. Zur Vollendung des 70. Lebensjahres, Für meine Freunde und Bekannten.* O.O. [Berlin] o. J. [1931]
Hegemann, Werner: *Das steinerne Berlin. Geschichte der größten Mietskasernenstadt der Welt.* Berlin/Frankfurt am Main/Wien 1963 (Nachdruck der Erstausgabe: Lugano 1930)
Jüdisches Adressbuch für Gross-Berlin. Ausgabe 1931, mit einem Vorwort von Hermann Simon. Berlin 1994
Kotowski, Elke-Vera (Hg.): *Juden in Berlin. Biografien.* Berlin 2005
Krauß, Martin/Stier, Bernhard: *Drei Wurzeln – ein Unternehmen. 125 Jahre Bilfinger Berger AG.* Heidelberg u. a. 2005
Lexikon aller Berliner Straßen und Plätze. Von der Gründung bis zur Gegenwart, 4 Bde. Berlin 1998
Neues Bauen in Berlin. Ein Führer mit 168 Bildern von Heinz Johannes. Berlin 1931
„Öffentliches Verzeichnis der Denkmale in Berlin (Denkmalliste Berlin), Stand 15. Mai 2001". In: *Amtsblatt für Berlin.* Hg. von der Senatsverwaltung für Inneres, 51. Jahrg. Nr. 29
Ortega Coto, Gregorio: *Haberlandstraße Berlin-Schöneberg. Die Geschichte einer Straße und ihrer Bewohner.* Berlin 2013
Reclams Künstführer Berlin Hg. von Helmut Börsch-Supan, Günther Kühne, Hella Reelfs, Deutschland Band VII. Stuttgart 1977
Reichshandbuch der Deutschen Gesellschaft, Band 1. Berlin 1930
Ribbe, Wolfgang/Schäche, Wolfgang (Hg.): *Baumeister – Architekten – Stadtplaner. Biographien zur baulichen Entwicklung Berlins.* Berlin 1987
Stadt – Haus – Wohnung. Wohnungsbau der 90er Jahre in Berlin. Hg. von der Senatsverwaltung für Bau- und Wohnungswesen, Hans Stimmann. Berlin 1995
Treiber, Dietmar: *Baumeister für Berlin.* Berlin 2004
Zohlen, Gerwin: *Rudolf Fränkel, Die Gartenstadt Atlantic und Berlin.* Sulgen/Zürich 2006

Erbauer des „Neuen Berlin" Heinrich Mendelssohn (1881–1959)

„Die kleinen Faruks". In: *Der Spiegel,* Ausgabe vom 4. Februar 1953
Golf- und Land-Club Berlin-Wannsee e. V. (Hg.): *1895–1995. 100 Jahre Golf- und Land-Club Wannsee.* Berlin 1995
Hansen, Antje: *Oskar Kaufmann. Ein Theaterarchitekt zwischen Tradition und Moderne.* Berlin 2001
Hegemann, Werner: „Soll Berlin Wolkenkratzer bauen?". In: *Wasmuths Monatshefte für Baukunst,* 12. Jg., Heft 12, S.286–288
Hegemann, Werner: „Der Reichskanzlerplatz". In: *Wasmuths Monatshefte für Baukunst,* 14. Jg., Heft 4, 1930, S. 286–288
Heilmann, Albert: *Das Europa-Haus in Berlin.* Berlin 1931
„Kaufzentrum Siemensstadt wird 35 Jahre alt". In: *Berliner Zeitung,* Ausgabe vom 13. März 1996
Kunstbibliothek der Staatlichen Museen zu Berlin (KB): Mendelssohn, Heinrich: Werbebroschüre Kaufmannshaus Berlin SW. Hallesches Ufer 12–13. Berlin o. J. [1911]
Landesarchiv Berlin (LAB): Mendelssohn, Heinrich: Schreiben an den Magistrat von Berlin vom 24. November 1931
Mendelssohn, Heinrich: Schreiben an den Berliner Senat vom 15. März 1953
Senatskanzlei von Berlin: Schreiben an Heinrich Mendelssohn vom 20. Juni 1953
„Man nennt ihn ‚HM'". In: *Welt am Sonntag,* Ausgabe vom 3. Februar 1957
Medina Warmburg, Joaquín: „Gran Turismo – Sobre arquitectos alemanes, imaginería mediterránea y la dialectica de ‚lo moderno'". In: *Arquitectura moderna y turismo, 1925–1965,* IV. Seminario Do.co.mo.mo. Ibérico. Barcelona 2004
Mendelssohn, Heinrich: „Soll Berlin Wolkenkratzer bauen?". In: *Wasmuths Monatshefte für Baukunst,* 12. Jg., Heft 12, S. 288–289
Mendelssohn, Heinrich: „Die Stadt am Alexanderplatz". In: Wagner, Martin/Behne, Adolf (Hg.): *Das Neue Berlin. Grossstadtprobleme.* Berlin 1988 (Reprint der Ausgabe von 1929)
Mendelssohn, Heinrich: „Öffentliche Anklage an den Berliner Senat". Anzeige in: *Der Tagesspiegel,* Ausgabe vom 7. März 1953
„Mendelssohn will sechzig Meter hoch bauen". In: *Frankfurter Allgemeine Zeitung,* Ausgabe vom 27. Mai 1959
Menzel, Dana: *Der Architekt Adolf Wollenberg. Leben und Werk.* Berlin 2007
Nerdinger, Winfried: „Ergebnisse der Bearbeitung des Gropius-Nachlasses im Busch-Reisinger-Museum der Harvard-University". In: *Wissenschaftliche Zeitschrift der Hochschule für Architektur und Bauwesen Weimar,* Jg. 29, 1983
Schoszberger, Hans: „Ein Interview mit Heinrich Mendelssohn". In: *Neue Bauwelt,* Heft 40, 1951
„Trümmer-Grundstücke: Das Prestige der Stadt". In: *Der Spiegel,* Ausgabe vom 30. September 1953
Zimmermann, Florian (Hg.): *Der Schrei nach dem Turmhaus* (Katalog zur Ausstellung im Bauhaus-Archiv Berlin). Berlin 1988

ABBILDUNGSQUELLEN

Vom Bauhandwerker zum Immobilienspekulanten Carl August Heinrich Sommer (1801–1873)

Ahrenhövel, Willmuth/Bothe, Rolf (Hg.): Das Brandenburger Tor. Eine Monographie, Berlin 1991: Abb. 2, 4, 8

Brandenburgisches Landesamt für Denkmalpflege und Archäologisches Landesmuseum, Bildarchiv: Abb. 10, 11

Brost, Harald/Demps, Laurenz: Berlin wird Weltstadt. Mit 277 Photographien von F. Albert Schwartz, Hof-Photograph, Stuttgart 1981: Abb. 15

Demps, Laurenz: Der Pariser Platz. Der Empfangssalon Berlins, Berlin 1995: Abb. 13

Klünner, Hans-Werner (Hg.): Panorama der Strasse Unter den Linden vom Jahre 1820, Berlin 1991: Abb. Abb. 3

Landesarchiv Berlin: Abb. 1, 5, 6, 12, 14, 19

Museum Georg Schäfer, Schweinfurt: Abb. 7, 9

Pessier, David, Berlin: Abb. 23, 24

Stübs, Detlef: Schloß Sommerswalde. Der zweite Reichstag unweit von Berlin, Hennigsdorf 1992: Abb. 20-22

Technische Universität Berlin, Architekturmuseum: Abb. 18

Zeitschrift für Bauwesen, Atlas zum IV. Jg. 1854: Abb. 16, 17

Ruhm und Ruin eines Baupioniers Johann Anton Wilhelm von Carstenn-Lichterfelde (1822–1896)

Berlin und Potsdam. Architekturphotographien 1872–1875. Hg. von Janos Frecot, Berlinische Galerie. München 1980: Abb. 12, 15, 16

Bezirksamt Tempelhof-Schöneberg, Amt für Geoinformation und Vermessung, H 1023-1: Abb. 23

Carstenn-Lichterfelde, Johann Anton Wilhelm von: *Die Zukünftige Entwicklung Berlins. Mit einem Plane des Zukünftigen Berlin.* Berlin 1892: Abb. 33

Die Bauwerke und Kunstdenkmäler von Berlin. Bezirk Kreuzberg. Hg. vom Senator für Bau- und Wohnungswesen Berlin, Landeskonservator. Berlin 1979: Abb. 4

Die Figur Carstenn. Stadtgründer aus Leidenschaft, Johann Anton Wilhelm von Carstenn-Lichterfelde (1822–1896), Hg. vom Bezirksamt Steglitz – Kulturamt. Berlin 1996: Abb. 6

Edition Friedenauer Brücke, Berlin: 32

Geheimes Staatsarchiv Preußischer Kulturbesitz, Berlin, Bildstelle, GStA PK XI. HA AKS E 50109 und F 50059: Abb. 8, 19

Geist, Johann Friedrich/Kürvers, Klaus: *Das Berliner Mietshaus. 1862–1945.* München 1984: Abb. 22

Girouard, Mark: *Die Stadt.* Frankfurt am Main 1987: Abb. 3

Hamburg und seine Bauten. Unter Berücksichtigung der Nachbarstädte Altona und Wandsbek, 1914. Hg. vom Architekten- und Ingenieur-Verein zu Hamburg, Band 2. Hamburg 1914: Abb. 2

Holtz, Wolfgang, Berlin: Privatsammlung: Abb. 9, 10

Landesarchiv Berlin, Fotosammlung: Abb. 25, 28–31

Landesarchiv Berlin, Kartenabteilung: Abb. 5

Lemburg, Peter, Berlin: Privatbesitz: Abb. 24

Licht, Hugo: *Architektur Berlins. Sammlung hervorragender Bauausführungen der letzten Jahre.* Mit einem Epilog von Helmut Engel. Tübingen/Berlin 1998: Abb. 13, 14, 20, 21

Lieberknecht, Rolf/Metzger, Karl-Heinz/Nagel, Thomas/Röhrbein, Richard/Schafberg, Herwig: *Von der Wilhelmsaue zur Carstenn-Figur. 120 Jahre Stadtentwicklung in Wilmersdorf.* Bezirksamt Wilmersdorf von Berlin. Berlin 1987: Abb. 1

Pessier, David, Berlin: Abb. 34

Rach, Hans-Jürgen: *Die Dörfer in Berlin. Ein Handbuch der ehemaligen Landgemeinden im Stadtgebiet von Berlin.* Berlin 1988: Abb. 7, 18, 26

Reinhold, Erika/Ilgner, Reinhard: *Lichterfelde. Vom Dorf zum Vorort von Gross-Berlin.* Berlin 1987: Abb. 11, 27

Steglitz. Ein Bezirk mit Vergangenheit: eine Chronik der Ortsteile Steglitz, Lichterfelde, Lankwitz, Südende. Berlin o. J. (1975): Abb. 17

Kaufmann, Bankier und Gründer der Villenkolonie Alsen Wilhelm Conrad (1822–1899)

Berger, Manfred: *Die Muldenthal-Eisenbahn.* Berlin 1994: Abb. 5

Brasch, Georg (Hg.): *Das Wannseebuch.* Wannsee 1922: Abb. 12, 13, 29

Landesdenkmalamt Berlin (Hg.): *Denkmale in Berlin. Bezirk Steglitz-Zehlendorf. Ortsteil Wannsee.* Petersberg 2013: Abb. 20, 23

Deutsches Historisches Museum, Berlin: Abb. 10

Fotobestand W. Schäche, Berlin: Abb. 24, 25, 26, 27

Heinisch, Tilmann Johannes/Schumacher, Horst: *Colonie Alsen – Ein Platz zwischen Berlin und Potsdam.* Berlin 1988: Abb. 9, 15

Klaeber, Ernst: „Die Villa Alsen am Wannsee". In: *Jahrbuch für Gartenfreunde und Botanik*, Jg. 6, Braunschweig 1888/89: Abb. 14

Lüke, Rolf: *Die Berliner Handelsgesellschaft in einem Jahrhundert Wirtschaft 1856–1956.* Berlin 1956: Abb. 2, 3, 4, 22

Siemens, Gerda Ellen von: *Ein Gedenkbuch.* Berlin 1911: Abb. 28

Haupt, Michael (Hg.): *Villencolonie Alsen am Großen Wannsee. Begleitband zur Ausstellung in der Gedenk- und Bildungsstätte Haus der Wannsee-Konferenz.* Berlin 2012: Abb. 11, 16, 17, 18, 19, 21, 31, 32, 33

Wolff, Max I.: *Club von Berlin 1864-1924.* Berlin 1926: Abb. 1, 6, 7, 8

Verein Seglerhaus am Wannsee: Abb. 30

Vom Aufstieg und Fall eines Architekten, Bauherrn und Spekulanten Julius Wilhelm Walther (1857–1917)

Architekten- und Ingenieur-Verein zu Berlin e.V. (AIV): Abb. 3

Baudenkmale in Berlin. Bezirk Wilmersdorf, Ortsteil Grunewald. Hg. von der Senatsverwaltung für Stadtentwicklung und Umweltschutz Berlin, Denkmaltopographie Bundesrepublik Deutschland. Berlin 1993: Abb. 7, 28, 29, 34

Berlin und seine Bauten. bearbeitet und hg. vom Architekten-Verein zu Berlin und der

Vereinigung Berliner Architekten, Berlin 1896: Abb. 4, 5, 15
Blätter für Architektur und Kunsthandwerk, VIII. Jahrgang, 1895: Abb. 6
Berliner Architekturwelt, 1. Jg., 1899: Abb. 20
Berliner Architekturwelt, 4. Jg., 1902: Abb. 22
Berliner Architekturwelt, 7. Jg., 1905: Abb. 25
Berliner Architekturwelt, 11. Jg., 1909: Abb. 31
Berliner Architekturwelt, 19. Jg., 1917: Abb. 32
Bösel, Peter-Alexander: *Berlin-Grunewald in alten Aufnahmen*. Erfurt 2016: Abb. 14, 18, 30, 33
Das Geschäftsgebäude der Victoria zu Berlin – Allgemeine Versicherungs-Actien-Gesellschaft. Berlin o.J. [1907]: Abb. 10, 11, 12
Foto- und Postkartenbestand W. Schäche, Berlin: Abb. 19, 27, 35, 36
Hessling, Egon (Hg.): *Die Villenkolonie Grunewald*, 3 Serien á 100 Tafelbilder. Berlin/New York o. J. [um 1900]: Abb. 8, 9, 16, 17, 21
Landesarchiv Berlin/Fotosammlung: Abb. 26
Martin, Rudolf: *Jahrbuch des Vermögens und Einkommens der Millionäre in der Provinz Brandenburg einschließlich Charlottenburg, Wilmersdorf und alle anderen Vororte Berlins*. Berlin 1913: Abb. 2
Täubrich, Hans-Christian: *Zu Gast im alten Berlin. Erinnerungen an die Alt-Berliner Gastlichkeit mit Hotelpalästen, Vergnügungslokalen, Ausfluggaststätten und Destillen*. München 1990: Abb. 23, 24
Wochenschrift des Architekten-Vereins zu Berlin, Jg. 1915, S. 192: Abb. 1
Wohnen in der Friedrichstadt. Internationaler städtebaulicher Ideenwettbewerb. Hg. von der Bauausstellung Berlin GmbH, Berlin 1980: Abb. 13

„König der Berliner Bauspekulanten" Georg Haberland (1861–1933)

Blankenburg, Gudrun: *Das Bayerische Viertel in Berlin-Schöneberg: Leben in einem Geschichtsbuch*. Berlin 2010: Abb. 18, 23, 24
Bohle-Heintzenberg, Sabine: *Architektur der Berliner Hoch- und Untergrundbahn. Planungen – Entwürfe – Bauten bis 1930*. Berlin 1980: Abb. 35, 36
Denkmale in Berlin. Bezirk Tempelhof-Schöneberg, Ortsteile Tempelhof, Marienfelde und Lichtenrade. Hg. vom Landesdenkmalamt Berlin, Denkmaltopographie Bundesrepublik Deutschland. Petersberg 2007: Abb. 39
Etzold, Alfred u. a.: *Die jüdischen Friedhöfe in Berlin*. Berlin 1991: Abb. 11,12
Haberland, Georg: *Die Entwicklung des bayerischen Viertels mit besonderer Beleuchtung der letzten kommunalen Vorgänge in Schöneberg*. Berlin 1909: Abb. 2
Haberland, Georg: *40 Jahre Berlinische Bodengesellschaft. Ein Bild der Groß-Berliner Wohnungsversorgung und die Tätigkeit der Gesellschaft vor, während und nach der Kriegszeit, 1890–1930*. O. O. [Berlin] 1930: Abb. 4, 8, 9, 10, 13, 15, 16, 17, 19, 20, 21, 22, 25, 26, 27, 28, 29, 30, 31, 32, 33, 34, 37, 38, 40–71
Krauß, Martin/Stier, Bernhard: *Drei Wurzeln – ein Unternehmen. 125 Jahre Bilfinger Berger AG*. Heidelberg u. a. 2005: Abb. 1, 3, 5, 6, 7
Stadt – Haus – Wohnung. Wohnungsbau der 90er Jahre in Berlin. Hg. von der Senatsverwaltung für Bau- und Wohnungswesen, Hans Stimmann. Berlin 1995: Abb. 14

Erbauer des „Neuen Berlin" Heinrich Mendelssohn (1881–1959)

Rades, Werner (Hg.): *Berlin in der Weltwirtschaft*. Berlin 1929: Abb. 10
Der Schrei nach dem Turmhaus. Der Ideenwettbewerb Hochhaus am Bahnhof Friedrichstraße, Berlin 1921/22 (Katalog der Ausstellung im Bauhaus-Archiv Berlin). Berlin 1988: Abb. 8
Fotobestand D. R. Schmitz, Berlin: Abb. 4
Fotobestand W. Schäche, Berlin: Abb. 3
Hansen, Antje: *Oskar Kaufmann. Ein Theaterarchitekt zwischen Tradition und Moderne*. Berlin 2001: Abb. 11
Heilmann, Albert: *Das Europahaus in Berlin*. Berlin 1931: Abb. 2, 21–27
Kunstbibliothek – Staatliche Museen zu Berlin, Stiftung Preußischer Kulturbesitz: Abb. 6, 7
Landesarchiv Berlin, Bildarchiv: Abb. 5, 9, 12, 17, 18, 30, 33, 34
Medina Warmburg, Joaquin: *Projizierte Moderne. Deutschsprachige Architekten und Städtebauer in Spanien (1918–1936)*. Frankfurt am Main 2005: Abb. 29
Verlag Ernst Pollack (Hg.): *Moderne Cafés, Restaurants und Vergnügungsstätten*. Berlin 1928: Abb. 19, 20
Verlag Ernst Pollack (Hg.): *Moderne Ladenbauten*. Berlin 1929: Abb. 13, 14
Neue Bauwelt, 43. Jg. 1952, Heft 17: Abb. 31, 32
Oskar Kaufmann. Mit einer Einleitung von Max Osborn (Reihe: Neue Werkkunst). Berlin/Leipzig/Wien 1928: Abb. 16
Posener, Julius: *Hans Poelzig – Sein Leben, sein Werk*. Braunschweig 1994: Abb. 15
Meißner, Jörg (Hg. im Auftrag des Deutschen Historischen Museums): *Strategien der Werbekunst 1850–1933*. Berlin 2004: Abb. 28
Welt am Sonntag, Ausgabe vom 3. Februar 1957: Abb. 1

NAMENSREGISTER

AUTORENBIOGRAFIEN

Prof. Dr. Wolfgang Schäche, Architekt (BDA, DWB, DASL) und Bauhistoriker, Studium der Architektur in Berlin, seit 1988 Professur für Baugeschichte und Architekturtheorie an der Beuth Hochschule für Technik Berlin, zahlreiche Publikationen zur Architektur- und Stadtgeschichte des 19. und 20. Jahrhunderts sowie zur Architekturtheorie und Denkmalpflege, zuletzt erschienen: *Bauten für die Wissenschaft. Die Physikalisch-Technische Reichsanstalt/Bundesanstalt in Berlin-Charlottenburg*, Berlin 2012 (zusammen mit Brigitte Jacob und Norbert Szymanski); *Rave Architekten. 1960–2010*, Berlin 2013; *In den Himmel bauen. Hochhausprojekte von Otto Kohtz (1880–1956)*, Berlin 2014 (zusammen mit Brigitte Jacob und David Pessier); *Architektur und Handwerk. Bauten der Unternehmerfamilie Schmitz: 1864–2014*, Berlin 2014 (zusammen mit David Pessier).

Dipl.-Kfm. Daniel Ralf Schmitz, Studium der Betriebswirtschaftslehre in Vallendar, Paris und Madrid, Koblenzer Hochschulpreisträger 2004, seit 2005 Unternehmer und Bauherr, Studien zur Architektur und Stadtgeschichte, seit 2014 Vorsitzender des Freundeskreises der Charité.

Dipl.-Ing. M. A. David Pessier, Architekt und Bauhistoriker, Ausbildung zum Bauzeichner, Studium der Architektur in Berlin, Dozent für Baugeschichte und Architekturtheorie an der Beuth Hochschule für Technik Berlin sowie der Filmuniversität Babelsberg Konrad Wolf, Tiburtius-Preisträger 2011, Publikationen zur Geschichte und Theorie von Architektur und Städtebau des 19. sowie 20. Jahrhunderts u. a.: *Rezeption – Abstraktion – Negation. Das Architektonische in der Architektur von Historismus, Moderne und Gegenwart*, Schriftenreihe zur Baugeschichte und Architekturtheorie des Labors für Baugeschichte und Bauerhaltung, Band 4, Berlin 2013; *In den Himmel bauen. Hochhausprojekte von Otto Kohtz (1880–1956)*, Berlin 2014 (zusammen mit Wolfgang Schäche und Brigitte Jacob); *Architektur und Handwerk. Bauten der Unternehmerfamilie Schmitz: 1864–2014*, Berlin 2014 (zusammen mit Wolfgang Schäche).

IMPRESSUM

Umschlagmotiv: Hobrecht-Plan, 1862. Quelle: Landesarchiv Berlin, Kartenabteilung

Gestaltung und Satz: jovis: Susanne Rösler
Lithografie: Bild1Druck
Druck und Bindung: Grafisches Centrum Cuno, Calbe

Bibliografische Information der Deutschen Nationalbibliothek
Die Deutsche Nationalbibliothek verzeichnet diese Publikation in der Deutschen Nationalbibliografie; detaillierte bibliografische Daten sind im Internet über http://dnb.d-nb.de abrufbar.

jovis Verlag GmbH
Kurfürstenstraße 15/16
10785 Berlin

www.jovis.de

jovis-Bücher sind weltweit im ausgewählten Buchhandel erhältlich. Informationen zu unserem internationalen Vertrieb erhalten Sie von Ihrem Buchhändler oder unter www.jovis.de.

ISBN 978-3-86859-486-7